ZHUSANJIAO

Yaosu Liudong he

Chanye Yunying Tanjiu

珠三角要素流动和
产业运营探究

梁育民　等◎著

中国财经出版传媒集团

经济科学出版社
Economic Science Press

·北京·

图书在版编目（CIP）数据

珠三角要素流动和产业运营探究／梁育民
等著． -- 北京 ： 经济科学出版社，2024. 10.
ISBN 978 - 7 - 5218 - 6399 - 4

Ⅰ. F127. 65

中国国家版本馆 CIP 数据核字第 2024GE8708 号

责任编辑：刘　莎
责任校对：隗立娜
责任印制：邱　天

珠三角要素流动和产业运营探究

ZHUSANJIAO YAOSU LIUDONG HE CHANYE YUNYING TANJIU

梁育民　等著

经济科学出版社出版、发行　新华书店经销
社址：北京市海淀区阜成路甲 28 号　邮编：100142
总编部电话：010 - 88191217　发行部电话：010 - 88191522
网址：www. esp. com. cn
电子邮箱：esp@ esp. com. cn
天猫网店：经济科学出版社旗舰店
网址：http：//jjkxcbs. tmall. com
固安华明印业有限公司印装
710 × 1000　16 开　21.5 印张　360000 字
2024 年 10 月第 1 版　2024 年 10 月第 1 次印刷
ISBN 978 - 7 - 5218 - 6399 - 4　定价：98.00 元
（图书出现印装问题，本社负责调换。电话：010 - 88191545）
（版权所有　侵权必究　打击盗版　举报热线：010 - 88191661
QQ：2242791300　营销中心电话：010 - 88191537
电子邮箱：dbts@ esp. com. cn）

目　录

第一章

珠三角经济发展和产业运营效应

广东珠三角9个城市又可称为小珠三角，在我国的国家发展战略中具有相当重要的地位。早在2008年底，中共中央、国务院就已批准发布《珠三角改革规划纲要（2008—2020年）》（以下简称《改革规划纲要》），此纲要的贯彻落实使珠三角经济社会、生态文明等方面都提升到一个更高的新层次。到2019年2月18日，又颁布实施《粤港澳大湾区发展规划纲要》（以下简称《发展规划纲要》），将港澳与广东珠三角一起（即大珠三角）放进国家顶层设计和发展战略中，并给大珠三角取了个更有时代气息的名称，即"粤港澳大湾区"，为的是让香港、澳门更好地融入国家发展大局。

加快推进粤港澳大湾区高质量发展，是党中央作出的重要战略决策部署，是习近平总书记亲自谋划、亲自推动、亲自部署的重大国家战略。从鼓励大湾区建设者"大胆闯、大胆试，开出一条新路来"，到要求加快"推动粤港澳三地经济运行的规则衔接、机制对接，推进粤港澳大湾区城际铁路建设，促进人员、货物等各类要素高效便捷流动"，再到强调"努力建设全球科技创新高地，推动新兴产业发展"，粤港澳大湾区高质量发展的每一步，都离不开习近平总书记的厚爱关心，粤港澳大湾区建设所取得的每一点成绩，都凝聚着总书记的深谋远虑，充分体现了党中央对港澳在国家发展战略中发挥独特作用的肯定和支持。作为中国开放程度最高、经济活力最强的区域之一，粤港澳大湾区建设在国家发展大局中具有举足轻重的重要地位，在建设新征程上迎来了新的发展机遇，不仅大有可为，也大有作为。

第一节　珠三角在国家发展战略中的重要地位

建设粤港澳大湾区是新时代加快形成全面开放新格局的新尝试，也是推进"一国两制"事业发展的新实践。在 2022 年香港回归祖国 25 周年之际，习近平总书记指出："25 年来，尽管经历了许多风雨挑战，但'一国两制'在香港的实践取得了举世公认的成功。中央全面准确贯彻'一国两制'方针的决心从没有动摇，更不会改变。"① 在新的征程上，我们要更加紧密地团结在以习近平同志为核心的党中央周围，充分认识和把握"一国两制"制度优势、港澳独特优势和广东改革开放先行先试优势，进一步解放思想、大胆探索，踔厉奋发、笃行不怠，努力建设富有活力和国际竞争力的一流湾区和世界级城市群，推进粤港澳大湾区建设取得新的更大成就。

一、从全局和战略高度擘画大湾区宏伟蓝图

习近平总书记以政治家的远见卓识，从全局高度为粤港澳大湾区发展擘画宏伟蓝图，使香港特别行政区、澳门特别行政区和广东省广州市、深圳市等珠三角 9 市密切合作、串珠成链。

2012 年 12 月，习近平总书记在党的十八大后首次离京考察来到广东。习近平总书记指出，希望广东联手港澳打造更具综合竞争力的世界级城市群。2017 年 7 月 1 日，在习近平总书记的亲自见证下，国家发展改革委和粤港澳三地政府在香港共同签署《深化粤港澳合作推进大湾区建设框架协议》，正式启动粤港澳大湾区建设。几个月之后，粤港澳大湾区建设写入党的十九大报告。2017 年 12 月 18 日，习近平总书记在中央经济工作会议上指出，粤港澳大湾区建设要科学规划，加快建立协调机制。2018 年 5 月

---

① 把握新机遇 开启新征程——香港聚焦发展开新篇. 新华社, 2022 - 06 - 28, https: // www. gov. cn/xinwen/2022 - 06/28/content_5698057. htm.

10 日、5 月 31 日，习近平总书记先后主持召开中央政治局常委会会议和中央政治局会议，对规划纲要进行审议。2018 年 10 月 23 日，习近平总书记来到珠海，宣布港珠澳大桥正式开通。习近平总书记在广东考察时指出，要把粤港澳大湾区建设作为广东改革开放的大机遇、大文章，抓紧抓实办好。2019 年 2 月，《粤港澳大湾区发展规划纲要》正式公布，对粤港澳大湾区的战略定位、发展目标、空间布局等作了全面规划。在习近平总书记的亲自谋划、亲自推动、亲自部署下，粤港澳大湾区建设进入全面实施、加快推进的新阶段。

2019 年 2 月 18 日，《粤港澳大湾区发展规划纲要》正式公开发布，标志着粤港澳大湾区建设进入全面实施阶段。5 年多来，在以习近平同志为核心的党中央坚强领导下，粤港澳三地和有关部门主动作为，有序有力推进各项工作，粤港澳大湾区建设取得了阶段性显著成效。今天的大湾区，综合实力明显增强，粤港澳合作更加密切，三地人民获得感更加充实，全球一流湾区和世界级城市群建设迈出了坚实步伐。

2021 年 3 月，"十四五"规划和 2035 年远景目标纲要提出"高质量建设粤港澳大湾区"。2021 年 9 月，《横琴粤澳深度合作区建设总体方案》《全面深化前海深港现代服务业合作区改革开放方案》相继公布。2022 年 6 月，国务院颁布《广州南沙深化面向世界的粤港澳全面合作总体方案》，一项项重大基础设施项目相继建成，一个个创新创业合作平台落地生根。

二、大湾区建设相关政策加快落实

粤港澳大湾区加强政策协调落实，积极稳妥推进重大政策、重点任务落地实施。5 年多来，粤港澳三地切实担负起主体责任，主动协调配合，确保大湾区发展战略举措落地见效。中央各有关部门各司其职，抓紧落实支持粤港澳大湾区发展的各项具体政策措施。如今《横琴粤澳深度合作区建设总体方案》《全面深化前海深港现代服务业合作区改革开放方案》《广州南沙深化面向世界的粤港澳全面合作总体方案》相继公布并加快落实，港珠澳大桥等重大基础设施项目陆续建成，广州粤港澳（国际）青年创新工场等创新创业平台落地生根，粤港澳大湾区国际科技创新中心和大湾区综合性国家科学中心建设项目稳步推进……强化政策支持、聚焦关键问题，粤港澳大湾区建设不断迈上新台阶，展现出前所未有的勃勃生机。实践表明，加快推进粤港澳大湾区建设，有利于贯彻落实新发展理念，为中国经济不断提升创新力和竞争力提供强有力支持；有利于进一步深化改革开放，建立健全与全球接轨的开放型经济新体制，构建高水平参与国际经济合作新平台。

三、为粤港澳发展注入新动能、拓展新空间

加快建设粤港澳大湾区，既是新时代推动形成全面开放新格局的新探索，也是推动"一国两制"事业发展的新实践，有利于推动香港、澳门更好地融入国家发展大局。加大力度支持港澳与内地加强科技创新合作，为港澳居民提供更优惠的税收政策，大力鼓励港澳青年在大湾区就业创业，推进要素高效流动、市场一体化发展，一项项有力举措体现了坚守"一国"之本、善用"两制"之利，为港澳发展注入新动能、拓展新空间。特别是在科技创新领域，近年来，粤港澳落实创新驱动发展战略，大湾区内的资本、技术、人才、信息等关键要素加速流转，一批重大科技创新项目不断涌现，粤港澳大湾区的科技创新能力正得到全新提升，为香港加快打造国际创新科技中心提供了强大助力和支撑。实践表明，推进粤港澳大湾区建设，有利于丰富"一国两制"实践内涵，进一步密切内地与港澳交流合作，为港澳经济社会发展以及港澳同胞到内地发展提供更多的机会。

四、促进各类要素高效便捷流动

习近平总书记指出："要抓住粤港澳大湾区建设重大历史机遇，推动三地经济运行的规则衔接、机制对接，加快粤港澳大湾区城际铁路建设，促进人员、货物等各类要素高效便捷流动，提升市场一体化水平。"从推进基础设施互联互通到提升市场一体化水平，从探索科技创新合作到谋划

第二节　珠三角产业竞争力及其经济效益

近年来，粤港澳坚持把做实、做强、做优大珠三角的实体经济作为主攻方向，坚定不移地建设制造湾区、质量湾区、网络湾区和数字湾区，推动经济结构优化升级，提高经济发展之核心竞争力和质量效益，夯实大湾区建设的物质基础。

一、强化大湾区产业要素支撑

粤港澳大湾区作为我国三大城市群之一，充分发挥港澳"一国两制"独特优势，有效利用国内国际两种资源、两个市场，打造集"研发—转化—制造—服务"于一体的全产业链科创产业集群，实现科创集群协同创新。

一方面，着力发挥大湾区四个中心城市比较优势。香港和澳门的基础科学研究深厚，拥有优势包括自由港、融资能力强、国际化程度高、专业服务业发达等；广州科研氛围浓厚，科研人员与科研院所集聚；深圳有自主创新体系完善等优势，能够提升基础研究成果转化为应用创新的水平。

另一方面，发挥广东珠三角其他城市制造业体系完善、用地条件较充裕的优势，依托广州、深圳国家科学中心，围绕5G、人工智能、网络空间科学与技术、集成电路等对科创体系影响大的产业集群，在大湾区内部形成高度链接的成果转化体系。加强湾区各城市科创企业联合攻关、协同创新网络，打造"资本—研发—成果产业化—市场消费—知识产权保护"全产业链科技创新集群。

从大湾区产业分布看，目前信息技术（IT）、高新技术产业主要聚集在深莞惠都市圈；从产业发展层次看，虽然深莞惠三市的产业发展层次不同，但是在产业结构上存在很大互补性。因此，深莞惠港区加强协调，形成新的产业集群，必将对大湾区产生强大辐射带动力。更为重要的是，深莞惠港一体化能加快构建大湾区协调发展的新战略格局，成为更好地带动大湾区实现持续可协调发展的"经济发动机"。

从产业链发展方面看，深莞惠港通过加强创新资源协同配合，充分发挥珠江口东岸高端电子信息产业基础和配套优势，促进产业链上下游深度合作，有利于联合构建以高端电子信息为主导的科技创新产业体系，建设具有全球影响力的科技和产业创新高地，拓展高科技产业发展新空间。

未来要发挥港澳专业服务优势，将港澳法律、会计、营销等专业服务拓展到大湾区合作平台，健全完善科技创新服务体系。设立粤港澳中长期研究项目和资助计划，吸引全球一流科学家、顶尖科研机构和实验室汇聚于大湾区。重点打造支柱产业链和新兴产业链，提升产业链供应链水平。补齐产业链供应链短板，深入推进"广东强芯"等重大任务，积极参与国家产业基础再造工程，尽快实现重要产品和关键核心技术自主可控。锻造产业链供应链长板，发展产业生态主导型企业、产业链"链主"企业，提高产业链根植性。推动传统产业向高端化、智能化、绿色化发展，发展服务型制造和工业互联网。优化大湾区产业链布局，促进产业在大湾区国内有序转移。支持企业积极参与全球产业链、供应链重塑，提高全球资源配置能力，以及防范全球市场风险的能力。

二、推进制造业高质量发展

近年来，粤港澳大湾区产业基础高级化发展、产业链现代化建设取得长足进步，现代产业体系已具备较强国际综合竞争力。

2021年3月，工信部公布的25个国家先进制造业集群决赛优胜者名单中，大湾区有6个集群入选，是全国入选数量最多的区域。2020年5月，广东省政府发布《关于培育发展战略性支柱产业集群和战略性新兴产业集群的意见》，提出"10＋10"战略产业集群发展思路，即重点发展新一代电子信息、智能家电、汽车产业、生物医药与健康等十大战略性支柱产业集群和半导体与集成电路、高端装备制造、智能机器人、区块链与量子信息等十大战略性新兴产业集群，为大湾区培育发展与东京—横滨、东京—千叶等媲美的世界级产业集群提供了具体方向。

　　未来大湾区将建设强大制造业创新体系，加快核心基础零部件、先进基础工艺、关键基础材料、关键产业技术基础等工程化产业化。打造新一代电子信息、绿色石化、智能家电、汽车、先进材料、现代轻工纺织、软件与信息服务、超高清视频显示、生物医药与健康、现代农业与食品十大战略性支柱产业集群，加快培育半导体与集成电路、高端装备制造、智能机器人、区块链与量子信息、前沿新材料、新能源、激光与增材制造、数字创意、安全应急与环保、精密仪器设备十大战略性新兴产业集群。优化新技术产业化、规模化应用的政策环境，大力培育新技术、新产品、新业态、新模式。推动互联网、大数据、人工智能等同各产业深度融合，促进平台经济和共享经济健康有序发展。

　　推进产业高级化发展需要深入开展质量提升行动，加强全产业链质量管理和标准体系建设，增强"湾区制造""湾区服务""湾区标准""湾区品牌"的影响力和国际竞争力。要加快完善质量基础设施体系，对标先进建设公共技术服务平台，加强标准、计量、专利体系和能力建设。支持有条件的地市在重点行业推行湾区优质标准，鼓励湾区企业制定、实施先进标准，推动优势特色行业标准成为国际标准。

三、加快现代服务业发展

　　服务贸易是目前引领全球经济复苏的新动力，也是全球经济中发展最强劲、前景最广阔的领域之一。加快推进粤港澳服务贸易自由化，对于提升国际竞争力、深化"一带一路"建设具有重要意义。

　　要对标国际一流水平，大力提升服务业发展能级和竞争力。推动生产性服务业向专业化和价值链高端延伸，大力发展研发、设计、会计、法律、会展、物流等服务业，壮大总部经济。推动生活性服务业向精细和高品质升级，加快发展健康、养老、育幼、文旅、体育、家政、物业等服务业。加强公益性、基础性服务业供给。推动现代服务业同先进制造业、现代农业深度融合，加快推进服务业数字化。

（一）加强商贸会展业合作

建立 21 世纪海上丝绸之路沿线国家和地区商品展示、销售、采购中心，需要粤港澳构建会展业协调机制，联合申办国际知名展会和综合展会，支持联合办展和差异化办展，从会展规模、类型、目标客户等方面错位发展，重点培育时尚消费、高端装备、游艇、海洋等专业会展品牌，形成优势互补的会展集群；研究设立免税商品购物区，搭建与国际接轨的商贸业体系。

以会展行业协会牵头搭建业界合作平台，积极推动粤港澳三地会展业界在资讯宣传、办展、人员培训等方面的交流与合作，推动建立会展联盟，制定区域行业规范和标准，形成会展产业的集聚效应。

1. 提升国际都会商贸功能

充分发挥香港连接全球市场网络和澳门辐射葡语国家市场的优势，加强粤港澳经贸服务的合作和对接，强化广东国际商品中转集散功能，加强与沿线国家和地区的贸易往来。

大力集聚国际知名品牌，建设国际都会级商业功能区，形成广东和港澳之间优势互补、错位发展、协作配套的现代服务业体系。承接港澳地区发达的国际商贸优势，加快发展商贸服务业，使深圳、广州等地区成为服务全国、辐射亚太地区的国际商贸中心。

2. 构建"外贸＋互联网"产业链

加快建成集保税展示、物流、交易、服务于一体的电商港，新建一批仓储物流设施，打造跨境电子商务综合示范区。创新监管模式和发展模式，建设在线通关、结汇、退税申报等应用系统，完善跨境电子商务快速通关、退税及结汇等便利化措施。完善安全认证、网上支付、关键标准等电子商务共享技术，提升商贸业标准化和智能化水平。构建粤港澳"外贸＋互联网"全产业链，吸引集聚市场采购、展会交易、信用担保、分销体系、"供应链管理＋互联网"应用的各种类型电子商务企业，促进网上国际贸易中心、离岸贸易中心发展；同时，鼓励跨境电商企业开展境外公共服务平台建设或租用海外仓，为内地其他中小跨境电商企业提供贸易、仓储、配送和售后等服务。

3. 设立国际采购配送中心

大力发展国际物流、保税物流、智慧物流、绿色物流、冷链物流，培育和壮大一批骨干物流企业，建设一批现代物流配送中心。充分利用前海、横琴、南沙保税港区出口退税的优势，吸引跨国公司在区内设立国际采购配送中心。

4. 建设国际消费品集散中心

利用前海、横琴、南沙保税港区政策，做大跨境电商保税展示体验中心，B2B2C 进口、B2B 出口、B2C 直购进口等业务模式。优化超级中国干线，打造和香港机场联网的跨境商品大通道。推动前海、横琴、南沙与澳门商会、中葡青年企业家协会和西班牙中西百货协会合作建设葡语系/西语系国家经贸园，打造葡语系/西语系国家商品展示销售综合平台，共同发展商贸服务、产品展示、进出口贸易等业务。

（二）加强邮轮旅游合作

发展面向"一带一路"共建国家和地区的邮轮市场，推广粤港澳邮轮旅游"一程多站"路线，需要粤港澳加强旅游布局规划衔接，加强对共建国家和地区的推广，开展通关便利化试点，培养国际型旅游人才。

促进粤港澳旅游资源优势互补、错位发展、互利共赢，打造广东国际知名旅游区。加快广东对港澳投资开放步伐，吸引更多港澳投资商独资或联合开发广东旅游资源和产品。重点合作开发邮轮、游艇旅游，共同打造区域游艇的重要中心和世界邮轮旅游航线。加强广东旅行社与港澳旅行社合作，实施"走出去"战略，到"一带一路"共建国家和地区开设分支机构，共同打造粤港澳国际旅游品牌。

开展粤港澳游艇便利化通关试点工作，探索粤港澳地区游艇注册登记、牌照互认及出入境管理新模式，简化口岸联检手续，鼓励港澳游艇入籍前海、横琴、南沙和开展游览、驻泊、消费，并投资建设游艇服务配套。开展与香港邮轮母港的挂港合作研究，积极规划前海、横琴国际邮轮母港基地建设。

（三）发展现代专业服务

大力发展法律、会计、仲裁、建筑设计、检验检测计量等专业服务，形成专业服务集聚发展新格局。

开展专业服务资格互认。落实 CEPA 协议与服务业对港澳扩大开放、先行先试的政策措施，积极发展商务服务，推动开展专业资格互认和统一标准，支持港澳服务提供者依照相关规定到前海、横琴、南沙开办法律、会计、工程咨询、建筑服务等专业服务机构。

积极推动粤港澳法律服务合作。支持港澳法律服务机构在广东设立分支机构，支持粤港澳律师事务所在广东设立合伙型联营律师事务所。逐步推进与港澳商事民间调解机制的对接，探索完善与港澳律师业合作、联营的机制。设立营商服务专职机构，与企业、商会、行业协会建立沟通互动机制。探索不同法系下处理法律业务的一站式服务，提高广东法律服务水平。支持香港建设亚太区国际法律及解决争议的服务中心，鼓励内地企业选择香港作为与海外合作方解决争议的中立第三地。

加强粤港澳会计行业的合作。发挥香港会计行业运作完善、联系面广、专业性强的优势，大力支持港澳会计来广东创业发展。支持港澳会计师加强与广东会计行业机构的密切沟通，提升广东会计师行业水平。

推动工程咨询、工程设计、测量、测绘和建设等领域对港澳地区扩大开放。在工程咨询、项目开发、工程建设、物业管理等方面探索建立与国际接轨的管理制度，整合粤港澳建筑服务业优势，聘用港澳建筑及工程专业人士参与项目策划、建设和管理咨询，联手开拓国际建筑承包市场，提高行业的设计能力和技术水平。

促进广东与港澳在中医药、建筑建材、食品及珠宝等检测认证领域的合作发展，建设与国际接轨的检测认证中心。加强粤港澳产品检验检测技术和标准研究合作，推进第三方检验检测平台建设，逐步推进第三方结果采信。试行粤港澳、"一带一路"共建国家认证及相关检测业务的互认制度，实行"一次认证、一次检测、三地通行"，逐步扩大粤港澳三方计量服务互认的范畴。放开港澳认证机构进入广东开展认证检测业务，给予港澳服务提供者在内地设立的合资与独资认证机构、检查机构和实验室同等待遇。

四、健全金融创新体系

粤港澳大湾区推进金融市场互联互通，广东珠三角携手港澳共建国际金融枢纽。大力发展多层次资本市场，以深圳证券交易所和广州期货交易所为核心，推进资本、期货等要素市场建设，提升上市公司质量，提高直接融资比重。积极发展普惠金融、绿色金融、科技金融，强化金融对欠发达地区及中小微企业、科技企业的支持，积极稳妥发展创业投资等。推动金融数字化、智能化转型，开展数字货币试点，打造金融科技高地。支持中小银行和农村信用社持续健康发展。健全金融机构组织体系，理顺地方金融监管体制。

（一）加快推进金融改革创新

《粤港澳大湾区发展规划纲要》颁布 5 年来，粤港澳不断深化粤港澳金融合作，横琴、前海、南沙三大合作平台金融改革创新取得重大突破，港交所、深交所、广期所三大重要金融基础设施建设不断完善，"跨境理财通""深港通"债券通三大"金融通"范围不断扩展。2021 年，大湾区金融业增加值超 1.5 万亿元，较 2018 年增长近 35%，占 GDP 比重超10%；大湾区内累计跨境人民币结算量超 21 万亿元，人民币自 2020 年起持续成为大湾区第一大结算货币。

横琴合作区大力推进跨境金融业务创新，率先开展本外币兑换特许机构刷卡兑换业务，赴港发行国内首只非上市城投类企业离岸人民币债券等；前海合作区大胆探索金融改革创新，设立大湾区首家人民币海外投贷基金，率先面向港籍居民开展数字人民币创新应用，率先试点跨境双向股权投资等；南沙自贸片区重点发展特色金融产业，重点发展跨境金融、航运金融、科技金融、飞机船舶租赁、股权投资、商业保理、绿色金融七大特色金融。

（二）完善基础设施建设

港交所、深交所、广期所三大重要金融基础设施建设不断完善。港交所不断完善新兴及创新产业公司上市制度，持续优化"第二上市""同股不同权"等上市规则，为在美上市的中概股、尚未盈利的生物科技企业等赴港上市清除了制度障碍。2019～2021年，港交所新增上市公司411家，IPO融资超1万亿港元，融资规模居全球证券交易所第四位。深交所完成创业板改革并试点注册制，实施主板与中小板合并，深交所新增上市公司495家，IPO融资超3 900亿元，融资规模居全球证券交易所第五位。广期所成为我国第一家混合所有制交易所、大湾区新增的国家级重要金融基础设施和交易平台，证监会已明确将16个重点品种交由广期所研发上市。

（三）扩大"金融通"家族成员

在粤港澳大湾区内，"金融通"的家族成员不断扩大，"深港通"范围不断扩大。2020年10月，深港ETF互通正式开通。2022年，深港ETF纳入互联互通标的，粤港两地市场互联互通机制不断升级。在"北向通"成功运行4年的基础上，债券通"南向通"正式开通，目前债券通日均成交260亿元人民币，较3年前增长了628%。而"跨境理财通"业务试点，则是于2021年启动的。

大珠三角正在努力推进金融科技试点，深圳成为金融科技应用试点城市、央行金融科技创新监管试点城市和首个国家级金融科技测评中心，广州获批成为金融科技创新监管试点城市，广州、深圳获批开展资本市场金融科技创新试点。跨境金融发展迈向新台阶，港澳金融机构在广东实现全覆盖，共有179家港资、澳资的金融机构进驻广东，港澳投资的银行营业性机构数量居全国第一。广东已成为全国首个港资银行营业性机构在所有地级市全覆盖的省份，QDLP试点扩容至全省，QFLP的业务在深圳、广州、珠海等地稳步推进。

五、加快数字产业化发展

加快推动数字经济和实体经济深度融合，有利于大珠三角共同建设具有国际竞争力的数字产业集群，打造全球数字经济发展新高地。要推动数字化优化升级，建设"数字湾区"、数字政府、数字社会，建设国家数字经济创新发展试验区，提升公共服务、社会治理等数字化智能化水平。要积极探索数字数据立法，建立数据资源产权、交易流通、跨境传输和安全保护等基础制度和标准规范，支持企业参与数字领域规则和标准制定。要加强数字化发展的支撑保障，提升数字技术和数字基础设施水平。提升全民数字技能，实现信息服务全覆盖。

（一）推动产业数字化发展

数字经济时代，经济、社会、产业、技术等领域深度交叉融合，创造出无限机遇。2022 年 2 月，粤港澳大湾区被确定为国家级工程"东数西算" 8 个国家算力枢纽节点之一，"数字湾区"建设获得国家战略性资源支持。大湾区在 5G、人工智能等领域具有领先优势，5G 基站数和专利数量、国家级工业互联网跨行业领域平台数量等均居全国第一位。中国信息通讯研究院数据显示：2021 年华为、中兴、OPPO 的 5G 有效全球专利族数分别占全球总量的 14%、8.3% 和 4.5%，分列全球第 1 位、第 5 位和第 9 位，大湾区成为全球 5G 发展高地。因此，加快培育和聚集数字经济新动能，促进粤港澳大湾区的人流、物流、资金流和信息流等资源要素加速流动，有利于更好地参与全球产业分工和国际竞争。

粤港澳大湾区数字经济发展已具备良好的产业基础，在数字经济与实体合作方面可以充分做到优势互补、协同发展。规模庞大的传统制造业转型升级释放出巨大需求潜力，为数字产业发展、数字技术进步创造巨大的市场动力；同时，粤港澳大湾区加速建立一体化的数字商业、数字产业、数字基础设施、数字社会、数字政府和数字科创体系，具有丰富的数字经济综合应用场景，进一步推动产业数字化和数字产业化发展。

（二）培育数字经济新动能

2021 年，粤港澳大湾区有 6 个产业集群入选工信部先进制造业集群"国家队"。其中，智能装备产业集群横跨深莞广佛四市，是全国规模最大、品类最多、产业链最完整的智能装备集聚区域，涵盖高端装备制造、智能机器人等广东省"双十"产业集群，全链条产业链中涌现出瑞松、博创等优秀自主品牌。

在佛山顺德，产业集群的数字化转型实践正在加速进行。产业链上的链主如美的、新宝电器正带动上下游企业共同进行数字化转型，从打通上下游产业链信息系统开始，到带动中小企业构建数字化、智能化生产车间，打通企业价值链条，产业链上的企业实现了互联互通，降低了单个企业转型成本。

对传统制造业企业而言，数字化转型是利用数字技术对生产进行全方位、多角度、全链条的改造过程。在粤港澳大湾区，数字化转型的重点还在于中小制造业企业，调动广大中小企业参与全面的数字化转型是近年来广东的重要工作。

截至目前，广东累计推动超过 1.5 万家工业企业运用工业互联网技术实施数字化转型，带动了 50 万家企业"上线用云"降本提质增效。未来将推动制造业数字化转型需要重点孵化和培育国家工业软件实力，以智能制造为核心加强生产设备和生产线的智能化改造，通过示范推广、技术对接、金融服务等手段，引导制造业充分应用先进技术和智能化装备。

六、发展现代海洋产业

香港海洋经济起点高，善于通过市场配置资源，金融政策自由便捷，在涉海银行信贷、海事保险、融资租赁、信托基金、股票融资等金融领域发展条件优越。深圳、东莞、惠州等城市则以高新技术产业为主导，科技创新能力较强，且拥有广阔腹地与市场空间，发展潜力巨大。但由于受制于体制机制及开放合作程度，深莞惠港在发展海洋经济所涉及的人、财、物、资金和信息等方面还存在障碍，缺乏海洋产业链整合与跨区域海洋产业合作、布局优化等的协调与资源合理配置，深莞惠港海洋经济协同发展的效率与水平仍然较低。

（一）推动海洋经济协调发展

《前海方案》的发布，为深莞惠港海洋协调发展注入新动能、释放新空间。该方案提出，前海要集聚国际海洋创新机构，大力发展海洋科技，加快建设现代海洋服务业集聚区，打造以海洋高端智能设备、海洋工程装备、海洋电子信息（大数据）、海洋新能源、海洋生态环保等为主的海洋科技创新高地。《前海方案》为深莞惠港创新合作方式，推进海洋经济要素流动、推动海洋产业发展提出了明确指引。

前海合作区的开发建设，为香港发展提供了新的发展空间和融入国家发展大局的重要路径。扩区后，前海深港现代服务业合作区120.6平方公里，将极大缓解制约香港产业发展的用地紧缺问题。

对香港和深圳而言，两者都是沿海城市，都已经在各自的区域内布局了若干海洋产业。前海的扩容，给深港海洋经济合作提供了很大的发展空间。借助香港的国际化优势和深圳的创新能力，港深双方可以联手发展海洋科技及新兴海洋产业，加快建设现代海洋服务业集聚区。

（二）释放大湾区海洋经济新动能

前海合作区的开发建设，是香港融入内地构建开放新格局的重要契机和重大合作平台。作为外向型经济典型代表的香港，其市场发育程度与国际规则对接及国际交流水平较内地具有很大优势，其与海洋相关的金融服务、海洋科技发展水平较高。深莞惠经过多年的海洋经济转型升级，海洋电子信息、海上风电、海洋生物、海洋工程装备、天然气水合物、海洋公共服务等产业发展势头迅猛。在差异化的海洋产业结构下，提升香港在大湾区海洋经济发展中的参与度，可以为香港海洋经济发展创造新的增长点；同时，还可以培育壮大更多海洋新兴产业，提升相关海洋产业在全球价值链中的地位，为深莞惠港海洋经济的高水平合作释放新动能。

第三节　合作平台与核心城市对产业运营的牵引作用

大珠三角建设合作发展平台是深化改革开放、推进区域合作的重大举措和崭新尝试，是充分发挥粤港澳三地各自比较优势、实现互利共赢的必然选择。推进"双区"建设和三个合作区建设，充分释放战略叠加效应和强大驱动效应，这是落实中央政府赋予广东重大国家战略任务的一个重要抓手，也是广东奋进新征程的优势所在、信心所在、底气所在。广东进一步增强责任感、使命感和紧迫感，坚持以"双区"和横琴、前海、南沙三个合作区建设为牵引，推进全面深化改革、扩大开放，以更高水平开放促进更深层次改革。大力推进创造型引领改革，不断提升改革整体效能，带领全省对外开放制度创新、业态创新、环境创新，建立健全更高水平开放型经济新体制，不断增强广东国际经济合作和竞争新优势。

一、健全更高水平开放型经济新体制

综观国内外形势，全球百年变局和世界疫情交织的影响，国际力量对比深刻调整，外部环境更趋严峻复杂，世界进入动荡变革期。在此关键时刻，广东要深入贯彻落实习近平总书记对广东系列重要讲话、重要指示批示精神，持续学习贯彻省第十三次党代会精神，抓住纵深推进"双区"建设与横琴、前海等重大平台建设机遇，打造新发展格局战略支点，形成更大范围、更宽领域、更深层次对外开放新格局。全力巩固广东贸易强省地位，提升对外经贸合作水平，大力发展数字贸易、跨境电商等新业态，推进投资贸易自由化便利化。对标全球最好最优最先进，加快规则、规制、管理、标准等制度型开放，发挥深圳前海、珠海横琴、广州南沙3个自贸片区作用，积极推动扩区，打造高水平对外开放门户枢纽。积极对接区域全面经济伙伴关系协定（RCEP）等高标准国际经贸规则，牵引制度型开放不断取得新突破。加大内外贸、投融资、金融创新、财政税务、出入境

等改革力度。加快国家级新区、经济技术开发区、海关特殊监管区域等开放平台创新发展，加快推进广州中新知识城、惠州中韩产业园等国际合作平台建设。把握要素配置关键环节、供需对接关键链条、内外循环关键通道，加快实现高质量引进来、高水平"走出去"。瞄准全球经济、产业和前沿科技发展态势，积极引进全球高端资源、高端项目、高端人才。深化对外投资管理体制改革，严格落实统一的外商投资准入前国民待遇加负面清单管理制度，依法保护外商投资合法权益。健全或完善项目招商引资政策，打造吸引优质外商投资的"强磁场"。

二、加快打造大珠三角世界级城市群

粤港澳加快打造全球一流湾区和世界级城市群，支持港澳更好融入国家发展大局。要大力实施"湾区通"工程和"数字湾区"建设，加强商事制度衔接、职业资格互认、规则标准对接，提升大湾区市场一体化水平。要优先在食品药品安全、通关、环保、交通、通信、工程建设等粤港澳三地共识度高的领域取得实质性突破。推出更多"一事三地""一策三地""一规三地"等改革创新政策举措，加强与港澳在市场准入、产权保护、标准认定等方面的衔接，促进人员、资金、货物等各类要素的高效便捷流动。落实大湾区基础设施互联互通专项规划，高水平打造"轨道上的大湾区"，珠三角协同港澳扩大世界级机场群和港口群的国际影响力，提升现代航运服务水平。广东珠三角携手港澳构建布局科学、集约高效的大珠三角发展格局，健全完善城市群和城镇发展体系，更主动融入全球市场体系，切实提升在全球配置资源的能力。

三、以改革创新推动深圳先行示范区建设

深圳全面落实国家重大发展战略，充分发挥粤港澳大湾区中心城市功能，增强"一核一带一区"主引擎功能，以先行示范区的担当作为更好服务全国、全省改革发展。围绕深圳实施"五大战略定位""三个阶段目标"

和"五个率先"重点任务，深入推进深圳综合改革试点，落实放宽市场准入特别措施意见，高质量谋划实施授权事项清单。加快高质量发展，努力打造社会主义现代化强国的城市范例。支持深圳建设现代化国际化创新型城市，高水平推进河套深港科技创新合作区，建设高层次国际人才集聚区，建设光明科学城、西丽湖国际科教城，加快科技发展体制机制改革创新，强化战略性新兴产业优势。支持深圳加快推进综合改革试点，赋予深圳更大改革自主权，探索实施省级行政管理权限负面清单管理模式，加快形成与国际接轨的经贸规则体系，加强深港金融合作，加快人民币国际化先行试点，加快在新经济审慎包容监管等方面的先行先试，在重要领域和关键环节改革形成一系列可复制、可推广的重大制度创新成果。以深圳综合改革试点为牵引，构建全省统筹、全域协同、全链条衔接的工作机制和改革生态，引领带动广东改革开放向纵深推进，为全国制度创新建设作出重要示范。

四、深化前海深港现代服务业合作区改革开放

《粤港澳大湾区发展规划纲要》明确指出，前海是粤港澳大湾区内重要的合作发展平台之一。中央于 2021 年 9 月 6 日颁布《全面深化前海深港现代服务业合作区改革开放方案》（以下简称《前海方案》），《前海方案》明确，将前海合作区总面积由 14.92 平方公里扩展至 120.56 平方公里，在更为广阔的空间上打造全面深化改革创新试验平台，建设高水平对外开放的门户枢纽。

《前海方案》是进一步增强粤港澳合作的重大战略部署。《前海方案》以现代服务业为切入点，进一步促进粤港、港深合作，推动香港更好地融入国家发展大局。香港特区行政长官与深圳市委书记就创新及科技、金融服务、专业服务、前海发展、教育合作、医疗合作、青年发展、投资推广、环境保护、文化及养老等合作领域进行了深入讨论。双方同意将继续推动不同领域的高水平合作，并以优势互补、互惠共赢的精神，共同为粤港澳大湾区建设和国家发展做出应有的贡献。港深两地政府同意成立 19 个

工作专班，全面推进港深紧密合作。

开发建设前海深港现代服务业合作区是支持香港经济社会发展、提升粤港澳合作水平、构建对外开放新发展格局的重要举措。要推动前海深港现代服务业合作区和前海蛇口自贸片区高质量发展，推动出台新一轮前海合作区总体发展规划和国土空间规划，探索行政区和经济区适度分离下的新型管理体制。要围绕"扩区"和"改革开放"两个重点，推动金融开放、服务贸易、法律事务、人才引进等支持政策覆盖至扩区后全部区域，全面提升深港服务业合作水平。要建立健全竞争政策实施机制，推进粤港跨境政务服务便利化。高水平打造前海深港国际金融城、会展海洋城、国际人才港等平台，加快推进国际法律服务中心和国际商事争议解决中心建设。

五、高水平推进横琴粤澳深度合作区建设

2021年9月5日，中央颁布《横琴粤澳深度合作区建设总体方案》（简称《横琴方案》）。为支持澳门适度多元化，中央不仅支持横琴106平方公里土地由粤澳共同建设，还鼓励在横琴发展四大新产业，并推出民生、税收、人才吸引等方面的配套政策，构建与澳门一体化的高水平开放新体系。

加快横琴粤澳深度合作区建设是以习近平同志为核心的党中央作出的重大决策部署，对于丰富"一国两制"实践，为澳门长远发展注入重要动能，推动澳门长期繁荣稳定和融入国家发展大局具有重要意义。粤澳两地共同深度开发横琴，可充分利用澳门国际贸易自由港、单独关税区、中葡商贸合作服务平台及对外联系网络等多重优势，为促进澳门经济适度多元化带来更广阔的发展空间。要加快科学编制横琴总体发展规划，推动出台横琴合作区条例以及放宽市场准入特别措施、鼓励类产业目录、企业和个人所得税优惠政策。建成"一线"横琴口岸（二期）以及"二线"海关监管场所，推动分线管理政策落地实施。组建合作区开发投资公司，吸引集成电路、新能源汽车等领域龙头企业设立研发设计中心，加快建设横琴先进智能计算平台、中药新药技术创新中心，促进澳门经济适度多元发展。推动高铁、城际等轨道交通项目与澳门轻轨衔接，抓好澳门新街坊、

澳门青年创业谷等建设。

六、推进南沙深化面向世界的粤港澳全面合作

2022 年 6 月 14 日，国务院印发《广州南沙深化面向世界的粤港澳全面合作总体方案》。方案提出，以习近平新时代中国特色社会主义思想为指导，全面贯彻落实党的十九大和十九届历次全会精神，加快构建新发展格局，坚定不移贯彻"一国两制"方针，深化粤港澳互利共赢合作，将南沙打造成为香港、澳门更好融入国家发展大局的重要载体和有力支撑。

方案按时间明确了两个阶段目标。到 2025 年，南沙粤港澳联合科技创新体制机制更加完善，产业合作不断深化，区域创新和产业转化体系初步构建；青年创业就业合作水平进一步提升，教育、医疗等优质公共资源加速集聚，成为港澳青年安居乐业的新家园；市场化法治化国际化营商环境基本形成，携手参与"一带一路"建设取得明显成效；绿色智慧节能低碳的园区建设运营模式基本确立，先行启动区建设取得重大进展。到 2035 年，南沙区域创新和产业转化体系更趋成熟，国际科技成果转移转化能力明显提升；生产生活环境日臻完善，公共服务达到世界先进水平，区域内港澳居民数量显著提升；国际一流的营商环境进一步完善，在粤港澳大湾区参与国际合作竞争中发挥引领作用，携手港澳建成高水平对外开放门户，成为粤港澳全面合作的重要平台。

七、实现老城市新活力和"四个出新出彩"

早在 2019 年，广州已出台《广州市推动"四个出新出彩"行动方案》，希望老城市焕发出新活力。"四个出新出彩"指的是全力提升经济中心功能，全力提升枢纽门户功能，全力提升文化引领功能，全力提升科技创新功能。广东省也发出重要指示，要求将实现广州老城市新活力与支持深圳先行示范区建设紧密结合起来，以同等的力度全面推动实施。

要加快建设广州具有经典魅力和时代活力的国际大都市，打造具有全

球影响力的现代服务经济中心。支持广州强化省会城市、科技创新和宜居环境功能，推动国家中心城市和综合性门户城市建设上新水平，完善广州现代化综合交通枢纽、教育医疗中心和对外文化交流门户。支持广州大力发展新一代信息技术、生物医药、智能汽车等产业，高水平建设人工智能与数字经济试验区，提升总部经济发展水平，推动数字人民币、国家区块链创新应用等试点落户。建设粤港澳大湾区碳排放权交易平台。打造具有全球影响力的国家知识中心，提升南沙粤港澳全面合作示范区开发开放建设水平。支持广州深化城市更新，强化宜居环境建设，全面提升城市品质和产业发展水平。

八、发挥广深"双城"对产业运营的核心引擎功能

充分发挥广州、深圳中心城市辐射带动作用，推动广州、深圳立足全局谋划城市功能布局和现代产业发展，共建具有全球影响力的国际科技创新中心。健全发展联动机制，全面深化战略协同和战略合作，建设具有全球影响力的大湾区"双子城"，提升辐射带动和示范效应。打造"半小时交通圈"，加快广州至深圳国际性交通枢纽建设，合力提升粤港澳大湾区门户枢纽功能。在科技创新、智能网联汽车、智能装备、生物医药等重点领域加强合作，协同打造一批重大科技基础设施，联合实施一批战略性新兴产业重大工程，研究共建世界性新兴产业、先进制造业和现代服务基地。加快推进生态环保、医疗卫生、教育文化、社会保障等领域深度合作，加强在超大型城市治理、营造全球一流营商环境等方面有效联动。携手增强链接国内国际双循环功能，共同提高对构建新发展格局战略支点的支撑作用。

九、打造国际科技创新中心以促推产业高水平发展

2021年4月，粤港澳大湾区综合性国家科学中心先行启动区（松山湖科学城）在东莞正式奠基，粤港澳大湾区大学（松山湖校区）、香港城市大学（东莞校区）等一批重大基础设施项目同步启动，成为推动粤港澳大

湾区国际科技创新中心建设的重要力量。

2021 年 9 月 20 日，世界知识产权组织（WIPO）发布《2021 年全球创新指数报告》。报告中关于全球"最佳科技集群"的排名中，中国香港—深圳—广州地区位列第二，而硅谷仅排第五位，这成绩和大湾区不断推进"广州—深圳—香港—澳门"科技创新走廊建设密不可分。近年来，大湾区的科创氛围日益浓厚，粤港澳三地协同创新的共识越来越强烈。

2021 年 12 月 2 日，BEYOND 国际科技创新博览会开幕，吸引全球逾 20 000 名科技创新专业观众参与。这是澳门首届大型科技展会，它位于威尼斯人金光会展中心，展现了澳门经济走多元化发展的坚定决心。

未来粤港澳大湾区将以国际科技创新中心为牵引，全面推进大湾区综合性国家科学中心、国家技术创新中心建设，加快深港河套、珠海横琴、广州南沙三个合作区以及光明、松山湖、南沙三大科学城建设。加强与港澳科技创新交流合作，打造开放型融合发展的区域协同创新共同体，建设全球科技创新高地和新兴产业重要策源地。更好发挥港澳开放创新优势和珠三角产业创新优势，强化国际创新资源集聚能力、科技成果转化能力，更好融入全球创新网络，加快形成开放互通、布局合理的区域创新体系。探索促进创新要素跨境流动和区域融通的政策举措，深化粤港澳在创业孵化、科技金融、成果转化等领域交流合作，打造高水平粤港澳产业发展平台，提高产业链供应链现代化水平，提升广深港、广珠澳科技创新走廊建设水平，增强珠三角国家自主创新示范区的引领辐射作用，推动实现国家级高新区地市全覆盖，建设具有全球影响力的科技和产业创新高地。

第四节　珠三角运营环境对产业的支撑作用

本章各节标题所写的珠三角，主要是指广义的珠三角，既包括狭义的珠三角，即广东珠三角 9 个城市，也包括香港、澳门这 2 个国际化都市。所谓产业运营环境，既包括对经济和产业具有支撑作用的社会经济环境（如交通基础设施），也包括同样具有支撑作用的自然生态环境。

一、城际铁路对产业的支撑作用

按照国家发展改革委关于"十四五"时期要加快打造"轨道上的粤港澳大湾区"工作部署，广东积极推进城际铁路投资建设机制改革，明确由广州、深圳两市，分别牵头推进广州都市圈、深圳都市圈城际铁路建设。这是一场融合都市圈、辐射广东全省乃至泛珠三角、畅通国内大循环的重要举措，意义重大且影响深远。

（一）发挥广州、深圳交通枢纽作用

广州、深圳要做好各自的牵头工作，统筹推进广州、深圳都市圈内城际铁路线网规划设计、建设、运营、管理等工作，共同推动大湾区轨道交通线网优化，实现大湾区主要城市间"1小时通勤圈"快速通达。

广州市都市圈城际铁路近3年重点建设15个项目，里程707公里、总投资3 983亿元。除广清城际清远至省职教城段、广清城际广州至广州北段2个项目由省继续负责外，其余的13个项目由广州市牵头推动相关前期研究、设计、投资、建设、运营、管理等工作。

深圳都市圈2022年前拟开工建设深惠城际前海保税区至坪地段、深惠城际坪地至仲恺西段等10个项目，总建设里程约351公里，总投资约1 872亿元。除莞惠城际小金口至惠州北段，其余的9个新开工项目拟由深圳市牵头推进。

东莞是广州都市圈和深圳都市圈城际铁路网规划都包含的唯一城市，区位优势十分突出。根据最新规划，东莞未来5年将推进15条轨道规划建设。其中在铁路（含城际铁路）方面，将推进建设项目共10个，东莞段建设总里程约294.87公里，总投资约1 102.35亿元。

从具体建设项目看，包括建成收尾的莞惠城际、穗深城际，续建的赣深客专、深茂铁路深圳至江门段、佛莞城际，以及计划新开工的深惠城际、中南虎城际、佛山经广州至东莞城际、塘厦至龙岗城际、常平至龙华城际。届时，东莞将成为连接东西两岸、连通广州都市圈、深圳都市圈的

交叉地带，承担珠三角"十字路口"的角色。

和东莞相似，一样毗邻广深的惠州，区位优势同样明显。其土地空间更加广阔，正加快打造大湾区连接粤东、粤北及闽赣地区的枢纽门户。

广州、深圳要强化城际铁路建设与城市规划、产业布局、土地开发等方面的衔接，推动多层次轨道交通融合发展。东莞、惠州虽然属于深圳都市圈，但也紧邻广州都市圈。莞惠均可同时接受广州、深圳辐射带动，与两大中心城市形成更加紧密的分工与合作。

从经济圈到都市圈，是打破过去单纯强调产业合作，以加强城际轨道、地铁等公共基础设施建设，推进各个城市间快速通达，实现都市圈一体化发展。

（二）密切深港交通合作

展望"十四五"，深圳将建成"畅达国内国际、引领湾区协同、体系融合有序、服务高效满意"的交通强国城市范例，交通高质量发展进入全球城市前列。到2025年，深莞惠将基本建成连通大湾区、服务全国、辐射亚太、面向全球的国际性综合交通枢纽，形成体系完备、绿色智能、一体畅联的现代化交通服务体系，为深莞惠全面建成国际化、现代化的创新都市圈提供更加完善的交通保障。

1. 完善高铁通道体系布局

深圳将着力打造融入国家综合立体交通网主骨架的高铁通道体系，完善"南北终到、东西贯通、互联互通"的高铁通道布局。东部方向，加快建设深圳至深汕特别合作区的高铁，谋划深圳至河源高铁、衔接杭州至广州高铁，强化深圳与长三角之间的联系。中部方向，建成赣深高铁，规划广州至深圳第二高铁、衔接广州至永州高铁，形成深圳联系长江中游城市群的新通道。西部方向，加快深茂铁路深圳至江门段的建设，积极推动深圳至南宁高铁前期工作，打通深圳面向大西南的战略通道。

2. 加强深港轨道交通合作

香港北部都会区的整合与扩容工作，未来将会由以铁路为主要骨干的运输系统所带动。为了促进港深铁路运输系统互联互通，港深两地已成立

"推动港深跨界轨道基础设施建设专班"，共同构建"轨道上的大湾区"。香港特区政府正积极考虑，通过北环线支线经落马洲河套地区接入深圳的新皇岗口岸，也会通过"推动港深跨界轨道基础设施建设专班"与深圳共同探讨优化罗湖口岸的交通接驳之建议。"推动港深跨界轨道基础设施建设专班"已开展连接洪水桥及前海的港深西部铁路的研究，第一期研究于2022年完成，第二期研究预计2024年的年中完成。

（1）将东快线延伸至深圳罗湖。为了服务香港北部都会区发展，除跨境铁路项目外，香港特区政府探讨将东铁线延伸至深圳罗湖，并在深方设立"一地两检"口岸，在现有罗湖站及上水站之间增设一个非过境铁路服务的新铁路站，以释放罗湖/文锦渡及上水北一带的发展潜力。

有关初步构想会应特区政府发展局的进一步研究，考虑有关地区土地用途规划、预计新增的人口及就业数目及发展时间表再做详细探讨，务求以最有效方式满足北部都会区居民及就业人士的交通需要。

（2）延伸港深西部快线至前海。连接洪水桥/厦村至深圳前海的港深西部铁路，把正在规划的北环线向北伸延，经落马洲河套地区的港深创新及科技园（简称港深创科园）接入深圳的新皇岗口岸。

港铁北环线作为西铁线第二期工程，计划耗资620亿港元（80亿美元）。这条线路将作为往返新界西部的乘客与落马洲边境检查站的连接。该铁路项目预计将于2025年动工，预计于2034年完工，届时洪水桥与前海之间的距离约为16公里，预计行车时间为30分钟。

此外，将北环线由古洞站向东伸延，接驳罗湖、文锦渡及香园围一带，再南下经打鼓岭、皇后山至粉岭；探讨兴建尖鼻咀至白泥自动捷运系统的可行性，以带动该区和流浮山的发展。

深港密切轨道交通合作，将增强深港在大湾区的核心引领作用，加快产业、公共服务等一体化和同城化，有利于深港提升城市能级和辐射力，实现深港要素更合理配置，促进区域产业、公共服务一体化和协调发展。

二、绿色生态对产业运营的支撑作用

建设国际一流湾区和世界级城市群，离不开生态环境质量的支撑。粤港澳大湾区 GDP 总量已突破 10 万亿元，但高速增长的经济背后，是长期工业化粗放式发展，带来的生态环境问题日益突出。如今有国家战略支持，大湾区生态领域的市场空间将有望加速释放。习近平总书记强调，绿水青山就是金山银山。保护生态环境就是保护生产力，改善生态环境就是发展生产力。粤港澳要加强生态保护的深度合作，特别着力在发展低碳社区、开发低碳技术和人才培训等方面的交流与合作，共同为国家迈向碳中和作出应有的贡献。

（一）绿色是经济发展的底色

作为中国发展战略的重要领域，大珠三角在推进生态文明建设上成效显著。自党的十八大以来，生态环境保护持续升温。2023 年两会上，"持续改善生态环境，推动绿色低碳发展"作为重点工作被郑重提出，中央政府还发布"加强生态环境综合治理""有序推进碳达峰碳中和工作"等重要指示。这就表明在国家发展战略指导下，未来的生态环境领域将迎来新一轮发展机遇。

（二）加强跨区域生态保护

加强应对气候变化领域的交流合作，包括开展天气气候预报技术、流感及虫媒传染病预报和预警技术、城市排水、斜坡安全、近零碳排放示范等领域交流合作，支持两地认证机构开展低碳产品认证交流，提高两地适应和舒缓气候变化的能力。

推动大气、地表水、海洋等领域标准衔接。充分利用粤港持续发展与环保合作小组、深港合作专班等平台机制，共同研究解决跨区域生态环境保护的重大问题，拓宽环保合作领域。加强粤港在生态文明建设领域合作，全面加强生态型产业合作。共同加强固体废物分类处置和利用，共同营造优美的生态环境。

（三）深化大气污染联防联控

粤港澳共同制定、实施进一步改善大湾区空气质量的政策，开展大气挥发性有机化合物监测的前期工作，加强空气污染预报技术交流合作和大湾区空气监测网络运行管理合作。推动建立常态化的区域协作机制，完善污染天气区域联合预警机制，探索从区域层面全面防治臭氧污染。推动区域逐步统一环境标准限值和落后产业升级措施，合作推动新能源汽车、新能源港口机械等应用。推动实现空气质量监测信息的互通和共享。

（四）加强海洋环境联防联治

建立粤港澳珠江口联合治理机制，持续改善珠江口水质，创新突发海洋环境污染事故应急处理处置区域合作机制，强化在海洋污染防治的深度合作。

加强海洋资源生态保护交流合作，促进海洋渔业资源增殖等生态修复工作。深化海洋与渔业联合执法，建立粤港联合打击非法捕捞长效机制。强化流动渔船安全监管，防止渔船造成环境污染。加强渔业资源评估协作及珊瑚普查技术交流，深化珍稀水生野生动物的保育工作。加强水产养殖技术交流，促进水产养殖业的可持续发展。推进水产养殖环境监测上之合作，共同应对全球气候变化与极端天气给水产养殖业带来的风险。

（五）构筑生态安全保护体系

加强大型山体绿地、深圳湾、大亚湾、大鹏湾及珠江口滨海湿地等区域性大型自然生态空间保护与修复，加强珠江口红树林等滨海湿地保护，加强两地保护区的管理和保育交流，包括深港两地红树林生态系统保护、监测与研究、深圳湾候鸟栖息地保护的交流与合作。完善跨界临界建设项目环评联动机制，联合加强跨区域污染企业环境监管。建立区域统一的环境监测管理系统，实现污染源信息动态更新、全生命周期管理。健全突发环境事件应急联动机制，粤港澳共同构筑区域生态安全体系。

三、创业就业对产业运营的支撑作用

习近平总书记高度重视、亲切关怀港澳青年的健康成长，他强调：

"广大港澳青年不仅是香港、澳门的希望和未来，也是建设国家的新鲜血液。港澳青年发展得好，香港、澳门就会发展得好，国家就会发展得好。"① 助力广大港澳青年融入祖国发展大局，是建设国际一流湾区和世界级城市群的关键。

（一）增强港澳青年来大湾区创新创业信心

2017 年 7 月 1 日，习近平总书记亲自见证《深化粤港澳合作 推进大湾区建设框架协议》签署；2019 年 2 月 18 日，中共中央、国务院印发《粤港澳大湾区发展规划纲要》；2021 年 9 月，横琴、前海两个合作区方案发布；2022 年 6 月 14 日，国务院印发《广州南沙深化面向世界的粤港澳全面合作总体方案》，一系列国家政策为大湾区高质量发展再添新引擎。随着粤港澳大湾区建设的不断深入推进，为广大港澳青年开辟更广阔的发展舞台、提供更重大的发展机遇，极大增强了港澳青年来大湾区创新产业的信心。

近年来，大湾区各城市政府聚焦广大港澳青年所需所盼，出台一系列政策举措，持续为港澳青年发展多搭台、多搭梯，帮助港澳青年切实解决在学业、就业及创业等方面遇到的实际困难和问题，创造有利于港澳青年成就人生梦想的社会环境提供更多机会，让港澳青年在创业创新中看到未来发展的空间和机遇，切实增强港澳青少年民族国家认同感。

（二）年轻化是大湾区人口的突出特征

第七次全国人口普查公报显示，截至 2020 年 12 月，粤港澳大湾区常住人口高达 8 617.19 万人，比提出规划建设大湾区的 2017 年底增加了 472.83 万人。

从数据中可以看到，年轻化和受教育程度高是大湾区人口的突出特征。从 15~59 岁人口占比来看，大湾区内地 9 市平均比例为 72.88%，高于全国近 10 个百分点。从每 10 万人口中拥有大学（大专以上）教育人口

---

① 习近平. 共同谱写中华民族伟大复兴时代篇章 [N]. 人民网—人民日报海外版，2018 - 11 - 13.

数量来看，大湾区内地 9 市的平均值为 1.75 万人，高于全国平均水平的 1.54 万人。

在"十四五"期间乃至未来很长一段时间，大湾区在内地仍占据人口红利。2021 年 12 月，《广东省新型城镇化规划（2021—2035 年）》提出，全面放宽放开落户限制，并在除广、深外的珠三角城市，率先探索户籍准入年限同城化累计互认，这将为大湾区继续吸纳人口提供政策助力。

（三）加快推进大湾区人才体系建设

港澳青年要树立正确的价值观和正向思维，准确把握香港的发展方向，抓紧国家特别是粤港澳大湾区的发展机遇，用足用好惠港、惠澳青年的政策措施，发挥自身优势，积极融入大湾区，争当港澳与国家同发展、共繁荣的亲历者及贡献者。

广东自 2020 年实施"展翅计划"港澳台大学生实习专项行动以来，约有 1 600 多家机构提供了 6 000 多个优质实习岗位，吸引了海内外 174 所高校的 6 000 多名港澳台大学生报名参加。为鼓励港澳青年在粤港澳大湾区就业或者创业，广东全面取消港澳居民在内地就业许可审批。截至目前，在粤纳入就业登记管理的港澳居民超过 8.5 万人。大湾区（内地）事业单位公开招聘港澳居民，超过 1 000 人次的港澳居民报考，首批考取的港澳居民已聘用到岗。

广东高校面向港澳扩大招生规模，鼓励港澳高校与珠三角高校进行学生互换、学分互认和学位互授联授。广东已有 43 所高校具备招收港澳本科生资格，16 所高校具备招收港澳研究生资格，就读的港澳学生已超过 1 万人。此外，香港科技大学（广州）加快建设；香港中文大学（深圳）医学院成立，临床医学首届本科新生入学。

随着"湾区社保通"政策落地，截至 2021 年底，港澳居民在粤参加养老、失业、工伤保险累计超过 27.9 万人次。以珠海横琴为例，港澳居民在横琴不仅可以购买当地社保，享受和本地居民同等的报销待遇；还能借由跨区域执业的港澳医疗机构，继续求诊自己熟悉的医生。已有 3 000 多名港澳专业人士取得了内地的注册执业资格，职业资格认可、标准衔接范围持续拓展至医师、教师、导游等 8 个领域。

（四）完善创新创业生态链

营造良好的创新创业氛围。优化整合粤港澳大湾区资源，以体制机制创新为驱动，凝聚跨境合力，推进互利共赢，不断提升开放合作水平，打造改革创新标杆。建设创新创业平台，广泛吸引港澳台青年到大湾区进行创新创业，增强区域创新创业活力，营造良好的创新创业氛围。以粤港澳大湾区（广东）创新创业孵化基地为核心，整合粤港澳创新创业资源，构建可持续发展的创新创业生态体系。加强政府与社会民间合作，为在广东创新创业的港澳青年提供创业辅导、引路、补助、支援及孵化等服务。统筹协调省市有关部门凝聚共建合力，调动社会各方力量积极参与，努力打造世界一流创新创业平台，支持港澳青年到大湾区发展、落户，实现合作共赢、融合发展。

健全完善服务体系。探索建立审批容缺机制，简化办事流程，优先办理工商注册、税务登记等事项。成立"创业服务中心"，为港澳台青年创新创业提供政策咨询、项目对接、市场拓展等方面服务，协调办理社保医疗、居住证等，提供"保姆式"服务。切实消除港澳青年在大湾区创新创业的政策障碍，解决资金、信息、技术、服务等瓶颈问题，实现创新创业政策衔接和配套服务协同，深化粤港澳创新创业交流合作。争取到 2025 年，珠三角 9 市分别建设至少一个港澳青年创新创业基地，基本建成以广东创新创业孵化基地为龙头的孵化平台载体布局，完善港澳青年创新创业的基础设施、制度保障和公共服务，建立粤港澳协调参与基地建设运营的体制机制。健全完善创意培育、项目孵化、成果转化的全过程服务链条，加快各类双创平台建设，形成融人才、资源与服务于一体的创新创业生态链。

（五）构建创新创业政策支持体系

形成创新创业政策合力。加强粤港澳全面合作，给予港澳青年以实质性的资助。将港澳科技创新基金、青年发展基金等优惠政策措施覆盖至在广东创业的港澳青年。在政策扶持方面，为有创业意愿的港澳青年提供有针对性的创业培训；为有培训需求的港澳青年提供高质量技能培训，建议将符合条件的港澳创业者纳入广东创业补贴扶持范围，来粤创业的港澳青年可与本省青年享受同等创业培训补贴、一次性创业资助、创业带动就业补贴、租金补贴、创业孵化补贴、初创企业经营者素质提升培训等各项就业或创业扶持政策。

完善青年人才服务体系。优化营商环境，方便工商登记，深化人才体制机制改革，探索建立与国际规则接轨、更加开放高效的人才政策体系。在 CEPA 框架下加快推进粤港澳职业资格互认，进一步拓展港澳专业人士在创新创业基地的执业空间。在基地设立港澳青年人才一站式服务窗口，为港澳青年人才提供定制化、精细化及个性化专业服务。

完善多层次融资支持体系。落实鼓励港澳青年创业投资发展的各项优惠政策，建立健全天使投资风险补偿制度，发挥广东省创新创业基金等政府性基金的引导作用，同时引入社会优质资本，使更多资金专项投资于港澳青年创新创业的初创期、早中期项目。为符合条件的港澳青年在基地创新创业提供贷款和贴息支持。同时探索创新科技金融产品和专项机制，为港澳青年创新创业提供多元化的金融服务。

（六）营造宜居宜业优良环境

近年来，前海出台了促进港澳青年创业、生活的二十条政策；珠三角9 市 9 000 多个事业单位岗位同步向港澳青年开放；深港加快打造青年梦工场、深港设计创意产业园、深港创新中心等重大平台与项目。随着越来越多的港澳青年来珠三角创新创业，粤港澳之间着力推进民生领域合作，加快医疗、教育和就业等公共服务体制机制对接，打造宜居宜业宜游的优质生活圈。随着港澳居民各项市民待遇的全面落实，许多港澳青年在大湾区发展有了更强的归属感和获得感。

满足创业青年住房需求。支持符合条件的港澳创业青年租住创新创业基地，有条件的城市可提供租房补贴。建议将入驻创新创业基地中符合条件的港澳青年纳入当地公租房保障范畴。

提升公共服务便利化水平。开通港澳青年热线，提供法律维权、就业指导、创业帮扶、出入境事宜、心理辅导、生活信息等各种咨询服务。建立港澳青年综合服务平台，实行双创政策信息集中发布和政务服务通办制度。推行"互联网＋公共服务"，探索引入人脸识别等技术实行网上认证，打造一体化的便捷高效服务。

加强生活配套综合服务。为了便利港澳青年的交通往来，支持有条件的深港口岸、珠澳口岸开通无缝而快速接驳创新创业基地的交通运输渠道。探索与港澳通信运营商合作发行专属用卡，实现粤港澳三地通信资费"同城化"。引进港澳的教育、医疗和社区服务机构，打造集生活居住、医疗教育、文化娱乐于一体的综合性社区。

（七）强化青年交流合作机制

推进粤港澳三地青年交流合作。进一步加强粤港澳社会团体交流合作，组织实施青少年交流合作项目，定期举办粤港澳大湾区青年创新创业交流分享会等各种活动，促进粤港澳三地青年合作创业、互利共赢。

打造粤港澳三地资源对接平台。以创新创业大赛为纽带有机连接创新创业基地、项目、人才、资本，吸引更多港澳青年携带项目来粤参赛和交流发展。鼓励创新创业基地与港澳高校、科研院所、社会团体合作，形成长效对接交流机制，引导港澳优质项目来广东孵化培育。

加大创新创业基地的宣传力度。利用各类宣传平台，广泛宣传创新创业基地建设的政策举措和新进展、新成效，吸引粤港澳三地优秀青年集聚。加强与港澳高校和各类港澳青年团体的沟通联系，促进港澳有关创业、就业的信息平台与各基地对接，使珠三角各基地成为港澳青年来内地创业、就业的首选地。

举办粤港澳多元化交流活动，大珠三角各城市可定期轮流举办科技训练营、艺术表演、文体比赛、答辩大赛等多元化的大湾区青少年交流活动，鼓励支持港澳等地青年积极参与，更好地促进青少年多元交流乃至融合。同时，充分利用微博、微信等网络平台，及时发布大湾区信息，为港澳青年提供"点对点"交流与合作平台，进一步增强港澳青年对大湾区建设的理解和认同。

四、法治建设对产业运营的支撑作用

粤港澳三地采用三种不同的法律体系，使大珠三角在法治方面的沟通、交流与合作显得尤为困难。这方面的环境优化，不妨以深圳的"前海法治先行示范区"为例来进行一些阐述。推进前海法治示范区探索，深圳和香港要以习近平法治思想为指导，在社会主义法治建设上走在前列、勇当尖兵。要支持前海建设中国特色的社会主义法治示范区，全力打造最公平正义和安全稳定、法治环境最好的示范标杆。

（一）加快政府服务职能转变

全面落实政府权责清单制度，实施市场准入特别措施清单制度。推进以信用体系为核心的市场化改革，创建信用经济试验区，加强政府、市场、社会协同的诚信体系建设，以数字政府建设为先导，推进政务服务标准化、规范化及便利化。

（二）加强建设社会信用体系

完善健全守信激励、失信惩戒和信用修复机制，构建一体化的社会信用平台。建立健全竞争政策实施机制，探索设立议事协调机构性质的公平竞争委员会，开展公平竞争审查和第三方评估，以法治化、市场化、国际化营商环境支持和引导产业健康发展。建立完善竞争政策与法律实施的交流合作机制，健全公平竞争审查制度，加强反垄断和反不正当竞争的执法、司法力度。

（三）实施最严格知识产权保护

开展新型知识产权法律保护试点，打造保护知识产权标杆城市。推动深港双方知识产权创造、保护、运用和贸易发展，促进高端知识产权服务与区域产业融合发展。深化破产制度的综合配套改革，完善自然人破产制度。

（四）保护各类经营主体合法权益

健全以管资本为主的国有资产管理体制。优化民营经济发展环境，加快构建亲清政商关系，健全政企沟通协商制度。大力激发和弘扬企业家精神，依法平等保护各种所有制企业产权和自主经营权，依法保护企业家合法权益，促进非公有制经济健康发展和非公有制经济人士健康成长。

（五）加快推进跨境政务服务便利化

探索更多"一事三地""一策三地""一规三地"创新举措，加强在交通、通信、信息、支付等领域与港澳标准和规则衔接。促进人员、货物、资金、技术、信息等要素高效便捷流动，提升市场一体化水平。为港澳青年在前海合作区学习、工作、居留、生活、创业、就业等提供便利。支持港澳和国际高水平医院在前海合作区设立机构，提供医疗服务。建立完善外籍人才服务保障体系，实施更开放的全球人才吸引和管理制度，为外籍人才申请签证、临时或永久居留证件提供便利。

（六）探索不同法系和法律规则的衔接

在前海合作区内设立国际法律服务中心和国际商事争议解决中心，加强不同法系、跨境法律规则衔接。探索完善前海合作区内适用香港法律、选用香港作为仲裁地处理民商事案件的机制。

在前海合作区探索建立与港澳区际民商事司法协助和交流新机制。深化内地与港澳律师事务所合伙联营机制改革，在前海合作区鼓励外国和港澳律师事务所设立代表机构。支持前海法院扩大涉外商事案件受案范围，支持香港法律专家在前海法院出庭提供法律查明协助，保护跨境商业投资的企业与个人的合法权益。

（七）建设粤港澳国际商事争议争端解决中心

建立相互独立又衔接配合的合作平台，用于解决诉讼、仲裁或调解国际区际商事争议争端。允许境外仲裁等争议争端的知名解决机构，经广东省政府司法行政部门登记、并报国务院司法行政部门备案之后，可到前海合作区来设立业务机构，就涉外商事、海事、投资等方面发生的民商事争议争端开展仲裁业务。前海合作区要积极探索，逐渐开展国际投资方面的调解和仲裁，争取成为重要的国际商事争议争端解决中心。

第五节　香港竞争优势对产业运营的带动作用

香港作为粤港澳大湾区建设的核心引擎之一，在金融、贸易、科技创新、专业服务业等多个领域，都可与大湾区的内地城市实现优势互补，协调发展。香港特区政府加强与中央有关部委、广东省人民政府及澳门特区政府紧密联系，积极发挥"一国两制"的独特优势，加强香港与大湾区其他城市互联互通，优势互补、互利共赢，积极推进粤港澳大湾区建设。

一、珍惜和把握难得的发展机遇

香港回归 27 年来，香港经济社会各项事业取得显著成效。但由于全球经济格局深刻调整、全球竞争日趋激烈，香港也面临经济增长内生动力不足、深层次社会经济矛盾突出等各种问题。特别是过去两年来，"黑暴""揽炒"的破坏、新冠疫情的冲击，更是让香港社会经济陷入了一段十分艰难的时期。在庆祝香港回归祖国 20 周年大会上，习近平总书记曾深刻指出："发展是永恒的主题，是香港的立身之本，也是解决香港各种问题的金钥匙"。[①]

未来 5 年，香港实现由乱及治的重大转折，香港的发展进入了一个新的阶段。"一国两制"实践、"十四五"规划、粤港澳大湾区建设以及惠港政策，为香港发展提供了良好发展机遇。香港社会一定要珍惜和把握机

---

① 总书记心系香江："香港发展一直牵动着我的心"[N]. 人民日报，2022 – 06 – 20.

遇，以更加积极的姿态融入国家"十四五"规划，激发不进则退的实干精神，团结奋进、砥砺前行，在新的历史起点上推动香港更好的发展。只要香港把握好，善用自身优势和特长，打造新的经济增长点，主动融入国家发展大局，香港就会前途无限。香港要继续保持国际大都会特色，不断扩大国际联系、进一步提升良好营商环境，体现包容、多元、开放的特质，进一步巩固和提升包括金融、贸易、航运、创科等方面的竞争力。香港既要搭上"国家发展号"的高速列车，在新的世界竞争格局中形成自己的新优势，还应做好国家与世界各国增进联系的通道和桥梁。

二、支持巩固提升香港竞争优势

"十四五"规划继往开来，从多领域支持香港巩固提升竞争优势，从多方面支持香港更好融入国家发展大局，为香港发展擘画了光明前景，拓展了广阔空间。香港作为国家对外扩大开放的重要窗口，香港的独特地位和作用只会加强，不会减弱。香港所拥有的国际化、市场化、法治化以及专业人才众多、文化多元、基础设施先进、营商环境优良等特色优势也将得到更充分发挥。

（一）巩固和提升金融、航运、贸易和航空枢纽地位

进一步强化香港全球离岸人民币业务枢纽、国际资产管理中心及风险管理中心功能。充分发挥香港金融优势，研究发展更多以人民币交易的金融产品，支持更多人民币资金的跨境投资和融资活动，引导和鼓励内地企业与香港企业合作拓展国际市场，推动有竞争力的内地企业在香港上市，支持香港发展绿色金融，加快落实在粤港澳大湾区试点"跨境理财通"等金融市场互联互通安排。支持香港机场第三条跑道建设，优化珠三角空域管理，支持发展航空金融及飞机租赁，强化航空管理培训中心功能。

（二）支持香港国际创新科技中心建设

习近平总书记强调，促进香港同内地加强科技合作，支持香港成为国

际创新科技中心，支持香港科技界为建设科技强国、为实现中华民族伟大复兴贡献力量。习近平总书记的重要指示，从战略高度和国家层面为香港科技创新发展前景进行了擘画。人们普遍认为，这对于香港创新科技发展是重大利好，是支持香港成为国际创新科技中心的重要举措。要加快推进深港创新及科技园建设，研究推出更多粤港澳大湾区范围内人才、科研资金、科研资源和设施等方面对香港的便利措施，支持香港建设国际科技创新平台。

（三）支持香港服务业向高端高增值方向发展

支持香港建设亚太区国际法律及解决争议服务中心，支持香港成为区域知识产权贸易中心。支持香港发展文化创意产业，巩固创意之都地位。支持香港发展中外文化艺术交流中心。

（四）支持港澳发展旅游业

加强粤港澳大湾区旅游合作，开发"一程多站"旅游路线，支持香港发展多元旅游，推进邮轮旅游。支持澳门建设世界旅游休闲中心，与时俱进丰富发展内涵。

三、推动香港成为双循环的重要促进者

香港作为一个高度国际化、法治化、市场化的经济体，有着明显的发展机遇。香港要发挥好"一国两制"的优势，进一步强化在国际循环中的"中介人"角色；另外，香港可以把握内地市场的商机，更好地融入国家发展大局，积极成为国内大循环的"参与者"和国际循环的"促成者"。

加快构建以国内大循环为主体、国内国际双循环相互促进的新发展格局。畅通国内大循环的一个重要方面就是优化供给结构、加强科技自主创新、攻克关键核心技术，补上产业链供应链存在的短板。而香港科技创新能力比较强，生产性服务业比较发达，可以和内地形成一个很好的优势互补关系。因此，要把香港具备的各项优势与内地市场、产业体系等有机对

接。使香港一方面可以成为国内大循环的重要参与者，另一方面可以成为国内国际双循环的重要促进者。

为了支援香港企业拓展中国内地市场，香港贸易发展局（简称贸发局）在 2021 年 6 月推出"GoGBA"湾区经贸通数码平台，并在深圳设立香港贸发局大湾区服务中心。香港投资推广署已和广东省签署《深化粤港澳大湾区 投资推广合作备忘录》，落实投资推广领域的交流合作。加强在产业、投资、贸易等方面的合作，有利于推动内地与香港进一步加强高水平合作，推动大湾区内设施联通、产业协同、规则衔接，支持香港利用好科技创新、生产性服务业发达、金融体系等方面的优势，将这些优势与内地的巨大市场规模、完整产业体系有机对接，使香港很好地参与到国内大循环中。这样既有利于国内大循环的畅通，也能为香港未来发展开拓更大的空间。

四、支持香港参与国家双向开放和"一带一路"建设

推进解决广东对香港开放过程中存在的体制机制障碍，促进香港与内地之间特别是粤港之间的要素高效便利流动。充分利用香港的独特优势，广东有必要持续引进资金、先进的技术和管理经验。充分发挥香港市场经济成熟、国际联系广泛、法治体系完善、科研能力突出的优势，特别是香港在金融、保险、法律等专业服务领域的优势，为内地企业"走出去"提供专业服务。支持香港企业参与"一带一路"建设，探索"一带一路"争议争端的多元化解决机制。

五、支持香港更好融入国家发展大局

纵观全球经济，全球发展的最大机遇在中国，香港发展的最大机遇在内地。香港融入国家发展大局，是"一国两制"实践的应有之义，是改革开放的时代要求，也是香港探索发展的新方向、开拓发展新空间、增添发展新动力的客观要求。这些年来，从基础设施的"硬联通"，到政策机制

的"软联通",香港和内地的联系更加紧密。

未来,香港需要更深更好地融入国家发展大局,以实现长期繁荣稳定的发展目标。香港的命运同祖国紧密相连,国家发展始终是香港稳定发展的最大依托。国家"十四五"规划与 2035 年远景目标纲要提出支持香港巩固提升竞争优势的多项举措,粤港澳大湾区建设也为香港提供了难得的发展新机遇。未来香港需要提高站位、拓宽视野、革新理念,全身心对接和融入国家战略,在助力国家发展的过程中获得自身发展。

香港融入国家发展大局中,要进一步深化内地与港澳经贸、科创合作关系,深化并扩大内地与港澳金融市场互联互通。以粤港澳合作、大珠三角及泛珠三角区域合作等为重点,创新体制机制,全面推进内地与港澳在社会、民生、文化、教育、环保等领域的合作。推进深圳前海、珠海横琴、广州南沙、深港河套等粤港澳重大合作平台建设。进一步制定、完善能便利港澳居民在内地发展和生活居住的政策措施,增强港澳同胞的幸福感及获得感。

随着"十四五"规划的落地实施,香港在进一步融入国家发展大局的进程中,一定能实现新发展、作出新贡献,越来越多的香港同胞也一定能在与祖国同行的道路上,拥有实现人生价值的广阔舞台。今天,美好蓝图已经绘就,伟大梦想就在前方。香港这颗璀璨明珠洗去蒙尘之后,一定能绽放出更加耀眼的光芒,为实现中华民族伟大复兴的中国梦增光添彩。有党和国家的关怀与支持,香港一定会积蓄新力量、再启新航程,奔赴更美好的未来。

本章参考文献

[1] 深入贯彻落实党中央决策部署 扎实推进粤港澳重大合作平台建设.光明网,https://news. gmw. cn/2021 - 04/24/content_34789757. htm.

[2] 习近平在庆祝香港回归祖国 25 周年大会暨香港特别行政区第六届政府就职典礼上的讲话.新华网,https://news. youth. cn/gn/202207/

t20220701_13815991. htm.

［3］习近平：在深圳经济特区建立 40 周年庆祝大会上的讲话．新华网，http：//news. youth. cn/sz/202010/t20201014_12530524. htm.

［4］《粤港澳大湾区发展规划纲要》发布，明确粤港澳大湾区五个战略定位．央广网，http：//www. cnr. cn/list/finance/20190219/t20190219_524514870. shtml.

［5］"十四五"规划、大湾区建设，"双循环"为香港带来新机遇．大公网，http：//www. takungpao. com/news/232109/2021/0830/626223. html.

［6］广东省政府纵深推进粤港澳大湾区建设．中国产业经济信息网，http：//www. cinic. org. cn/xy/gd/503340. html.

［7］广东"三步走"推进粤港澳大湾区建设．南方网，https：//news. sznews. com/content/2019 – 03/04/content_21445131. htm.

［8］大湾区建设为港澳发展注入强劲动能．光明网，https：//www. sohu. com/a/557906946_162758.

［9］全面深化改革开放推进大湾区建设［N］.深圳特区报，2022 – 01 – 06，http：//www. locpg. gov. cn/jsdt/2022 – 01/06/c_1211519627. htm.

［10］广东"十四五"期间将举全省之力推进粤港澳大湾区建设和支持深圳建设先行示范区做好"双区"建设［N］.羊城晚报，2021 – 03 – 03，https：//finance. eastmoney. com/a2/202103031828582675. html.

第二章

珠三角要素流对产业运营的
影响及相关建议

习近平总书记在深圳经济特区建立 40 周年庆祝大会上强调了粤港澳大湾区的发展方向，特别强调了推动三地经济运行的规则衔接和机制对接。他明确表示要加快粤港澳大湾区城际铁路建设，以促进人员、货物等各类要素的高效便捷流动。这一指示凸显了在现代交通体系日益完善、信息通信技术逐步更迭的大背景下，要素流动已然突破了传统空间的限制，进入区域更广、程度更深、效率更高、限制更少的新阶段。随着交通体系和信息通信技术的不断进步，人员、物资、资金和信息等要素的流动已不再受地理空间的束缚。这些要素在更加广泛的区域内以更加高效的方式流动，形成了多维流，包括人员流、资金流、物流和信息流等。这一新的发展趋势构建了一个网络化的空间，即"流空间"。

"流空间"中的要素自由流动不仅是一种现象，更是一种推动经济发展的重要动力。在国家层面，各要素的自由流动可以大大提高资源配置效率，有助于保障供应链和价值链的正常运转，使经济体系更加灵活、高效，推动构建国内国际双循环的新发展格局。在产业层面，要素流的发展也提高了各产业之间相互联系的广度和深度，促使产业融合更为紧密，从而为产业升级提供了新动力，推动经济结构的转型升级和经济高质量发展。在地区建设层面，粤港澳大湾区建设过程中，交通网络的日益完善、规则制度的相互衔接和信息网络的互联互通将进一步促使人员、货物等各类要素更加高效便捷地在三地之间流动，为大珠三角的融合发展提供了坚实基础，构建更为紧密的区域协同发展网络。

习近平总书记在 2023 年考察广东的重要讲话中指出，要"使粤港澳大湾区成为新发展格局的战略支点、高质量发展的示范地、中国式现代化的引领地"，这一定位为高水平谋划推进粤港澳大湾区建设提供了根本遵循和目标指引。《粤港澳大湾区发展规划纲要》发布 4 周年之际，粤港澳大湾区大力推动基础设施"硬联通"和体制机制"软联通"，不断为湾区要素自由流动加强渠道建设，减少体制机制障碍，突破行政区划限制。作为国内最具发展活力的区域，加强粤港澳三地的规则衔接、机制对接，营造宽松的制度环境，促进区域内人、资金、物和信息等关键要素的自由、高效流动是湾区高质量发展的必然趋势和重要驱动力。因此，深刻认识和评估粤港澳大湾区要素流的发展情况，厘清要素流与经济高质量发展间的内在逻辑和影响机制，探索大湾区要素流自由、高效流动的具体实现路径是粤港澳亟待解决的重要课题。

第一节　要素流相关文献和理论分析

要素流是流动在整个经济系统中的血脉，是产业链、创新链、价值链畅通、运转的基础。但是，中国社会一直以来都存在"重生产，轻流通"的问题，行政垄断、地方分割不仅提高了全社会的流通成本，而且逐渐演变为流通收益的重要来源，使消费者被迫承担高昂价格。因此，众多学者就要素流及其与经济发展之间的关系开展了丰富的研究。

一、要素流和区域经济发展的密切联系

1992 年，社会学家曼纽尔·卡斯特（Castells）就提出了流空间（space of flows）的概念，认为信息通信技术的变革将使要素流动性取代要素禀赋成为影响区域经济发展的重要动力。人流、物流、信息流和资金流等要素流都是流空间中的基本流态，其中，信息流又尤为特殊，能够组织协调其他流态。

在区域层面，学者们将要素流作为研究视角探讨区域间的经济联系和空间关系。姜博等（2014）和幸丽君等（2022）从人流、物流、资金流和信息流等要素流的角度分别研究了东北地区地级以上城市的城市功能联系、湖北省各城市的网络结构特征和不同联系网络的整体联系密度。纪良纲等（2020）从商流、物流、资金流和信息流 4 个方面从要素流的角度研究发现，我国城乡商贸流通体系的二元经济结构特征明显，要破解这种情况需要充分利用"互联网＋"，整合密切城乡要素流，推动城乡商贸流通一体化。

在宏观层面，学者们从经济增长和发展质量两个方面肯定了要素流通对于区域经济的积极作用。在经济增长方面，要素流的规模扩大会推动要素流服务业的增长，从而为区域经济发展增添动力。徐寿波（2009）系统研究了商品物流理论，认为商品的实物流、资金流和信息流"三流"运动和协调过程构成了整个商业活动。赵霖等（2017）运用网络分析方法研究发现，商贸流通服务业对经济系统具有支撑效应和作用空间效应，能够推动上游产业集群的形成。郭媛和梁丽梅（2018）和崔文芳等（2019）分别对国内六大地区和天津市的流通业进行实证研究发现，流通服务业的发展对地区宏观经济具有积极影响。宋则（2017）通过模拟法分析发现，区域的流通成本与制造业聚集水平为倒"U"形关系。在经济高质量发展方面，要素流的发展将提高经济运行效率，推动价值链升级，促进传统行业的转型。王琼（2020）提出，新一代技术的赋能将会推动整个流通体系的智能化、现代化和国际化，逐步发展成为经济高质量发展的重要动力。李丽等（2021）具体研究了京津冀地区的流通服务业，认为其发展在增加就业，优化市场结构和推动交通一体化方面都发挥了积极作用。文华（2016）认为，物流、信息流和资金流的高效、有序流动，互联网技术对信息流的助力，提高了整个供应链体系的效率。蒋倩（2017）认为，流通服务业创新发展模式，与高端服务业融合，由粗放型向专业化、高端化、定制化迈进，缩短供应链，增强对价值链的控制能力，推动经济发展。吴艳华等（2022）构建 SFA 模型进行实证研究发现，产业融合视角下商贸流通服务能够推动产业全球价值链的升级，尤其是制造业全球价值链。杨永芳等

（2020）认为，推进传统行业例如实体零售行业与线上资金流、商流和信息流的融合，实现线上线下双渠道发展，是推动实体零售行业数字化转型的重要路径。

在微观层面，要素流的发展既能够同时在生产端和消费端发挥积极作用，提高企业的经营效益。周扬（2016）研究得出，社会分工的日益深化、商品内容的持续扩大、交换模式的不断创新均会增强生产对于流通的依赖性。张继德（2022）认为，物流、资金流和信息流三流合一是企业不断创造价值和控制风险的基础，能够保障企业持续经营，而物流、资金流、信息流、管理流、内控流和审计流六流合一才能够推动企业实现发展战略。汪洋等（2022）研究发现，随着现代流通业聚集程度加深，初期居民消费率呈上升趋势，但是后期会有所下降，但两者之间的关系受到互联网发展的调节。

综合来看，现有文献已经从多个角度充分肯定和论证了要素流通与区域经济两个系统之间的关联性和互促性，并提出了通过区域内要素流通自由化促进区域经济发展的各项政策建议。但从研究对象上来看，对于要素流通的研究大都着眼于要素流通服务业的发展上，如物流业、交通运输业、金融业等服务业的产值和盈利，并未聚焦于要素流通本身。从研究范围上来看，关于要素流与区域经济发展关系的研究大都只针对某一种要素，很少将人员流、资金流、物流和信息流"四流"结合起来研究其影响区域经济发展的具体路径。因此，本章聚焦于要素流通本身，综合阐释了人员流、资金流、物流和信息流影响区域经济发展的具体路径，以粤港澳大湾区为案例分析其要素流发展的具体情况并提出相关建议。

二、要素流与服务业运营的有机联系

从三大产业（尤其第三产业）的运营角度，广东省社会科学院的梁育民（2003）深度分析了要素流划分成"四流"、并将所有服务业重新分类为"四流"服务业的理论依据，从而为粤港澳服务业发展提出了一些可行性建议。

（一）关于第三产业内涵的探讨

产业运营和产业园区的运营不太一样。产业园区的运营通常包括但可能不限于土地招标、园区建设与管理、项目规划及招商引资、企业服务和品牌建设、公共关系维护等。其目标是促进产业的发展和壮大，为产业提供全生命周期的服务体系。而产业运营的范畴，就是指某个产业本身从诞生成长到发展壮大的过程，也包括产业中各企业从诞生成长到发展壮大的过程，包括从各种要素投入到最终成品产出的全过程、从原材料到商品以至消费服务的全过程。贯穿产业运营过程的核心就是整条价值链，其根本目标是产品或商品的不断增值，以及蕴含价值的不断提升。

人们知道，农业是第一产业，工业是第二产业，服务业是第三产业。这三大产业的划分，是根据它们各自运营手段的不同。农业的运营手段主要是采集、捕猎、种植、养殖等。工业的运营手段主要是制造和建筑，近年来增加了越来越多的创新创造、智能制造等成分。服务业的运营手段主要就是服务，当然也可能需要加工和包装、装卸和搬运等环节的介入。

据此，第三产业的内涵就是以服务作为主要运营手段的产业。要判断第三产业包含哪些行业，只需看这些行业是否采用服务手段来进行运营就可以了。下面将要说到的四个新层次，基本就是服务业所包含的各种行业。

有人将信息产业当作第四产业，甚至将知识产业叫作第五产业。这种划分方法没有科学根据，也无实际价值。首先，信息可将知识包括在内。其次，在当今社会，信息、知识与原有的三大产业都有联系。最后，与信息、知识有关的行业完全可以分别归入原有的三大产业中。例如，信息设备制造业显然属于第二产业，而信息咨询服务业又属于第三产业。教学用具的制造属于第二产业，教师的教学工作却属于第三产业。

总之，信息、知识都是一种生产要素，而不是生产运营的手段，故不能把它们当作产业划分的标准。

（二）关于第三产业外延的探讨

按照传统的分类方法，一般是根据服务对象的不同，将整个第三产业划分为四个层次。或者说，第三产业的外延包括四个层次：

第一层次是为流通服务的产业，如交通运输、邮电通信、物流仓储、商业饮食等。

第二层次是为生产和生活服务的产业，如金融保险、信息咨询、地质普查、维修租赁、理发照相、房地产和物业服务等。

第三层次是为提高科学文化水平与居民素质服务的产业，如教育科研、旅游娱乐、广播电视、体育保健、医疗卫生、社会福利等。

第四层次是为社会公共需要服务的产业，如国家机关、党政机关、军队警察、社会团体等。

笔者认为，上述分类不太合理，有必要根据新形势进行一些必要的调整。

首先，第四层次所涉及的是国家公务员或一些志愿者，因此这些行业不适宜作为一个产业来发展。否则的话，容易造成权力寻租、价格高质量差的后果。

其次，分类方法应有所改进。在农业、工业的内部结构中，都是根据各行业的运营对象和产品性质来分类，而不是根据购买产品的顾客来分类的。如农业可分为种植、养殖、捕猎和副业等，它们的运营对象和产品分别是植物、动物和手工艺品等。工业可分为纺织、制药、钢铁、石油、建筑等，它们的运营对象和产品分别是纺织品、药物、钢铁、石油、建筑物等。

因此，服务业根据服务对象的分类方法意义不大，而是应该与农业、工业同样，根据运营对象和产品性质来分类。在当今世界，服务业的运营对象和产品性质基本可以分成四种：人员流、资金流、物流与信息流。据此，第三产业可以划分为四个新的层次：

第一层次：人员流服务业。包括交通、旅游、商业饮食、理发照相、医疗卫生、体育保健、房地产和物业服务等。

第二层次：物流服务业。包括运输、邮政、物流仓储、批发零售等。

第三层次：资金流服务业。包括金融、保险、银行、证券、租赁、社会福利等。

第四层次：信息流服务业。包括教育、科研、电信、广告、广播影视、信息咨询、地质普查等。

需要说明的是，以往人们把交通业与运输业放在一起，既包含客运，又包含货运。笔者认为有必要把它们分开，交通业只管人，运输业只管商品货物。正如邮政主要经营物流产品，电信主要经营信息产品，在实践中已经被分成两个部门。

第二节　要素流对区域经济发展的影响机制

要素流的影响力主要体现在直接影响和间接影响两个方面，直接影响主要体现在生产成本下降，GDP 增长、消费增加等绝对数量的变化上，间接影响力则体现在产业结构转型升级，梯度化、多极化空间格局构建和经济效率提高等相对质量的提升上。本书从价值创造效应、效率提升效应和协作整合效应三个维度综合分析了要素流通的自由化、高效化对区域经济发展的影响机制。

一、要素流通具有价值创造效应，能够创造新的经济增长点

一方面，人、资金、物和信息等要素的自由流动需要相关服务的支撑，要素流的流量增加、流速增快引发相关的服务需求扩张，推动交通运输、现代物流、信息通信等传统服务业的转型和数字金融、移动支付、大数据及软件信息服务业等现代服务业的规模化发展，实现服务业降本增效、产值增长、利润增加。

另一方面，与人流、物流、资金流和信息流相关的各类服务嵌入其他产业的价值创造活动中。要素流的融合发展使产业延价值链向上攀升到"微笑曲线"上游，物流、信息流和小额资金流的自由流动使定制化生产规模化成为可能，企业既能够通过信息流根据市场信息计划生产、合理运营、降低库存、节约成本，全程跟踪监测流通过程，也能够通过物流跨区

域提供营销、配送、维修、置换等物流和售后服务，增强服务功能和品牌管理，向价值链的上游渗透和延伸，提供长尾产品，增加产品的附加值，延长产业链，挖掘利润空间。

二、要素流通具有效率提升效应，能够提高经济运行效率

从微观角度上而言，要素流将金融机构、原材料供应商、第三方服务供应商、制造商、分销商和顾客等整个商品生产流通运营过程中的各个节点连接成一个完整的网链结构。要素流流通效率的提升能够提高企业原料采购、生产、销售、货物运输、售后服务等一系列价值创造活动的运行效率。互联网金融的发展带来的资金流创新助力实现资金的供需对接，降低供应链各主体的融资成本，缓解资金约束；物流和信息流的互动融合将提升物流服务的精准性，降低企业的生产库存和仓储面积，加快原材料库存资金周转；人流的便捷化不仅能够降低企业搜寻劳动力的资金成本和时间成本，也便利上下游企业商务人员往来沟通，使企业能够及时对接需求，安排生产。

从宏观角度上而言，要素流的自由流动将促进要素的供需对接，提高资源利用效率。首先，要素流的自由流动意味着生产要素突破地域限制和行政干预进行集结和整合，发挥市场机制的调节作用，让资源流动到最需要的行业中去，缓解产能过剩，从而提高资源配置效率。其次，流通作为桥梁两端连接着生产和消费，流通效率的提升缩短了生产到消费之间的距离，使产品的供给和需求能够突破原有的时空约束精准对接，贸易更加扁平化，减少冗余环节、节约成本，实现资源利用最大化。

三、要素流通具有协作整合效应，能够推动区域合作共赢

要素流的发展本质上是生产要素的跨区域配置，有利于区域发展突破自身资源禀赋的限制，与周边地区协同合作，推动区域一体化进程的同时形成梯度发展的格局，实现共赢。

要素流动具有选择效应和示范效应。要素流的无障碍流通，各类要素流紧密结合、共同发展有助于地区突破资源束缚，从更为综合的角度评估自身的产业情况，择优发展，使要素流入每个地区最适宜发展的产业中，促进区域分工深化，驱动产业升级。为吸引要素流入，各地向示范区学习，优化营商环境，提升区域创新能力，充分挖掘当地的资源优势，引导、鼓励、发展创新型产业和特色产业，并将其他边缘产业转移到周边更为适宜的地区，使各区域都能够找准自己的定位，精益求精，持续深耕，提高独特性，形成差异化发展模式，避免恶性竞争。

要素流的发展能够增强枢纽城市对周边地区的辐射效应，扩大辐射范围。要素流具有明显的"中心—外围"分布特征，中心城市凭借着其优越的地理位置、强大的经济实力和创新能力、良好的营商环境、深厚的市场潜力也逐渐成为要素流的中心，各类要素纷纷"涌入"，满足企业的规模化生产需要，丰富产品和服务供给。随后，中心城市又通过要素流动向周边城市扩散正外部效益，发挥辐射效应，中心城市先进的科学技术、创新意识、管理理念附着在人、资金、物和信息等基本要素上流入周边地区，为周边地区经济发展增添动力的同时，也为产业的转型升级积蓄力量。区域内的要素流动越频繁，联系越密切，并在互动过程中受到要素流时空压缩效应影响，弱化区域分割现象，推动区域一体化进程。

第三节　大珠三角要素流发展状况及演变规律

2016 年 3 月，《中华人民共和国国民经济和社会发展第十三个五年规划纲要》首次提出推进粤港澳大湾区建设，因此本书结合 2016 年前后部分年度的粤港澳大湾区货运量、客运量、固定资产投资、互联网用户等数据、2016 年以来，粤港澳大湾区的基础设施建设和制度创新从绝对数量和发展潜力两个方面综合分析湾区人流、物流、资金流和信息流等要素流的发展状况及演变规律。

一、物 流

从物流的绝对数量上来看，2013～2021年广东珠三角9市的货运量整体上呈上升趋势，虽然2020年因为新冠疫情货运量有所下降，但是得益于政府在推动粤港澳大湾区互联互通方面的诸项措施，2021年的货运量有明显回升，并逐步趋于稳定状态。2016年，"十三五"规划首次提出了建设粤港澳大湾区，对比2016年前后两阶段的数据，2017年广东珠三角9市货运量和进出香港的货物总量均经历了自2013年以来的最大幅度的增长，广东珠三角9市的增长值突破了20 000万吨，增长率高达7.9%，香港的增长值突破了2 500万吨，增长率高达9.1%。澳门的货物流动的绝对数量虽然没有明显提升，但是与内地的货物流动量占其货物流动量的比例基本维持在40%左右，甚至在2020年和2021年达到了53.4%和49.7%（见图2-1、图2-2、图2-3）。这表明粤港澳大湾区的建设不仅促进了区域内物流流量的增加，还为特殊时期内保障供应链正常运转、维持要素流动、推动经济恢复发展作出了重要贡献。

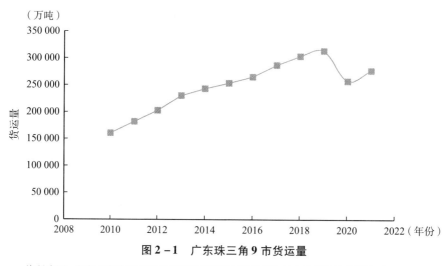

图2-1　广东珠三角9市货运量

资料来源：根据历年广东省统计年鉴和广东省国民经济和社会发展统计公报整理。

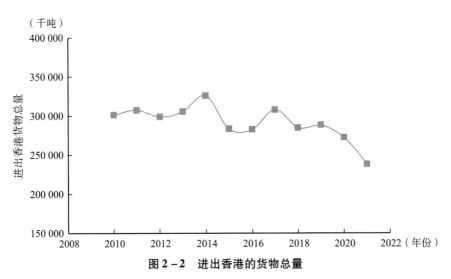

图 2 - 2　进出香港的货物总量

资料来源：根据历年香港统计年鉴整理。

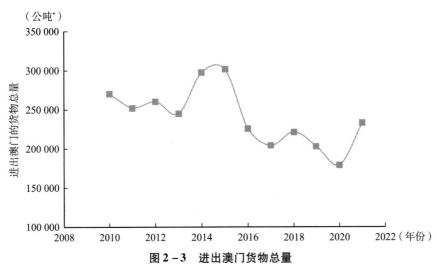

图 2 - 3　进出澳门货物总量

注：＊公吨是澳门惯用的计量单位，和我们常用的吨相当。
资料来源：根据历年澳门统计年鉴整理。

从国际物流的发展情况来看，粤港澳大湾区国际物流以"湾区号"中欧班列为引领，呈现强劲发展势头。"湾区号"中欧班列通过持续创新、服务优化以及拓展多样化的专列路线，成为粤港澳大湾区与"一带一路"合作的重要纽带，有效促进了区域内外的物流增长，加强了区域间国际物流联系。两年来，"湾区号"中欧班列的运输需求持续增长已实现244次往返，搭载11 682节车厢，运送14.1万吨货物，价值突破65亿元，班列的开行频次也从每周1列迅速增至每周2列，辐射带动能力增强。在制度层面，湾区政府也出台了多项政策提高"湾区号"的运转效率，推动国际物流的高质量发展。例如，深圳海关在推动"湾区号"中欧班列发展上采取了积极措施，包括大规模企业调研、17条支持措施制定以及监管流程优化等，确保班列正常发运。同时，深圳充分挖掘当地的特色产业优势，促进了中欧班列与新业态如邮快件、跨境电商的融合发展，进一步丰富了国际物流的发展模式。近期的粤港海关业务联系会议也强调了在未来将通过支持物流园建设、加强打击走私行为湾区国际物流的正常运转保驾护航。

从物流的发展潜力上来看，粤港澳大湾区逐步构建综合物流网络体系，推进制度创新，为湾区物流打造硬件设施基础的同时，减少行政壁垒，缩减通关手续，提高物流运行效率。目前，粤港澳大湾区已经初步构建了遍布湾区、通达海外的国际航运网络，4亿吨大港坐落于珠江两岸，南沙港区、盐田港区的大型化专业码头陆续建成，广州港、珠海港的进出港深水航道也已竣工，深圳至中山跨江通道（深中通道）项目建设正在冲刺；南沙港区四期现场，自动化岸桥正在无声作业，行动整齐划一的无人驾驶水平运输智能导引车在港区安静穿梭，他们将为粤港澳大湾区的国际物流和跨境物流提供强大运力。此外，粤港澳大湾区持续推进制度创新，强化服务职能，优化行政流程，提高物流效率。2020年，深圳市率先探索组合港模式，枢纽港和内河港口通力合作，精简通关手续，由"多次申报"变为"一次申报"，使物流效率提高了60%，为企业降低了30%的报关成本，2022年深圳港的作业量也同比增长了86.22%。

二、人员流动

从人员流动的绝对数量上来看，自 2016 年以来，粤港澳大湾区的人员流动量总体上呈平稳增长趋势，人员往来频繁、联系密切。广东珠三角 9 市的客运量除了极个别年份有所下降外，大部分年份均处于上升状态，尤其是 2018 年的客运量同比增长 5.1%；抵港旅客数量则是在 2016 年之后增长幅度较大，2018 年的抵港旅客数量较 2016 年增加了 900 万人次，增长率达 6.1%，而且在访港旅客中，来自中国内地的比例高达 70% 以上，在 2018 年更是达到了 78%；抵澳旅客数量也处于稳定增长状态，2017 年、2018 年和 2019 年较上一年的增长率分别为 5.4%、9.8% 和 10.1%，而且抵澳旅客中来自中国内地的旅客占比逐年走高，在疫情期间，也就是 2020 年和 2021 年的占比甚至高达 81% 和 91.4%（见图 2-4、图 2-5、图 2-6）。这说明粤港澳大湾区的建设以及诸项人员流动便利化政策的落实为港澳经济的恢复作出了重要贡献，港澳与内地的联系更为密切，往来更加频繁，经济内循环的动力强劲。

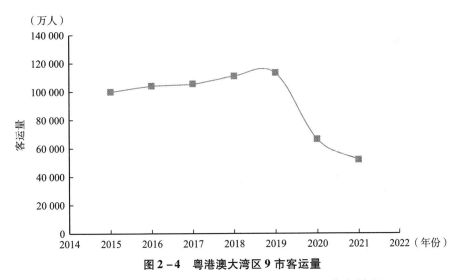

（万人）

图 2-4　粤港澳大湾区 9 市客运量

资料来源：根据历年广东省统计年鉴和广东省国民经济和社会发展统计公报整理。

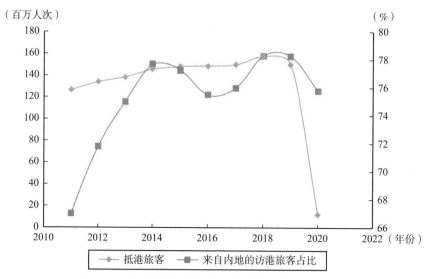

图2-5　抵港旅客数量以及来自内地的访港旅客占比

资料来源：根据历年香港统计年鉴整理。

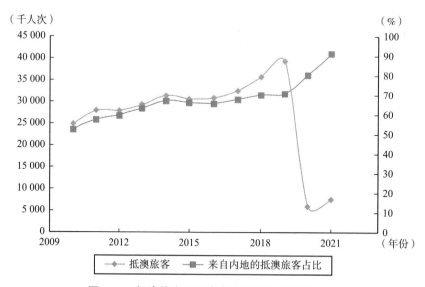

图2-6　抵澳旅客以及来自内地的抵澳旅客占比

资料来源：根据历年澳门统计年鉴整理。

从人员流动的发展潜力上来看，粤港澳大湾区通过基础设施建设为人流流量的增加奠定基础，也通过体制机制创新为流速的提升增添动力。一方面，湾区不断加强客运基础设施建设，提高运力，将遍布湾区的公路、铁路、跨海通道和机场编织了广泛、密集、立体、综合的交通网络，为湾区内的人员流动提供物质支撑，构建"一小时交通圈"。珠江黄埔大桥、南沙大桥、广深港高铁、虎门大桥和港珠澳大桥等多条通道由北到南横跨珠江两岸，深中通道、狮子洋通道等 4 条通道在如火如荼的建设中，由白云机场、宝安国际机场和香港国际机场引领的世界级机场群迅速崛起。截至 2021 年底，湾区铁路运营里程约 2 500 公里，高速公路通车里程达 4 972 公里，路网密度达到 9.1 公里/百平方公里，机场群旅客吞吐量超 2.2 亿人次。另一方面，湾区还出台多项优惠政策，降低人员跨境通行门槛，简化流程手续，提供生活保障，为人员流动的自由化、便利化提供制度支持。湾区在便捷化通行方面推广自助通关，落实"一站式通关""合作查验、一次放行"，实现外籍人才工作许可和居留许可"一窗受理、并行办理"。

在制度保障方面，粤港澳大湾区拓展港澳专业人士跨进职业资格认可范围，已经在医师、律师、教师、导游等多个行业实现资格互认，解决随迁子女各阶段的入学教育问题。根据《人民日报》公布的数据，目前已有 3 200 多名港澳专业人才在内地执业，累计有 3 500 多人通过"一试多证"获取三地技能证书。同时，粤港澳大湾区还积极落实"人才通""社保通""就业通"等政策，使湾区居民能够网上办理跨境社保业务。目前已经建成"湾区社保通"服务专窗 237 个、港澳地区社保服务网点 85 个，港澳居民在粤参保逾 34 万人次。而且，湾区还致力于建设跨境政务服务平台，目前，粤港澳大湾区已经打造了"湾事通"综合服务小程序，围绕粤港澳三地居民出行、通关、通信、支付、求职、养老、医疗、教育、旅行等场景，为大湾区居民与外籍人士提供 70 余项便捷综合服务，以数字化实现"一码畅行湾区"。

三、资金流

从资金流的绝对数量上来看，粤港澳大湾区资金流的规模持续扩大，香港、澳门与内地之间的联系日益加强，但两地资金流动的规模在近些年波动下降，亟待新兴驱动力，湾区政府应该继续加强港澳与内地之间的规则衔接，坚定不移地推动香港、澳门地区在金融领域的对外开放，推动资金流的发展。广东珠三角9市的固定资产投资总额在2010～2021年持续增长，资金流流量不断增加，尤其是2017年增长幅度较大，较上一年度增长了27%；香港地区的资金流总量整体上处于波动状态，以2015年为节点，2015年之前波动上升，2015年之后波动下降，但是在2020年有了较大幅度的回升，而且香港地区与中国内地之间的资金流量在其资金流总量中的占比保持在较高水平，2018年、2019年、2020年3年的占比均在40%以上，2019年甚至高达83.7%，中国内地是中国香港资金流出的主要目的地，2020年向外直接投资的58.8%都是在中国内地；澳门地区的外来直接投资流量也处于波动状态，但是在2019年达到了5 397亿澳门元，经历了较大幅度提升（见图2－7、图2－8、图2－9）。

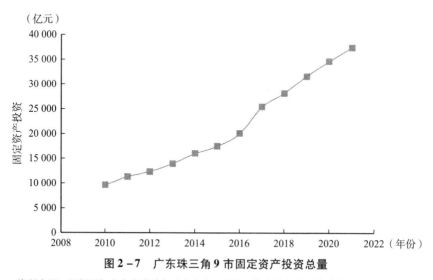

图2－7　广东珠三角9市固定资产投资总量

资料来源：根据历年广东省统计年鉴和广东省国民经济和社会发展统计公报整理。

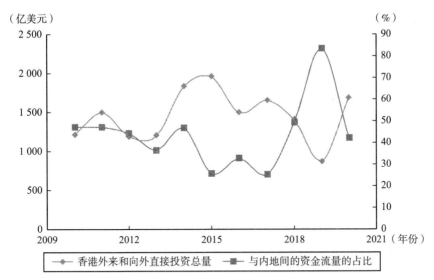

图 2 - 8　香港资金流总量以及与内地间资金流流量的占比

资料来源：根据历年香港统计年鉴整理。

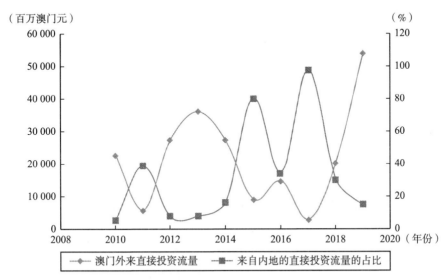

图 2 - 9　澳门外来直接投资流量以及来自内地的直接投资流量占比

资料来源：根据历年澳门统计年鉴整理。

在资金流的发展潜力方面，粤港澳三地通力合作打造资金流平台，优化资金跨境流动的政务服务，湾区推进金融领域改革，加强内地与港澳金融规则机制衔接，减少"一个区域、三种货币"对于区域内资金流自由流动的阻碍。平台建设上，2022 年在广州设立的粤港澳大湾区跨境理财和资管中心致力于提供整合性跨境理财服务，通过加强监管、完善环境、统计数据、风险监测等方式使三地在推进资金流流动自由化、便利化的同时降低金融风险，维持资金流的合理、平稳、健康流动。机制创新上，"深港通"、债券"南向通""跨境理财通"和"互换通"陆续开通，使资金流突破行政区划的限制，流动更为顺畅，为企业跨境投资、居民跨境理财、金融机构拓展跨境业务，消费者跨境移动支付提供了新通道，在整个湾区内形成多层次、多功能的资金流动体系。

在资金流的最新动向方面，自 2021 年启动的"跨境理财通"业务试点在 2023 年又取得了新进展，为大湾区内资金流的增长带来了显著的推动力。中国人民银行广东省分行等六部门发布《粤港澳大湾区"跨境理财通"业务试点实施细则（修订稿征求意见稿）》（以下简称《征求意见稿》），推动了"跨境理财通"业务门槛降低、试点范围的扩大以及办理流程优化，使"跨境理财通"的覆盖范围和实用性进一步提升。根据《征求意见稿》，"南向通"业务中内地投资者的参与门槛由"满 5 年"社保或个税缴纳条件降低至"满 2 年"，以及个人投资者的投资额度上限从 100 万元人民币提高至 300 万元人民币。随着"跨境理财通"试点的不断改进，预计参与人数和投资规模将会有更大的增长，这将为大珠三角的资金流动带来新的活力。根据《人民日报》公布的数据，截至 2023 年 9 月 10 日，粤港澳大湾区内参与"跨境理财通"的个人投资者数量已达 6 万人，资金跨境汇划总额达 67 亿元人民币。特别是 2023 年以来，新加入的个人投资者数量同比增长 40.1%，资金汇划金额更是同比增长了 4.1 倍，达到了 44.8 亿元人民币。

四、信息流

粤港澳大湾区的信息传输能力高于全国平均水平，总体上呈稳定上升趋势，信息流规模持续扩大。自 2013 年以来，广东珠三角 9 市的互联网宽带接入用户总量就超过了 2 000 万户，甚至在 2020 年逼近 3 000 万户，近10 年来，每年较上一年的增长率均维持在 10% 左右，保持较快增长；香港的互联网用户自 2010 年起就突破了 200 万户，2021 年更是达到了 293 万户，在经历了 2016 年 11.8% 的快速增长之后，2017 ～ 2021 年每年较上一年的增长率维持在 2% 左右，保持平稳增长，但是香港互联网使用量自2010 年起每年较上一年的增长率高达 15% 左右，甚至在 2016 年、2017 年和 2020 年达到了 37.4%、24.1% 和 26.7%；澳门的互联网登记用户在2021 年达到了 67.2 万户，互联网使用时间高达 166.1 亿个小时，互联网登记用户在 2018 年较上一年的增长率达到 36.9%，互联网使用时长在2019 年的增长率也高达 24.9%（见图 2 – 10、图 2 – 11、图 2 – 12）。

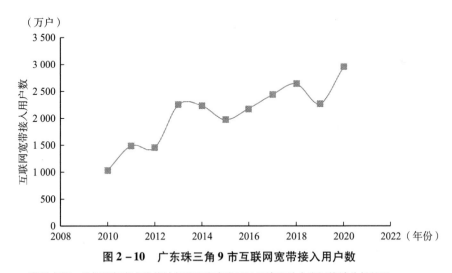

图 2 – 10　广东珠三角 9 市互联网宽带接入用户数

资料来源：根据历年广东省统计年鉴和广东省国民经济和社会发展统计公报整理。

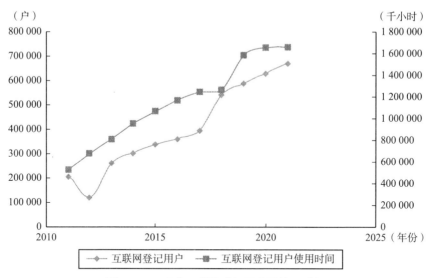

图 2-11　香港互联网登记用户及使用时间

资料来源：根据历年香港统计年鉴整理。

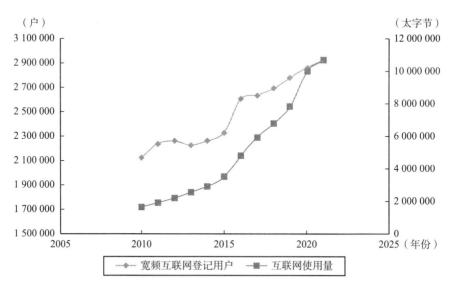

图 2-12　澳门宽频互联网登记用户及互联网使用量

资料来源：根据历年澳门统计年鉴整理。

在信息流的发展潜力方面，粤港澳大湾区不仅加强信息基础设施建设，提高信息传输、处理能力，还搭建相关平台，促进粤港澳三地协同合作、信息融合、数据共享，为信息流的流动性、精准性、可靠性、正确性和安全性的提升奠定基础。香港贸易发展局在 2021 年建设 GoGBA "湾区经贸通" 数码平台，还特别在前海试验区另设了 "GoGBA 港商服务站"，为香港与湾区内地的商贸信息传输提供大型可靠平台。2021 年，粤港澳大湾区国际信息科技协会正式成立，2022 年国家超算广州中心南沙分中心投入使用，2022 年底，粤港澳大湾区一体化数据中心项目开始建设，这些重大信息基础设施和平台将内地和港澳紧密联系在一起，使湾区内的企业、科研团队能够在短时间内完成数据传输、信息交互，共享信息资源，形成创新合力，使信息流动更为全面、自由。

第四节　要素流通促进经济发展和产业运营相关建议

目前，无论是在流量、还是在流速，抑或是在发展潜力方面，粤港澳大湾区的物流、人员流、资金流和信息流都取得了长足的发展，推动了湾区内各地级市之间的经济往来与协同合作，对区域内的经济增长、产业运营发挥了强大的促进作用。但是随着粤港澳大湾区建设工作的持续推进，粤港澳三地产业、经济合作的广度和深度不断扩大，经济结构转型和产业升级的需求更加迫切，湾区要素流动也需要谋求进一步的发展，资金流方面则需加强制度的互认互通，提升区域内资金流动的自由度。

一、物　流

根据前文的分析，粤港澳大湾区传统物流和基础物流已经取得了较大发展，拥有世界级的码头、机场和四通八达的公路铁路网，如果后续还继续将精力放在优化物流基础设施，提高物流运输数量和收入绝对值方面的话，所产生的边际效应将非常有限，所以未来湾区物流一方面应该改革体制机制，进行制度创新，完善物流服务，发展高品质物流，另一方面应该创新物流发展模式，根据产业发展和产业升级的需求完善物流服务，走特色化、精品化的发展路线，推动物流服务朝高质量的方向发展。

（一）改革物流的体制机制，完善物流服务，发展高品质物流

如何使当前完善的基础设施充分、高效的运转起来是湾区物流高质量发展应该解决的首要问题。未来粤港澳三地应该充分交流，加强协同，减少货物往来的体制机制障碍，探索"白名单"模式，简化货物通关的流程和手续，增强对企业开展跨境贸易的吸引力，使新建成的基础设施能够充分地运转起来，为湾区的要素流通、一体化发展作出更大贡献。同时，湾区也应该借助技术优势，将强化数字技术应用，加快推动粤港澳地区不同港口间的通关数据共享、系统联通融合，进一步缩短货物流通链路，并以此为基础探索出更多的组合港线路，多港如一港，实现"一次报关、一次查验、一次放行"，打造了一条便捷高效的粤港澳大湾区海上物流通道。此外，粤港澳地区一直以来就是改革的前沿，在推动物流发展的过程中也应该注重制度创新，以新制度带动新发展，例如，开展试点、主动创新，赋予前海综合保税区前置安检功能创新，在没有降低安全标准的前提下，实现代理人高效安检、自主打板、整板交运的核心诉求，大幅缩减保障时间，降低代理人运输成本，提升服务质量。

（二）创新物流发展模式，推动物流特色化、精品化发展

物流如果想要继续为经济增长提供新动力，就必须突破之前以完善的基础设施吸引产业聚集，推动产业发展的传统模式，而应该以产业重点和产业升级为导向，从产业角度出发提供更完善，契合度更高的特色化、精品化物流服务。广东一直以来都是重要的制造业基地，而港口就是制造业产品集散的重要渠道，港口的兴盛让湾区制造业产品从四面八方汇聚，然后出口全球。但随着先进制造业的发展，湾区内的制造业链条逐渐变长，并且向高端靠拢，也对港口物流服务提出了更高要求。未来湾区应该加强不同港口之间的链接，使深圳港在原有驳船航线的基础上，与海关在大湾

区其他港口城市开通了组合港，或以海铁联运的形式，让大湾区内的货源直通深圳港，提供更为综合、一体化的物流服务。同时，战略性新兴产业和高技术产业是湾区产业发展的重点，这些产业的产品和生产资料附加值比较高，但是产品受损的风险程度也比较高，也由此产生了更高标准更高要求的物流服务，例如，像冷链运输一样更为严格的物流条件，像点对点一样更为精准的物流服务。中欧班列"湾区号"就开设了多条专列精品路线，为湾区高科技头部企业量身打造开通首条深圳至俄罗斯电子产品精品班列，还开通了首列"湾区号"中老泰冷链专列，开通线路已覆盖俄罗斯、德国、波兰、匈牙利、意大利等38个国家，为深圳及周边城市超过3 000家企业提供了稳定可靠的国际物流服务。

二、人员流动

经过多年的建设，大湾区内的客运基础设施已经相当完善，形成了海陆空共同发展的立体综合交通网络，运力持续提升。在人流流量持续提升的大背景下，未来粤港澳大湾区应该从完善保障服务和加强人才培养两个方面来提高人员流动质量，使其助力于区域经济的进一步提升。大湾区一方面应该打造数字湾区，完善相关服务，使大湾区内的人员流动更为便利，另一方面应该加强人才培养，发展先进产业，拓展发展空间，使人才不仅能够动起来，还能够留下来，真正成长为推动湾区发展的强大力量。

（一）建设数字湾区，为人员往来创造更为便利、更具保障的环境

由于疫情结束，各种交通专线恢复运营，今年港人来深消费更加活跃，香港入境处数据显示，7月北上港人总数达到468万人次，平均每日便有超16万人次北上，这反映出人员跨境流动呈现出更加日常化、生活化的发展趋势。为适应这样的发展趋势，未来粤港澳大湾区应该更加坚定不移地促进规则机制"软联通"，充分利用湾区数字技术先进，信息基础设施完善的新优势，加快推动粤港澳三地通关数据共享、系统联通融合，优化通关流程手续，推动人员"一码通关"，提高整个区域内的人员通关效

率。同时，还应该推动粤港澳公共服务衔接融合，着力打通三地政务服务链条和数据流动堵点，促进湾区居民"生活通"。目前，湾区已经推出了多项"跨境通办"政务服务，未来应该继续利用信息基础设施完善和大数据服务发展迅速的优势扩大政务服务的范围，让两地居民和企业可便捷地使用大湾区政务服务，包括公司注册、养老、税务等。此外，未来粤港澳三地也应该开展更为紧密的合作，解决三地目前因为使用不同证件的麻烦及不便，例如，香港可以积极推进特区政府开发的"智方便"等服务平台与广东省相关服务平台对接，让香港居民在大湾区高效办理更多跨境服务，用"数字湾区"的发展推动人员往来的便利化、规模化。

（二）注重人才培养，拓展人才的发展空间，增强人员流动的驱动力

虽然大湾区为港澳人员来粤工作提供了诸如职业资格认证、子女入学、社保衔接等多项政策支持和生活保障，但是所吸引的港澳青年数量依然有限，各种创新创业产业园区并未得到充分利用，因此，大湾区在继续推进便利通关、制度衔接的同时，还应该为港澳青年绘制更为广阔的发展蓝图，增强人员流动的驱动力。对此，大湾区应该建设高水平的科教基地和科研平台，在提高人流流量的同时，还应该提高人员流动的质量，为大湾区发展汇聚更符合产业升级需要、更具创新力的人才。未来大湾区应该更加注重人才培养和人才教育，推进深港教育链协同发展，坚持教育优先发展，高标准高起点高水平推动高校建设，围绕产业集群优化布局基础学科、应用学科和新兴交叉学科，探索接轨国际的办学模式和管理制度，推进职业教育产教融合，发挥教育支撑创新策源地的基础作用。此外，粤港澳大湾区还应该培育技术含量高、盈利能力强的先进产业，为跨区域流动的人才提供更为广阔的施展才能的空间。一方面可以推进深港科技产业链联动发展，围绕创新链布局产业链，加快培育一批核心优势产业，发挥科教城科研平台集聚优势，加强企业主导的产学研深度融合，培育发展一批以知识产权输出为主的高附加值科技企业。另一方面可以加强招商引资，鼓励吸引国际国内知名企业入驻合作区，为青年人员创造更多的职业发展空间，增强对港澳青年的吸引力，使其才能得到充分发挥。

三、资金流

虽然粤港澳大湾区已经探索制度创新，提供了包括企业跨境投资、居民跨境理财等在内的多层次资金流跨境流动新通道，但是大湾区"两种制度、三种货币"的特殊情况，使资金自由流动依旧面临较大阻碍，不同货币难以自由支付流通。因此，大湾区应该从理财、保险和股票投资等多个方面加强大湾区金融领域制度的互认互通，提升区域内资金流流动的自由度，同时对于资金流动带来的金融风险，应该加强监管，推动区域金融均衡发展。

（一）加强湾区金融领域制度的互认互通，提升区域内资金流流动的自由度

在监管、产品标准、程序管理方面，不同的信用体系、监管体系难以衔接运行，保险、基金债券等金融产品难以互认；在政策和流程方面，三地的金融机构普遍不熟悉彼此业务，推动资金自由流动的动力不足，很难完全实现金融市场互联互通。因此，粤港澳大湾区应该继续加强法律、经济、会计等多方面的制度衔接和创新，给予大湾区内金融机构处理跨境业务充分的自由度，同时扩大跨境投融资试点的广度和深度，向不动产抵押登记、贷款、资产转让、私募股权投资基金跨境投资以及保险业务跨境收支管理等领域拓展。在理财方面，进一步小范围试点放宽"理财通"跨境销售方面的限制，使香港银行可在大湾区指定银行网点通过视频方式主动接触内地客户，提升客户体验；降低"理财通"内地合格者准入门槛，释放更多资金入市；进一步丰富理财通的可选产品种类，增加高收益及中高风险产品种类，增加产品吸引力。在保险方面，加快落地跨境保险通。包括加快落实香港保险业在大湾区设立保险售后服务中心；开展保险跨境续保理赔；探讨在大湾区内地城市试点销售香港保险产品，推进跨境人民币寿险保单和外币寿险保单业务，发展跨境人民币再保险业务等。在股票投资方面，降低股票通门槛及丰富产品。降低沪深港通内地合格投资者的开

户门槛，将证券账户及资金账户内的资产合计不低于 50 万元人民币（其中不包括该投资者通过融资融券交易融入的资金和证券）下调至 25 万元人民币，长远更可考虑取消此门槛，对于提升两地的金融市场互联互通具有一定意义。

（二）加强监管，推动区域金融均衡发展，有效化解资金流扩大的风险

大湾区金融有待创新监管合作，提升金融运行的安全度。产品的丰富、参与主体的增多以及跨境渠道的拓展，都使粤港澳大湾区金融资源尤其是资金的流动范围与规模空前放大，流动频率显著加快，为此必须寻求金融创新与风险监管在动态博弈中更高水平的平衡。基本思路是：以深圳前海、广州南沙、珠海横琴三大自由贸易区为根据地，全方位展开金融创新的监管"沙盒"试验，包括创建粤港澳大湾区金融监管协调沟通机制，推进三地之间的监管数据共享，建立和完善金融风险预警、防范和化解体系，加强粤港澳金融消费权益保护等。此外，大湾区金融有待强化互补与互助，提高资金流流动的区域均衡水平。在粤港澳大湾区"9＋2"城市群中，金融业繁荣发展落差相当明显。这种金融资源聚集性所导致的失衡状况会提高资金流加速流动所造成的金融风险，需要利用大湾区核心城市向周边城市产业转移的契机推动香港、广州与深圳三地优质金融资源的对外溢出，同时设立大湾区合作发展基金重点对金融业薄弱的城市提供倾斜性支持。

四、信 息 流

大湾区技术有待进一步的革新，以便提高区域内信息流动的自由度。信息流是湾区要素流自由化、便利化过程中的薄弱环节，信息基础设施有待健全，网络监管制度难以衔接，跨境数据互联互通任重道远，湾区内的自由流动面临诸多困境。所以，大珠三角各地应该集思广益且加强合作，努力探索信息流高效流动的解决方案，也应该加强信息基础设施建设，为信息流的自由流动提供坚实的物质基础。

（一）加强合作、集思广益，探索信息流高效流动的解决方案

信息流动本身就涉及数据协同、保护等方面的合规问题，流通过程更为复杂，风险更高，因此需要集思广益，汇集更多的智力成果，探索解决方案。大湾区政府应该积极展开合作，多成立像国际信息科技协会一样的协会和组织机构，为粤港澳三地的企业、专家学者、相关从业人员提供沟通、交流和合作的平台，使其为大湾区协同合作推动信息通信技术研发应用、搭建和跨境信息互联互通献计献策。此外，大湾区三地政府应该通力合作，共同协商，制订数据跨境流动的相关方案，使信息流的自由流动更加规范，更有保障。大湾区可以举办相关论坛，邀请三地数字发展协会的高级专家，共同研讨制订相关方案。例如，2023 年 12 月发布的《粤港澳大湾区（内地、香港）个人信息跨境流动标准合同实施指引》，使协议参与方充分发挥自身优势，紧扣粤港澳大湾区数据跨境所需，推动更深层次、更广领域、更高水平的务实合作，为粤港澳大湾区数据跨境合作开创新局面。

（二）加强信息基础设施建设，为信息流的自由流动提供坚实的物质基础

信息流的发展与其他三大要素流有所不同，它所依托的基础设施技术含量更高、建设难度更大，而且涉及更为复杂的信息保护问题。数据跨境流动的管理需要全面的技术支撑，可通过开发 IPv6 编程空间，来支撑跨境数据流动的有效管理，护航数据安全流动。因此，大湾区应该加强信息基础设施建设，探索建设"数据保税区"，为信息流的自由流动搭建更为多样化的通道，推动数据更大规模、更广泛地在粤港澳之间流通。在数据传输方面，广东将依托横琴、前海、南沙、河套等合作平台先行先试，探索建设"港澳数据特区"，实施"南数北上、北数南下"计划，加强跨境数据流通服务与分类管理。在数据汇集方面，推动粤港澳三地合作建立数据要素集聚发展区，支持深圳、广州数据交易所创建国家级交易所，围绕社保、教育、医疗、创业、养老、交通等公共服务领域，探索数据跨境流通

"白名单"制度。在信息平台建设方面，要争取大型信息通信企业的技术支持，搭建多样化官方信息传输交流平台并在多端上线，粤港澳三地企业均能够在此登录完成信息传输和交流，为大珠三角的信息流动与融合提供新平台、拓展新渠道。

本章参考文献

［1］孙中伟. 流动空间的形成机理、基本流态关系及网络属性［J］. 地理与地理信息科学，2013，29（5）：107 - 111.

［2］姜博，王媛. 东北地区城市功能联系演进的时空格局分析［J］. 经济地理，2014，34（8）：68 - 74.

［3］幸丽君，杜赛南，孙桂英，等. 多维流视角下湖北省网络结构特征及其影响机制［J］. 长江流域资源与环境，2022，31（10）：2134 - 2145.

［4］纪良纲，王佳淏. "互联网＋"背景下城乡商贸流通一体化模式研究［J］. 经济与管理，2020，34（2）：77 - 84.

［5］徐寿波. 商品物流理论研究［J］. 管理世界，2009（7）：1 - 9.

［6］赵霖，吴苏楠. 我国商贸流通服务业在经济系统中的作用空间效应——基于世界投入产出网络的实证分析［J］. 商业经济研究，2017（18）：181 - 183.

［7］郭媛，梁丽梅. 流通服务效率对我国宏观经济影响研究——基于超边际分析框架展开［J］. 商业经济研究，2018（7）：185 - 187.

［8］崔文芳，李记林. 基于菲德模型的我国商贸流通服务业影响力实证研究［J］. 商业经济研究，2019（22）：189 - 192.

［9］宋则. 论零售企业自营——"十三五"时期商贸流通业改革、发展新方向［J］. 中国流通经济，2017，31（3）：25 - 37.

［10］王琼. 新常态下区域流通服务业效率提升策略探讨［J］. 商业经济研究，2020（4）：158 - 161.

[11] 李丽，张兼芳，薛雯卓，等．京津冀流通服务业发展——基于对"十三五"时期的总结 [J]．商业经济研究，2021（8）：159－161．

[12] 文华．"互联网＋"视角下的供应链体系优化 [J]．当代经济管理，2016，38（9）：12－19．

[13] 蒋倩．我国商贸流通业高端服务价值链实现研究 [J]．商业经济研究，2017（8）：17－19．

[14] 吴艳华．商贸流通服务化对产业 GVC 升级的影响——来自制造业融合效率的实证检验 [J]．商业经济研究，2022（24）：180－182．

[15] 杨永芳，张艳，李胜．新零售背景下实体零售数字化转型及业态创新路径研究 [J]．商业经济研究，2020（17）：33－36．

[16] 张继德．企业信息系统的"三流合一"到"六流合一"[J]．会计之友，2022（5）：2－7．

[17] 汪洋，吴顺利．服务业集聚、互联网发展与居民消费率变化——来自我国现代流通业的经验证据 [J]．中国流通经济，2022，36（5）：14－29．

[18] 梁育民．CEPA 的特点、影响与对策 [J]．珠江经济，2023（9）．

[19] 汪灵犀．共建"数字湾区"粤港澳携手闯新路 [N]．人民日报海外版，2023－11－29（004）．

[20] 张漫游．跨境理财通2.0版：降门槛增额度扩范围 [N]．中国经营报，2023－12－11（B02）．

[21] 邹媛．深港合作"双向奔赴"湾区全联通大提速 [N]．深圳特区报，2023－08－20（001）．

[22] 任琦，龙轩．深港合作市级重大战略首次布局湾区腹地 [N]．深圳特区报，2023－07－05（A01）．

[23] 王璐．多元化金融助力粤港澳大湾区高质量发展 [N]．金融时报，2023－10－30（008）．

第三章

广东人口流动与经济发展互动研究

本章利用广东省 2000～2020 年的面板数据，采用灰色关联度分析法和 VAR 模型分别构建模型对广东省人口流动与经济发展之间的相互影响做了相关定性与定量分析。结果表明，在灰色关联度分析法的定量分析中，广东省人口流动与经济发展之间有着显著双向影响，且经济规模与人口流动的相关性高于经济结构；在 VAR 模型中，经过协整分析，发现广东省人口流动与经济发展存在唯一的长期稳定的协整关系，并分析了广东省人口流动与经济规模及经济结构之间的相互影响强弱。研究表明，广东省人口流动与经济发展之间确实有着密不可分的关系，我们要发挥两者的联动作用，实现人才吸引与经济发展相互促进。

第一节　引言与文献回顾

2023 年 5 月 5 日，习近平总书记在二十届中央财经委员会第一次会议上讲道："人口发展是关系中华民族伟大复兴的大事，必须着力提高人口整体素质，以人口高质量发展支撑中国式现代化。"人口问题始终是我国面临的全局性、长期性、战略性问题。当前，我国人口发展出现一些新的变化趋势。一是人口再生产模式转变，我国总人口增速明显放缓，生育水平持续走低。根据国家统计局公布的数据，2022 年我国全年出生人口 956 万人，死亡人口 1 041 万人，年末全国人口 141 175 万人，比上年末减少 85 万人，人口自然增长率为 - 0.60‰。二是少子化、老龄化趋势明显，

"一老一小"问题等结构性矛盾成为人口发展的重要矛盾。三是国民受教育程度大幅提升，人口整体健康水平大幅度改善，人口质量显著提高。四是城乡、区域之间人口流动活跃，区域人口增减分化趋势明显，一些城市人口规模迅速扩大，一些乡村则出现人口流失现象。人口数量、结构、质量以及分布的变化，会对经济社会发展带来长期的影响。

改革开放以来，我国充分利用改革红利和人口红利，发挥人口规模和市场规模巨大、劳动力资源丰裕的优势，创造了大国经济高速增长的发展奇迹。目前，我国有近9亿劳动力，接受高等教育的人口已超过2.4亿人，新增劳动力平均受教育年限达到14年，质量型人才红利正在加速形成，发展动力依然强劲。现代化的本质是人的现代化。在全面建设社会主义现代化国家新征程上，要全面提高人口科学文化素质、健康素质、思想道德素质，激发全体人民的积极性和创造性，建设规模宏大、结构合理、素质优良的人才队伍，积极开发人才红利，加快推动我国从人口大国向人力资源强国的转变，以人口高质量发展支撑中国式现代化。在高等教育普及率增速放缓、人口结构化问题突出的当下，人口发展的重心将落在人口流动的引导上，人口流动的相关研究对于当下经济发展的指导意义已经被放大。

粤港澳大湾区是全球四大湾区之一，其庞大的人口数量和强劲的人口虹吸效应使其成为最具人口吸引力的区域之一。改革开放以来，广东省是改革开放的"前沿阵地"和"试验田"，在各方面先行一步，为中国的改革开放进行艰辛的探索，并取得了重大成就，根据广东省统计局核算2022年GDP达129 118.58亿元人民币，人均GDP超1.5万美元，根据第七次人口普查数据广东省常住人口为1.27亿人，城镇人口占74.15%，比第六次人口普查时提高了7.97%，常住人口数和生产总值常年居全国第一位，经济发达，活力十足，现代产业体系初步形成，高新技术产业发展迅猛。广东省作为改革开放的急先锋，是中国开放程度最高、经济活力最强的区域之一，吸引了无数人前往广东省工作与生活，根据2022年广东统计年鉴、广东省2021年末的户籍人口数为9 946.95万人，而常住人口为1.27亿人，可以看出广东省有着数量庞大的流动人口。自 2017 年《深化粤港澳合作，推进大湾区建设框架协议》以来，大湾区在推动区域经济协调发展、构建开放型经济新体制等方面的目标使命的引领下，取得了阶段性成果。

粤港澳大湾区是我国经济发展的重要区域，其在国家发展战略中扮演着举足轻重的角色。人口流动作为粤港澳大湾区经济发展的要素之一，在促进区域资源优化配置、提高劳动力流动性、增强地区间合作与协调、促进知识与技术交流等方面发挥着重要作用。近年来，粤港澳大湾区政府制定了多项人口政策，以推动人口流动与经济发展的良性互动。首先，政府出台了人才引进政策，鼓励各类人才入驻粤港澳大湾区。其次，政府加强住房保障，提高住房供给，为人口流动提供更好的居住条件。此外，政府还改进了社会保障制度，提高了居民的社会保障水平。这些政策有利于提高人口流动性，促进区域内各类资源的优化配置，推动经济的快速发展。随着粤港澳大湾区经济的快速发展，人口流动也不断增加，为区域经济发展带来了机遇与挑战，需要制定更加科学的人口政策，以推动粤港澳大湾区经济的可持续发展。本书旨在研究粤港澳大湾区人口流动与经济发展的相互影响，为制定更加科学的人口政策提供参考，同时也为企业调整产业结构、提高经济效益提供有益的思路。

一、关于人口流动的影响因素研究

经济的发展与人口流动必然有着相关性，快速的经济发展必然伴随着大量的人口流动，人口流动大，人员迁徙最频繁的地区同时也是经济高速发展之地。我国自 2001 年的《关于推进小城镇户籍管理制度改革的意见》开始，小城镇户籍改革全面推进。城市原有部门的更新与发展带来大量的工作岗位，岗位的增多又造成了所需劳动力规模的扩大，这使我国城乡之间大量的人口流动。城乡之间的人口流动既有着有益的一面，同时也造成了一些历史遗留问题。学术界涌现大量对人口流动问题的探讨。规模的人口流动推动着我国经济快速的发展，同时也造成了资源分配不均等社会问题。对人口流动问题的探究不曾离开过社会各界人士的关注。

目前的人口流动方面的研究主要是从经济角度、社会角度、个人角度来分析人口流动的影响因素。有学者在区域与省域层面探究了不同地区之间的经济发展，区别是人口流动发生的一种比较核心的驱动力，例如，王桂新（1996）倾向于对地区之间经济收入差距对人口流动的影响研究；而段成荣与李荣斌（2000）发现迁移距离、户籍制度的约束极大地影响了人口的跨区域流动。在区域经济收入水平上，部分学者认为经济收入是人口是否选择常住的核心因素。刘鹏凌、栾敬东（2005）在研究人均收入的影响时，将固定资产投资纳入了研究范围，并指出其对人口流动的规模产生正向作用；马胜春（2018）则发现流入、流出两地之间的核心影响因子存在差异。在社会因素以及个人因素角度，也有学者做了大量研究。有学者从教育因素的影响出发，探究教育差距也是区域人口流动的驱动力之一。袁晓玲（2015）从大方面上，宏观角度出发，研究了地区间教育水平差距、教育环境差距等影响因子的作用。林毅夫、王桂新（2005）通过对相关制度的研究与探索，发现我国户籍制度对我国人口自由流动有着严重抑制的作用，其中，王桂新认为，户籍制度对人口流动的抑制性在青年人群体中尤为明显。

二、关于经济发展的影响因素研究

经济发展作为经济增长的基础，一直以来都受到大量的关注。学者们从创新、高新技术产业、消费、产业结构等方向出发，探索经济发展的影响因素。孔凤琴等（2018）在研究经济发展中科技创新、技术创新、创新能力的作用时，探索出创新是某一区域长远发展所必需的因素。张晶晶（2009）认为，创新能力的后发优势在经济发展中具有极为显著的作用，这给出了我国经济发展弯道超车的又一途径。李伟华等（2015）从高新技术产业的不同地域分布、行业差异、部门差异的角度出发探索其与经济发展间的影响，认为高新技术产业的发展对于经济发展有着显著作用。关欣（2013）的研究成果表明高新产业发展与经济发展存在着持续深远的互动作用。廖利兵（2011）、李洁（2003）在研究时发现，国际贸易在经济发展中起着举足轻重的作用；前者比较重视进口贸易对于经济发展的推动作用；而后者的关注点在于出口贸易的重要性，认为出口贸易对于经济发展有着拉动作用。吴威（2019）认为，城市化即产业结构变化与经济发展之间存在着相互影响关系，并且经济发展对于城市化的影响更大；李鑫（2009）则横向探索了城市化、政府政策等因素对经济发展影响的强弱，并指出所有这些讨论因素均是以改变区域人口结构与规模来改变区域经济发展。牛东武等（2018）探索了经济发展中教育的重要性，结果发现教育投资对于区域经济发展有着较强的滞后性，这也是符合预期的。杨东亮等（2018）借助 VAR 模型等分析方法分析了区域层面上人口集聚对于不同地区的经济发展的影响，并测度其影响程度与影响方向。结果表明，人口集聚与经济发展之间有着很强的相互联系，并且在人口集聚的不同阶段，影响程度不同，通过回归分析法等方法，从区域层面出发，发现了人口素质与经济发展有着互相促进的关系。

三、关于人口流动与经济发展的相互影响研究

对于人口流动与经济发展相互关系的研究已经比较成熟，大量学者从多个角度对两者之间的关系进行分析，并得出了许多重要结论。凯恩斯探究了人口与消费之间的关系，他认为人口对经济的影响为单方向的促进作用，还认为在人口增长过剩状况下的不利影响都弱于人口规模缩小的不利影响；索维研究了人口与消费之间相互关系，他认为由于土地的有限性，人口对经济的促进是在一定限度之内的，人口过剩与人口规模不足均会使土地资源的不充分利用，人口与土地之间存在一个帕累托最优解，此时经济发展最快；马尔萨斯探究了人口与资源的相互关系，他认为人口发展的速率远远超过生产资料增长的速率，因此在经济发展的前期，由于人口规模基数小、其发展不足，人口的增长对经济发展表现出显著的正效应，但到经济发展的后期则由于人口基数的扩大，人口规模扩大的速率超过资源更新的速率，人口规模的扩张对经济发展所表现出的正效应也将逐渐变为负效应。

　　凯恩斯、索维、马尔萨斯分别从人口与消费、人口与土地、人口与资源的角度探究出人口与经济发展间的关系，前者认为人口对经济的影响为单方向的促进作用，他甚至认为在人口增长过剩状况下的不利影响都弱于人口规模缩小的不利影响；索维则与凯恩斯的观点完全不同，他认为由于土地资源的有限性，人口增长过剩与人口规模不足均会造成土地资源的浪费，只有人口规模与土地资源的承载力达到均衡时，经济发展的状态才能达到最优；后者马尔萨斯则认为，人口发展的速率远远超过生产资料增长的速率，因此在经济发展的前期，由于人口规模基数小、其发展不足，人口的增长对经济发展表现出显著的正效应，但到经济发展的后期则由于人口基数的扩大，人口规模扩大的速率超过资源更新的速率，人口规模的扩张对经济发展所表现出的正效应也将逐渐变为负效应。卢卡斯（Lucas，1985）、格洛姆（Glomm，1992）两人发现人口流动与经济发展之间存在显著的正向效应，但前者侧重于强调人口流动对缩小区域间经济差距的影响，后者主要偏重强调人口流动对人均收入变化的影响。

　　我国大多数学者主要是从整体出发研究我国人口流动对经济发展的影响。杨子慧等、杜小敏等在探究人口流动对经济发展的影响时，分别发现人口流动带来的知识、技术的溢出效应与资源的优化配置作用是经济发展的关键所在。段平忠等则发现，人口流动对缩小区域间的发展差距有着重大意义。王桂新、潘越在发现人口流动对经济发展的促进作用时，分别指出人口流动的积累滞后作用大于对现阶段的影响，同时不同区域受到的影响也存在差异。同时大多数学者认为，经济因素是影响人口流动的重要因素。鲍曙明、张耀军、岑俏、王桂新则从就业机会、第三产业发展、工资水平、经济收入的角度出发研究了它们对人口流动的推动作用。另一些学者，将人口流动与经济发展的某些指标（如 GDP、产业结构等）联系起来，认为这些经济指标与人口流动之间具备较强的相关性。如蔡昉、刘小翠、佟新华等将收入差距视为人口流动的庞大驱动力。

　　我国的学者致力于从整体出发研究人口流动与经济发展之间的关系。邓建清等从区域层面解释了人口流动对于经济发展的影响，以及影响的方式及贡献程度。杨子慧等在研究人口流动对经济发展的影响时，发现了经济发展中来自人口流动带来的知识、技术的溢出效应带来的影响是最为显著的。段平忠等则发现，人口流动在很大程度上可以缩小区域间经济发展差距。王桂新在研究人口流动对经济发展的促进作用时，指出人口流动带来的影响具有滞后性，往往在一段时间后才能完全发挥出来，同时，不同区域之间，人口流动带来的作用存在差异。同时我国大多数学者认为，经济因素是影响人口流动的重要因素。张耀军从第三产业发展水平角度研究了其对经济发展的促进作用，并得出正向作用结果；王桂新则从工资水平、经济收入等角度探究了其对经济发展的影响，也得到了显著的正向影响。同时，刘小翠认为，区域间收入差距也是人口流动的驱动力之一。庄起善在转型国家省域层面上对劳动力流动的决定因素进行实证检验，得到失业率及工资水平对人口流动方向有着显著影响。

通过对上述文献的梳理，关于人口流动、经济发展及两者间相互作用影响的三个方面的文献较为丰富。如在人口流动的影响因素研究上，大多数学者主要是从经济角度、社会角度、个人角度来分析；在经济发展的影响因素上，学者们从创新、高新技术产业、消费、产业结构等方向出发；而在人口流动与经济发展相互影响的研究上，学者们一般单向分析两者之间的关系，或是人口流动对经济发展的影响，或是经济发展对人口流动的影响。因此，将人口流动与经济发展看作互为影响因素的研究不多，本书将从这个角度来研究一下人口流动与经济发展之间的相互关系。

第二节　核心概念及理论基础

一、核心概念

（一）人口流动

人口流动是指在一定时间范围内，人们因为工作调动等原因从户籍所在地流动到另一个寄居地的过程，但是在其居住地改变的过程中，其户籍所在地并未发生变化。它主要强调人口的空间位置移动，但是其户籍所在地并未发生变动。流动人口则是指在一定期限内不变更户籍，而离开户籍地到其他居住地居住的人员。从中我们可以看出，人口流动和流动人口之间既有区别又有联系。其中流动人口是人口流动的行为主体，因此在研究人口流动的规模时，此研究将使用流动人口的数量来表示人口流动的规模，并以此来研究广东省人口流动与经济发展之间的相互影响。

（二）经济发展

经济发展不是简单的表示为经济规模的增长，而是指在经济规模增长前提下，经济质量等多方面的提高，其中包括生产方式、投入产出比、经济结构等经济要素的全方位的提升。由于数据的可获取性、相关指标的可度量性等因素的限制，本书将从两点来阐述广东省经济的发展：第一，广东省经济规模的增加。在考虑经济发展的过程中，首先要考虑经济发展的前提基础，即从经济规模的增长的角度来考虑广东省人口流动与经济规模增长之间的影响。第二，广东省经济结构的改善。而经济结构得到不断的优化改善的过程中，其中产业结构优化的表现尤为明显，如在改革开放之后，广东省经济发展的过程中，广东省三次产业结构从之前的"一、二、三"模式逐渐向"三、二、一"模式转变。因此，本书将用广东省产业结构的优化来描述广东省经济结构的优化。总之，由于受到数据的可获取性、相关指标的可度量性等因素的限制，本书将从经济规模和经济结构两个方面来刻画经济发展的状况。

二、区域经济发展理论

（一）区域均衡发展理论

区域均衡发展理论认为，经济增长的过程中有三个必不可少的影响因子，其分别为资本、劳动力、技术。而在自由竞争的市场条件下，市场往往是通过这三要素的自由流动来实现边际效益的最大化，进而达到区域均衡发展。因此，劳动力为了获得更多的劳动报酬和资本收益，通过该要素的跨区域移动，最终实现各地区要素收入的均等化与均衡发展。然而静态分析方法的简单性是这一理论的最大缺陷，它不能解释现实生活中经济增长的过程，也不能反映发展中国家的实际情况。

（二）区域非均衡发展理论

区域非均衡发展理论认为，各地区、部门的发展是存在差异性的，但先发展起来的区域、部门应带动后发展起来的区域、部门。

1. 冈纳的循环累积因果论

冈纳的循环累积因果论指出，市场力量的作用倾向于扩大区域间的差异，即条件好的地区利用初始资源优势率先发展，并且在其后续发展中保持发展优势。该理论同时指出区域优势的变化与发展，主要是通过集聚效应和扩散效应这两种反向作用力来产生影响的，且这两种作用力总是同时出现在经济循环积累的过程当中。其中，集聚效应是指经济落后地区的生产要素在要素投资收益差距存在的影响下不断从经济欠发达地区流向经济发达地区，经济欠发达地区由于生产要素的流失而发展较为缓慢，从而加剧区域之间发展的差距；扩散效应为经济发达地区的生产要素流向经济欠发达地区，并带动该区域经济发展。而在市场环境中，经济发达的区域其集聚效应往往远大于其扩散效应，从而将欠发达地区的生产要素剥离至发达地区，形成马太效应。

2. 赫希曼的不平衡增长论

赫希曼的不平衡增长论指出，国家应集中区域资源重点投资具有主导作用的部门、区域，再通过其外部经济作用带动其他部门、区域发展。首先不同地区由于其区位、经济基础等自然、经济条件的不同导致其发展基础的差异，此差异必然导致各地区投资环境的差异，进而造成各区域吸引外来投资能力的差异。投资环境良好的区域，资金投入产出比高，产业布局合理，就业率高，对各种人才的需求量大。相反，投资环境相对较差的区域，其就业率低，就业机会少。同时经济发展中所需要的人才资源易受资源禀赋较好、经济增长潜力大的区域吸引，从而造成资源禀赋条件相对不足的区域人才流失严重，进而限制该区域经济的发展。因此，在相同的政策和相同的投资条件下，由于区域增长潜力的不同，区域经济增长速度、质量等也将会出现差异。

3. 托达罗模型

托达罗模型指出，在诸多影响因子存在的情况下，由于城乡之间大量失业人口的存在，农业就业人员向城市转移往往受到城乡之间预期收入差距的影响。因此他认为预期收入的差距是导致农村劳动力向城市流动的关键原因，其中，城乡之间的预期收入差距的大小由城乡之间的实际收入差距和城市就业、失业率决定的。当农村区域从事农业生产的工作人员在城市里的预期收入高于其实际收入时，农村劳动力将选择具有更高收益的城市地区工作，于是他们流向城市的迁移行为将出现，否则其迁移行为将无法产生。同时，托达罗还指出随着城市人口的集聚，城市就业率的降低、失业率的增高往往会成为农村劳动力向城市流动的阻力，但只要城乡之间的预期收入差异存在，农村劳动力将定会继续向城市流动。

4. 库兹涅茨法则

库兹涅茨法则是以配第—克拉克定律为基础，用来研究国民收入与就业人口在各行业间分布特征的规律。它指出，在经济社会的发展过程中，第一产业部门的国民收入与就业人口比重下降；随着工业部门的发展，第二产业部门的国民收入与就业人口占比将逐步上升，且前者上升的速度高于后者；随着服务部门的发展，第三产业部门的国民收入与就业人口占比基本上升，且后者的增长速率高于前者。该法则表明随着经济社会的发展，第一产业部门产值占比将逐渐减少；第二产业部门产值占比将逐渐增加，但其就业人口规模的增加相对较少；第三产业部门就业人口增加明显，但其产值占比仅略微上升。这说明第二产业部门在经济发展中的重要支柱作用，而第三产业部门即服务业对就业人口的吸纳能力更强，但对经济发展中，生产总值的贡献相对较弱。

三、人口流动与经济发展理论

（一）推—拉理论

推—拉理论指出，由于迁出地的土地资源等因素的限制、工作机会少、工资水平低等因素的制约共同形成了迁出地对人口迁出的推力；就业容易、收入高、公共设施完善等因素会构成迁入地对人口迁入的拉力，个人或者家庭在迁出地的推力和迁入地的拉力作用下作出迁移的决策。各地区之间收入差距、资源禀赋差距等因素是人口流动行为产生重要的影响因素。当一个地区接受了较多的人口流入时，当其对劳动力的需求低于劳动力供给，会造成部分劳动力失业，工资水平降低，社会成本和人均占有的资源数量减少，从而缩小了流出地与流入地的收入差距，这样会使部分人口的回流至流出地，直至达到一种较为均衡的动态变化形式。

（二）二元经济理论

1954 年，刘易斯指出，发展中国家中势必同时存在传统的农业部门和较之超前的工业部门，这两个部门的存在导致了发展中国家二元经济结构的产生。随着工业化的发展，城市工业部门将不断扩张，由于横向相关部门的产生和纵向部门规模的扩张导致更多新的岗位在城市中产生，新的工作岗位数量的增多导致城市所需劳动力规模的扩大，将吸引更多的人来到城市谋求发展；同时工业化的发展为农业部门提供更多的技术、设备的支持，农村技术和设备的优化促使该区域个人生产率提高，进而导致该地区从事农业劳动的人员减少，进一步造成农村地区劳动力过剩，即农村剩余劳动力的产生。农村剩余劳动力的产生使农村剩余劳动力在农村农业部门和城市非农业部门之间进行流动，此二元经济结构下区域间的差距将逐渐减缓。而从经济发展的角度来看，其发展会经历由劳动力供给大于资本增长到资本积累大于劳动力供给的发展过程。当经济发展进入第二发展过程时，劳动力的边际生产率会提高，此时农业部门和非农业部分的收入也会上升，二元经济逐步消减。因此，劳动力流动成为区域资源优化配置及资源效率提高的有效方式，而地区间劳动力报酬差异的存在势必导致劳动力的跨区域流动。

第三节　广东人口流动与经济发展相关性的定性分析

一方面，粤港澳大湾区经济、社会的发展不断吸引着外地人口进入广东。外地人口的不断涌入，为广东省的快速发展提供了充足的劳动力，促使广东省的生产分工越来越精细，产业结构越来越完善，从而使广东省经济发展与城市化进程的速度不断加快。另一方面，广东省城市化进程的加快所带来的原有产业的扩大以及生产精细化以及一些新兴产业的出现也为广东省带来了很多新的工作岗位。因此，也带来了更大规模人口流动的需要，越来越多的外来人口进入广东寻找合适的工作机会，以谋求更好的发展。

一、广东省人口流动概况

广东省的流动人口在过去 20 年内呈上升趋势。如表 3 - 1 所示，2000 年广东省的常住人口约为 7 706 万人，其中流动人口约 208 万人，仅占常住人口的 2.70% 左右。而到了 2021 年，广东省的常住人口达到了 12 684 万人，其中流动人口达到了 3 218 万人，占常住人口的 25.37%。这表明广东省的流动人口已经成为其常住人口的重要组成部分。因此，剖析广东省人口流动与经济发展之间的关系成为广东省经济新大发展的客观需要。根据 2000 年广东省人口规模及其比重，本书绘制了折线图（见图 3 - 1），总体呈上升趋势，包括几个阶段。在 2000 ~ 2003 年，广东省的流动人口规模及比重基本保持不变。在 2003 ~ 2005 年，广东省的流动人口规模大幅增加，这与广东省的开放程度加大有一定关系。在 2005 ~ 2018 年，广东省的流动人口规模及比重在一定范围内小幅波动，基本保持在一定水平上。最后，在2018～2020年，随着粤港澳大湾区的成立，广东省迎来了新的腾飞，其流动人口规模及比重快速增加。

表3－1　　　　　　　　　2000～2020年广东省人口流动变化

年份	常住人口（万人）	户籍人口（万人）	流动人口（万人）	流动人口占比（%）
2000	7 706	7 498	208	2.70
2001	7 783	7 565	218	2.80
2002	7 858	7 649	209	2.66
2003	7 954	7 723	231	2.90
2004	8 303	7 804	499	6.01
2005	9 194	7 899	1 295	14.09
2006	9 304	8 049	1 255	13.49
2007	9 449	8 156	1 293	13.68
2008	9 544	8 267	1 277	13.38
2009	9 638	8 366	1 272	13.20
2010	10 440	8 521	1 919	18.38
2011	10 505	8 637	1 868	17.78
2012	10 594	8 636	1 958	18.48
2013	10 644	8 759	1 885	17.71
2014	10 724	8 887	1 837	17.13
2015	10 849	9 008	1 841	16.97
2016	10 999	9 165	1 834	16.67
2017	11 169	9 316	1 853	16.59
2018	11 346	9 502	1 844	16.25
2019	12 489	9 663	2 826	22.63
2020	12 624	9 808	2 816	22.31

资料来源：根据广东省历年统计年鉴整理所得。

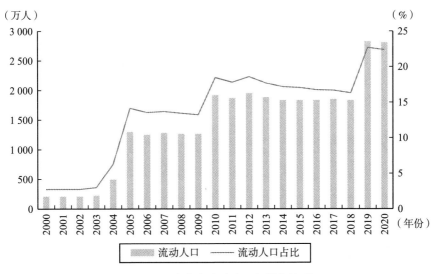

图 3 - 1　广东省流动人口规模与比重

资料来源：广东省历年统计年鉴。

二、广东省经济发展概况

自我国推行市场经济以来，广东省经济不断繁荣发展。在 1979 年至 2022 年的 43 年时间内，广东省 GDP 从 209.43 亿元增长为 129 118.58 亿元。由于广东省经济长期稳定的增长，广东省的地区生产总值在全省，甚至全国的比重不断升高。从表 3 - 2 中可知，在 1979 ~ 2022 年广东省经济增长过程可以分为 3 个时间段。第一个时间段为 1979 ~ 1992 年，此阶段是广东实行经济体制综合改革的初期，其地区生产总值较低，年GDP 增加值处在千亿元以下，同时，也是南巡前期。第二个时间段为1992 ~ 2007 年，此阶段处于我国经济高速发展阶段，广东省地区生产总值由千亿元突破两万亿元，经济增长幅度较高且比较稳定，其年平均增幅维持在 20% 左右。第三个时间段为 2008 年至今，广东省地区生产总值屡创新高，但由于我国经济发展的目标由追求经济总量的增长转向追求经济质量的提升，广东省经济增长幅度放缓，其年增幅基本处于 10%以下。广东省人均 GDP 从最初的 410 元上升为 101 905 元，其约扩大

248 倍，广东省全体居民逐渐走向富裕的生活。

表 3 - 2　　　　　　　　1979 ~ 2022 年广东省经济概况

年份	GDP（亿元）	增速（%）	人均 GDP（元）	增速（%）	年份	GDP（亿元）	增速（%）	人均 GDP（元）	增速（%）
1979	209.34	12.6	410	10.8	2001	12 126.59	12.2	13 952	8.9
1980	249.65	19.3	481	17.3	2002	13 601.89	12.2	15 478	10.9
1981	290.36	16.3	550	14.3	2003	15 979.77	17.5	17 950	16.0
1982	339.92	17.1	633	15.1	2004	18 658.34	16.8	20 647	15.0
1983	368.75	8.5	675	6.6	2005	21 962.99	17.7	23 997	16.2
1984	458.74	24.4	827	22.5	2006	25 961.24	18.2	27 861	16.1
1985	577.38	25.9	1 026	24.1	2007	31 742.61	22.3	33 236	19.3
1986	667.53	15.6	1 164	13.5	2008	36 704.16	15.6	37 543	13.0
1987	846.69	26.8	1 443	24.0	2009	39 464.69	7.5	39 418	5.0
1988	1 155.37	36.5	1 926	33.5	2010	45 944.62	16.4	44 669	13.3
1989	1 381.39	19.6	2 251	16.9	2011	53 072.79	15.5	50 076	12.1
1990	1 559.03	12.9	2 484	10.4	2012	57 007.74	7.4	52 308	4.5
1991	1 893.30	21.4	2 941	18.4	2013	62 503.41	9.6	56 029	7.1
1992	2 447.54	29.3	3 699	25.8	2014	68 173.03	9.1	59 909	6.9
1993	3 469.28	41.7	5 085	37.5	2015	74 732.44	9.6	64 516	7.7
1994	4 619.02	33.1	6 530	28.4	2016	82 163.22	9.9	69 671	8.0
1995	5 940.34	28.6	8 139	24.6	2017	91 648.73	11.5	76 218	9.4
1996	6 848.22	15.3	9 157	12.5	2018	99 945.22	9.1	81 625	7.1
1997	7 792.97	13.8	10 154	10.9	2019	107 986.92	8.0	86 956	6.5
1998	8 555.33	9.8	10 850	6.9	2020	111 151.63	2.9	88 521	1.8
1999	9 289.64	8.6	11 463	5.6	2021	124 719.53	12.2	98 561	11.3
2000	10 810.21	16.4	12 817	11.8	2022	129 118.58	3.5	101 905	3.4

资料来源：根据广东省历年统计年鉴整理所得。

广东省经济结构是一个缓慢发展的过程。自我国实行改革开放以来，广东省逐步开始向先进制造业中心转变、从小渔村向对外开放核心、向现代化服务中心转变。1979 年至 2022 年期间，广东省三次产业均得到了健康、稳定的发展。从表 3 - 3 可以看出，其具体的表现为：从 1979 年至 2022 年，广东省第一产业产值由最初的 55.31 亿元上升为 5 340.36 亿元，扩大 96.5 倍左右；第二产业产值由最初的 86.62 亿元上升为 52 843.51 亿元，扩大 610 倍左右；第三产业产值由最初的 43.92 亿元上升为 70 934.71 亿元，扩大 1 615 倍左右。同样从表 3 - 3 可以得出，在 1979 年到 2022 年这 43 年间，广东省第一产业产值的规模与增长速度均相对比较稳定，而第二、第三产业产值增长方式变化较大，且两者的变化方式较为接近，其表现为前期增长速度相对较为稳定、增长缓慢，后期增长速度较快、增长迅速。具体来看，大致可分为两个发展时期：第一个发展时期为 1979 ~ 2000 年，在此时期内第二、第三次产业产值均有增加，增幅不大；第二个发展时期为 2000 年至今，在此期间广东省经济飞速发展，增幅较大，其中，2022 年第二、第三次产业的产值分别为 2000 年第二、第三次产业产值的 5.4 倍、10.5 倍。

广东省三次产业间产值占比发生了显著的变化。广东省第一产业产值占比整体呈先升后降的变化规律。其具体表现为从 1979 年到 1992 年的 13 年间，第一产业占比上升明显，此现象出现的原因可能是在我国推出市场经济和户籍改革之后，城市原有部门的扩大与新兴产业的诞生导致更多新的岗位在城市中产生，新的工作岗位数量的增多导致城市所需劳动力数量规模的扩大，这使大量的人口在城乡之间流动，尤其是农村剩余劳动力向城市流动。同时广东省作为我国的老工业基地，其第二产业产值保持在一个相对较为稳定状态，而改革开放初期服务业还未发展成熟，这导致广东省第一产业生产总值占比有一个较为明显的上升趋势。同时，广东省第二产业与第三产业出现了较大的变化差异，前者下降，后者上升。其变化浮动的程度大致在两个时间范围内呈现差异，第一个时间范围是从 1979 年到 1992 年的 13 年间，在此期间内，广东省第二产业产值占比由最初的 45% 左右下降为 40% 左右，其值下降了 5% 左右，表现比较稳健；其第三产业产值占比由 25% 左右上升至 35% 左右，广东省第二产业占比仍高于第三产业。第二个时间范围是从 1991 年到 2001 年的 10 年间，广东省第二产业产值占比由最初 42.2% 上升到 45.8%，其值上升了 3.6%；其第三产业产值从最初的 37.5% 上升为 45.8%，其值上升 8.3% 左右，此时，第三产业产值开始迈入产业增长第一梯队，并保持强劲增长势头。同时此阶段广东省第一产业产值比重逐渐下降，这表明广东省产业结构向第三产业不断发展壮大，产业结构开始出现较为显著的"三、二、一"产业结构特征。直至2022 年，广东省三大产业产值占比分别为 0.3%、42.6% 和 57.1%。

表 3 - 3　　　　　　　1979~2022 年广东省三次产业产值

年份	第一产业产值（亿元）	第二产业产值（亿元）	第三产业产值（亿元）	年份	第一产业产值（亿元）	第二产业产值（亿元）	第三产业产值（亿元）
1979	66.62	91.65	51.06	1997	978.32	3 713.92	3 100.73
1980	82.97	102.53	64.14	1998	994.55	4 080.96	3 479.82
1981	94.30	120.34	75.71	1999	1 009.01	4 384.22	3 896.41
1982	118.17	135.37	86.39	2000	986.32	5 042.75	4 781.15
1983	121.24	152.27	95.24	2001	988.84	5 564.66	5 573.09
1984	145.25	187.55	125.93	2002	1 015.08	6 209.06	6 377.76
1985	171.87	229.82	175.69	2003	1 072.92	7 684.41	7 222.44
1986	188.37	255.88	223.28	2004	1 219.83	9 191.71	8 246.80
1987	232.14	330.35	284.20	2005	1 395.23	11 049.21	9 518.55
1988	306.50	460.17	388.70	2006	1 494.69	13 158.01	11 308.54
1989	351.73	554.13	475.53	2007	1 663.49	16 022.56	14 056.56
1990	384.30	615.86	558.58	2008	1 920.80	18 519.40	16 263.96
1991	416.00	782.67	694.63	2009	1 945.95	19 439.71	18 079.03
1992	465.83	1 098.75	882.96	2010	2 199.60	22 917.43	20 827.59
1993	558.70	1 702.46	1 208.12	2011	2 553.17	26 161.08	24 358.54
1994	692.25	2 249.99	1 676.77	2012	2 711.32	27 346.12	26 950.30
1995	864.49	2 901.99	2 173.86	2013	2 876.42	29 342.97	30 284.02
1996	935.23	3 313.55	2 599.44	2014	3 038.71	31 930.37	33 203.95

年份	第一产业产值（亿元）	第二产业产值（亿元）	第三产业产值（亿元）	年份	第一产业产值（亿元）	第二产业产值（亿元）	第三产业产值（亿元）
2015	3 189.76	33 913.76	37 628.92	2019	4 350.61	43 368.21	60 268.10
2016	3 500.49	35 499.24	43 163.49	2020	4 732.74	43 868.05	62 550.84
2017	3 611.44	38 536.61	49 500.68	2021	4 984.70	50 555.79	69 179.04
2018	3 836.40	41 398.45	54 710.37	2022	5 340.36	52 843.51	70 934.71

三、相关性的定性分析

广东省经济、社会的发展不断吸引着外地人口进入广东。流动人口的不断进入，为广东省的发展提供充足的劳动力，促进广东省的生产分工精细化，产业结构完善化，进而推动了广东省经济发展与城市化进程的加快。而同时，在此过程中，广东省原有生产部门的扩大与新兴产业的出现又创造了大量的新的岗位，而新的岗位又使所需的劳动力规模扩大，这又使广东省对于劳动力的需求增加，因此越来越多的外来人口被吸引到广东。

广东省外地人口的流入为城市发展提供了大量劳动力，为广东省的经济发展创造了有利条件，由表 3 - 1 可知，广东省的流动人口占比从 2000 年的 2.70% 上升到 2021 年的 25.37%，流动人口规模的持续增长为广东省经济持续发展提供了持续动力。其流动人口规模的持续增长大大缓解了广东省经济发展过程中的劳动力短缺问题。同时，流动人口作为广东省劳动力的重要补充，特别是在制造业、建筑业，有力地支持了广东省城市的建设与发展。

由表 3 - 4 所示，广东省三次产业的就业结构从 2000 年的 40%、27.9%、32.1% 调整为 2020 年 10.9%、35.9%、53.2%。第一产业就业人数下降最为明显，其降幅高达 31.1%，同时可以看出，从 2000 年到 2020 年这 20 年间，第一、第三产业就业情况变化差别显著增大，前者在三次产业就业人数增加的基础上下降了 820 万人左右，降幅为 31.1% 左右，后者总人数增加 2 400 多万人，其增幅为 21.1% 左右；第二产业就业人口规模稍有增加，但所占比重减少 8%。说明广东省的流动人口较好地促进了广东省产业结构从第一产业向第三产业转移，给广东省产业结构的优化起到重要作用。

表 3－4 　　　　2000～2020 年广东省三次就业人数及所占比例

年份	就业人数（万人）				构成		
	总就业人数	第一产业	第二产业	第三产业	第一产业	第二产业	第三产业
2000	3 989.32	1 593.68	1 114.86	1 280.78	40.0	27.9	32.1
2001	4 058.63	1 587.48	1 131.96	1 339.19	39.1	27.9	33.0
2002	4 134.37	1 572.92	1 202.92	1 358.53	38.0	29.1	32.9
2003	4 395.93	1 617.69	1 557.19	1 221.05	36.8	35.4	27.8
2004	4 681.89	1 622.5	1 727.86	1 331.53	34.7	36.9	28.4
2005	5 022.97	1 609.89	1 916.16	1 496.92	32.1	38.1	29.8
2006	5 177.02	1 562.17	2 015.88	1 598.97	30.2	38.9	30.9
2007	5 341.50	1 562.19	2 102.28	1 677.04	29.2	39.4	31.4
2008	5 471.72	1 526.66	2 172.93	1 772.13	27.9	39.7	32.4
2009	5 688.62	1 514.04	2 292.05	1 882.53	26.6	40.3	33.1
2010	6 051	1 476	2 566	2 009	24.4	42.4	33.2
2011	6 087	1 340	2 611	2 136	22.0	42.9	35.1
2012	6 171	1 243	2 628	2 300	20.1	42.6	37.3
2013	6 273	1 172	2 620	2 481	18.7	41.8	39.6
2014	6 428	1 112	2 606	2 710	17.3	40.5	42.2
2015	6 566	1 046	2 627	2 893	15.9	40.0	44.1
2016	6 703	987	2 611	3 105	14.7	39.0	46.3
2017	6 858	933	2 592	3 333	13.6	37.8	48.6
2018	6 960	864	2 506	3 590	12.4	36.0	51.6
2019	6 995	823	2 522	3 650	11.8	36.1	52.2
2020	7 039	767	2 526	3 746	10.9	35.9	53.2

资料来源：广东省统计年鉴。

自 2000 年至 2014 年广东省第一产业就业人口所占比例持续大幅下降，同时第一产业产值仍有上升，这表明，广东省第一产业现代化程度不断加深，并且大量劳动力由第一产业进入第二、第三产业；而第二产业就业人口占比显示出先增加后减少的现象，这说明，随着广东省产业结构的升级，部分劳动力由第一、第二产业流入第三产业；第三产业人口数量及比例一直处于上升态势，这表明广东省第三产业规模不断扩大，高附加值产业蓬勃发展，产业优化一直在进行中。但同时，在广东省流动人口给其经济的发展带来许多正面效应的同时亦给广东省经济的发展带来了许多挑战。首先，加重了广东省政府财政支出补贴，加大政府指导部门工作的难度。其次，给广东省城市管理带来了新的挑战。农村剩余劳动力是广东省流动人口的重要组成部分，他们法律意识、自控能力相对较薄，再加上户籍制度带来的地位不平等，导致他们融入城市生活的壁垒较大，因此易造成政府在人口、治安等方面的管理困难，易给城市发展带来安全隐患。最后，流动人口的涌入对广东省本地人口的资源进行挤压，造成本地人上学、工作、就医难，使他们受到本地人的排挤，会带来严重的社会隐患。

第四节　广东人口流动与经济发展的灰色关联度分析

一、数据来源及处理

广东省在 2000~2020 年大力进行产业结构改革来发展经济，从之前的"二、三、一"产业结构模式不断向"三、二、一"产业结构模式过渡。因此，本书在结合数据的可获得性及研究的双向性后，决定采用第三产业产值与第二产业产值之比来描述广东省经济结构的优化。公式如下：

$$T1 = Y3/Y2 \qquad (3-1)$$

其中，$T1$ 表示经济结构变化，$Y2$、$Y3$ 分别表示第二、第三产业产值。同时，本书考虑经济发展的可度量性，使用广东省地区生产总值描述广东省经济规模，考虑到价格变动对 GDP 影响，本书将使用以 1978 年不变价格折算的隔年生产总值。同时，为防止方差过大，本书将对地区生产总值取自然对数，即 $\ln GDP$。

在人口流动方面，本书将使用常住人口与户籍登记人口之差来表示广东省人口流动规模，同时，为了避免方差过大，本书将对流动人口规模取自然对数，即 $\ln NP$。

本书所用到的人口流动、经济结构、经济规模等数据均为 2000～2020 年的广东统计年鉴数据。数据来源主要为广东统计年鉴。

二、变量选取与模型建立

本书选取邓氏灰色关联度模型进行操作，关联度表示两者之间的相关程度，一般使用相关值来描述关联度的大小。具体操作步骤如下：

第一步，原始数据的选取。首先根据指标特征选取能描述研究对象特征或行为变化趋势的数据。如本书选取广东省流动人口规模的数据。

第二步，原始数据处理。由于系统中代表各变量的序列数据在计量单位、数量级等方面存在差异，因此为了提高数据分析的准确性，在进行数据分析前，需要先进行数据无量纲化处理。公式如下：

$$X_i(K) = \frac{X_i(K)}{Y_i(K)}, \ K = 1, \ 2, \ \cdots, \ n, \ i = 0, \ 1, \ 2, \ \cdots \qquad (3-2)$$

第三步，计算关联系数。$X_i(K)$ 与 $Y_i(K)$ 的关联系数 $\xi_i(K)$，其公式如下：

$$\xi_i(K) = \frac{\min\limits_i \min\limits_K |Y(K) - X_i(K)| + \rho \min\limits_i \min\limits_K |Y(K) - X_i(K)|}{|Y(K) - X_i(K)| + \rho \min\limits_i \min\limits_K |Y(K) - X_i(K)|} \qquad (3-3)$$

其中，ρ 为分辨系数，用来减少序列数据中存在的极值所造成的关联度失真的影响，同时，在引入分辨系数 ρ 时，可增加关联度系数间的差异性。当 ρ 不大于 0.5463 时，效果最好，而在此研究中 ρ 取 0.5。

第四步，计算关联度。为防止关联信息的分散，无法与整体进行比较，因此一般使用求均值的方法来进行信息集中化处理。均值一般用 U 表示，其公式如下：

$$U = \frac{1}{n} \sum \xi_i(K) \qquad\qquad (3-4)$$

第五步，相关性分析。关联度数值的大小与序列间的相关程度呈正相关，数字越大，相关程度越大，反之亦然。

三、灰色关联度分析及阐释

首先对人口流动、经济发展、经济结构进行无量纲化处理，即对人口流动规模（$\ln NP$）、经济规模（$\ln GDP$）、经济结构（$T1$）进行处理，简单来说，即用各要素数据除以该数据之和。

以无量纲化序列表 3-5 为基础，可求得人口流动规模、经济规模、经济结构的相关系数表：

表 3-5　　　　　　　　无量纲化序列

年份	$\ln NP$	$\ln GDP$	$T1$
2000	0.006878762	0.009976126	0.028724147
2001	0.007209472	0.011190938	0.04718483
2002	0.006911833	0.012552408	0.039215301
2003	0.007639394	0.014727881	0.023711108
2004	0.016502414	0.017539193	0.024371209
2005	0.042826907	0.020970028	0.034688252
2006	0.041504068	0.024732486	0.030975559
2007	0.042760765	0.029589953	0.029998067
2008	0.042231629	0.034273326	0.03126769
2009	0.042066274	0.03684288	0.04474877
2010	0.063463192	0.042953384	0.027306701
2011	0.061776573	0.049749162	0.041832909
2012	0.06475296	0.053455456	0.054829525
2013	0.062338779	0.05846941	0.050843333

年份	ln*NP*	ln*GDP*	*T*1
2014	0. 060751372	0. 0634706	0. 042788947
2015	0. 060883656	0. 068176287	0. 058148318
2016	0. 06065216	0. 074442714	0. 074509353
2017	0. 061280508	0. 082783839	0. 067558134
2018	0. 060982869	0. 092233741	0. 069206771
2019	0. 093458562	0. 099654967	0. 098715632
2020	0. 093127852	0. 102214952	0. 079375626

其中，$\xi 1$、$\xi 2$、$U1$、$U2$ 分别为广东省人口流动规模与经济规模、经济结构的相关系数和关联度（见表 3 – 6）。

表 3 – 6　　　　　　　　相关系数与关联度组合

年份	$\xi 1$	$\xi 2$
2000	0. 79170	0. 46040
2001	0. 80800	0. 41860
2002	0. 74620	0. 45330
2003	0. 82350	0. 40480
2004	0. 91910	0. 38210
2005	1. 00000	0. 37370
2006	0. 97920	0. 41390
2007	0. 77600	0. 48180
2008	0. 67330	0. 43360
2009	0. 68430	0. 45290
2010	0. 60180	0. 47790
2011	0. 64820	0. 64520
2012	0. 73610	0. 81540
2013	0. 64840	0. 41780
2014	0. 46250	0. 50950

续表

年份	$\xi1$	$\xi2$
2015	0.73320	0.39210
2016	0.94320	0.38910
2017	0.94390	0.63250
2018	0.64250	0.62440
2019	0.88040	0.68010
2020	0.85190	0.62720
$U1 = 0.776$，$U2 = 0.563$		

从表 3 - 6 中可以得出，2000～2020 年广东省人口流动与经济规模、经济机构的关联系数及关联度，其中，人口流动与经济规模、经济结构间的关联度分别为 0.776 和 0.563，两者均大于本书设置的分辨系数 0.5，这在很大程度上说明了广东省的人口流动与经济发展之间有着很强的关联性。从数值来看，广东省人口流动与经济规模的关联度 0.776 大于与经济结构的关联度 0.563，这表明，在近 20 年来，广东省经济规模与人口流动的关联性强于广东省经济结构与人口流动的关联性。广东省经济规模扩大必然代表着广东省对于更大劳动力规模的需求，而充足的劳动力又将从生产和消费两个方面促进广东省经济结构的改变。我们可以清楚地发现，广东省人口流动与经济发展的相互作用是密切的。随后本书将探讨广东省人口流动与经济发展之间的定量关系。

第五节　广东人口流动与经济发展相互影响的实证分析

一、模型构建

本书在第四节的基础上来对于广东省人口流动与经济发展之间的相互

作用作定量分析，并在此基础上构建回归方程：

$$\ln NP = F(\ln GDP、T1、X) + E1 \qquad (3-5)$$

一般的线性方程有着较为明显的方向性，即人口流动对经济规模或者经济结构的影响，抑或是经济规模、经济结构对人口流动的影响，这对于本书的研究不具有适配性。考虑到经济规模、经济结构以及其余影响人口的因素可能出现的内生性影响，本书继续构建回归方程式（3-6）、式（3-7），并与式（3-5）联立组成联合方程：

$$\ln GDP = F(\ln NP、T1、X) + E2 \qquad (3-6)$$

$$\ln T1 = F(\ln NP、\ln GDP、X) + E3 \qquad (3-7)$$

其中，X 为其他影响人口流动的因素。$E1$、$E2$、$E3$ 分别为上述方程的随机误差项，其余涉及变量均与前文设置相同。

本书是为研究广东省人口流动与经济发展之间的相互关系，即两变量彼此之间的相互作用。因此，向量自回归（VAR）模型将成为本书首选方法。其公式如下：

$$X_t = A_1 + X_{t-1} + A_2 X_{t-2} + \cdots + A_n X_{n-1} + u \qquad (3-8)$$

其中，X 为表示变量特征的时间序列数据，即人口流动规模、经济规模及经济结构共同组成的矩阵；A 为变量数据的估计系数，u 为误差矩阵，n 为模型滞后阶数。

二、平稳性检验

实际统计的时间序列数据往往由于其统计的客观现实条件所限而不稳定，这样的数据在进行计量分析的过程中，可能会将不相关的数据视为强相关的数据，从而导致计量分析中伪回归现象的产生。因此为避免此种现象的产生，在对数据进行计量分析前应先验证该数据的稳定性。因此，鉴于本书的计量分析的需要，笔者选择用在 DF 检验上发展起来的 ADF 检验法来检验统计数据的稳定性。

从表 3-7 中可以看出，当数据进行 0 阶差分的平稳性检验时，变量 $\ln NP$、$\ln GDP$、$T1$ 在 1%、5%、10% 的显著性水平下的 ADF 变量的统计

值分别为 -2.452195、2.582423 和 -1.745215 均大于其临界值，同时，其 P 值分别为 0.2549、0.9299 和 0.4010，亦均大于其对应的临界值，说明此原假设是不被拒绝的，即变量 $\ln NP$、$\ln GDP$、$T1$ 在 0 阶差分下均具有单位根，变量 $\ln NP$、$\ln GDP$、$T1$ 的原始序列是不稳定的。随后对变量 $\ln NP$、$\ln GDP$、$T1$ 经一阶差分处理后，得到变量 $d\ln NP$、$d\ln GDP$、$dT1$。在对其进行 ADF 检验，其对应的 ADF 检验值小于其 1% 置性水平下的临界值，说明变量 $d\ln NP$、$d\ln GDP$、$dT1$ 通过稳定性检验，即 $d\ln NP$、$d\ln GDP$、$dT1$ 为稳定的一阶差分时间序列数据。故若对原始数列 $\ln NP$、$\ln GDP$、$T1$ 直接使用传统的回归分析会造成伪回归的现象产生，其对应的估计值将失去其对应的理论意义和实践意义。同时，本书研究的主要是变量 $\ln NP$、$\ln GDP$、$T1$ 三者之间的相互影响程度的大小及影响时间的长短，这需要考察它们的滞后值对当期的影响，因此选择 VAR 模型研究。

表 3 - 7　　　　　　　　　　变量 ADF 平稳性检验结果

变量	差分性	检验类型 （C、T、K）	ADF 值	T 统计量			P 值
				1% level	5% level	10% level	
$\ln NP$	0	（C、T、0）	-2.452195	-4.242435	-3.422453	-5.09642	0.2549
	1	（C、T、1）	-4.841233	-4.224245	-3.514143	-10.09642	0.1022
$\ln GDP$	0	（C、T、0）	2.582423	-4.544212	-2.912242	-5.554817	0.9299
	1	（C、T.1）	-6.426180	-2.544422	-2.914121	-2.544547	0.0122
$T1$	0	（C、T、0）	-1.745215	-3.641257	-3.544125	-3.424300	0.4010
	1	（C.T、1）	-4.242823	-3.641227	-2.414125	-1.545300	0.0019

三、协整检验

本书在进行实证检验前进行了简单的 ADF 稳定性检验，检验结果显示，流动人口（$\ln NP$）、经济规模（$\ln GDP$）、经济结构（$T1$）的 1 阶差分时间序列数据是稳定的。因此，满足协整分析所需满足的同阶单整的充分必要条件。因此，此组数据之间一定存在着协整关系。本书决定选用

Johansen 协整检验法。在进行检验前，先对这三个变量建立 VAR 模型后求得滞后阶数（见表 3 - 8）。

表 3 - 8   VAR 滞后阶数选择

LogL	LR	FPE	AJC	SC	HQ
- 14. 15115	NA	0. 000643	1. 396512	1. 161115	1. 365654
124. 1615	148. 6515	9. 165111	- 7..165146	- 7. 165155	- 7. 166545
125. 1565	12. 16565 *	6. 382165 *	- 8. 165156 *	- 7. 156455 *	- 7. 151554 *
126. 1161	5. 161155	5. 165661	- 15. 15655	- 6. 151616	- 8. 151652
146. 5642	- 8. 361411	8. 665154	- 5. 265244	- 5. 165612	- 5. 154565
158. 1521	15. 11651	4. 165665	- 6. 11665	- 5. 141666	- 8. 113565

注：＊表示在准则下模型应该尽量采用的最大滞后开始结束阶数，＊最多即为最优滞后阶数。

由表 3 - 8 可知，根据标准值最小准则来计算，原始数据三个变量的最优滞后阶数为 2。因此，这三个变量之间存在协整关系的个数最多也为 2，即最多两个协整方程。为了确定协整关系个数，本书将进行协整关系检验，检验结果如表 3 - 9 所示。

表 3 - 9   变量协整检验

Hypothesized No. ofCE（s）	Eigenvalue	Trace Statistic	0. 05 CriticalValue	Prob. **
None *	0. 568944	35. 65465	20. 65454	0. 0656
Atmost1	0. 205464	6. 151555	16. 45455	0. 5126
Atmost2	0. 001561	0. 545541	4. 161651	0. 64511

注：＊表示在5%的显著性水平下统计显著，＊＊表示在1%的显著性水平下统计显著。

从表 3 - 9 中可以看出，本书依次对三个变量协整关系数量分别为 0、1、2，这三个假设条件在 5% 的显著性水平上进行检验。检验结果显示，当假设协整关系为 0 时，其 T 统计值大于 0.05 水平上的临界值，故拒绝原假设。同时说明，人口流动、经济规模、经济结构这三者之间存在稳定的协整关系。又由于假设条件为协整关系至多为 1 时，其 T 统计值小于 0.05 显著性水平下的临界值，故接受原假设。说明人口流动、经济规模、经济结构这三者之间存在一个稳定的协整关系。当假设协整关系至多为 2 时，同样地，接受原假设，即人口流动、经济规模、经济结构三者之间存在至多两个稳定的协整关系。综上所述，我们通过这三个结论总结出，广东省人口流动、经济规模、经济结构之间存在且只存在一组稳定的协整关系。

本书利用 EViews 软件计算得到协整方程为：

$$\ln NP = 0.566654 \ln GDP + 1.564454 T1 - 0.945465 \qquad (3-9)$$

式（3-9）表明，广东省人口流动与经济发展之间的关系可以进行的定量分析。广东省人口流动、经济规模、经济结构这三个变量之间存在一组唯一的协整关系。其意义为广东省经济规模增加一个单位时，其人口流动规模增加 0.566654 个单位；广东省经济结构增加一个单位时，其人口流动规模增加 1.5664454 个单位。同时也说明广东省经济结构对人口流动规模的影响要大于经济规模对人口流动的影响。

四、格兰杰因果检验

该思想最初由格兰杰提出后，经过西姆斯等（Sims et al.）发展完善，成为被大多数学者所接受的检验变量之间因果关系的计量方法。格兰杰所提出的"因果关系"与"我们通常所理解的因果关系不同"，它是指检验具有较好稳定性的一组数据中某变量数据的滞后值是否具有解释其他变量未来变化趋势的预测能力。同时 1998 年格兰杰提出只有变量之间具有协整关系时，才能探索其格兰杰因果关系。上文已经检验得出人口流动规模（$\ln NP$）、经济规模（$\ln GDP$）、经济结构（$T1$）之间存在一组协整关系，因此，我们利用 EViews 软件对人口流动规模（$\ln NP$）、经济规模（$\ln GDP$）、经济结构（$T1$）三者之间进行格兰杰因果关系检验。其结果如表 3-10 所示。

表 3 - 10   格兰杰因果检验

原假设	观测值个数	滞后阶数	F 统计值	P 值	检验结论
LNNP does not Granger Cause LNGDP	34	1	22.0127	0.0012	拒绝
LNGDP does not Granger Cause LNNP	34	1	3.65446	0.0065	不拒绝
LNNP does not Granger Cause T1	34	1	0.13609	0.8306	不拒绝
T1 does not Granger Cause LNNP	34	1	0.44591	0.4418	不拒绝
LNNP does not Granger Cause LNGDP	33	2	1.42439	0.1208	不拒绝
LNGDP does not Granger Cause LNNP	33	2	4.41225	0.0215	拒绝
LNNP does not Granger Cause T1	33	2	5.17258	0.4523	拒绝
T1 does not Granger Cause LNNP	33	2	1.42553	0.1738	不拒绝

从表 3 - 10 中可以看出，在 5% 的显著性水平下，对人口流动规模与经济规模的时间序列数据一阶滞后值进行 "LNNP does not Granger Cause LNGDP" 的假设检验中，其 P 值为 0.0012，拒绝原假设，这表示一阶滞后水平下，LNNP does not Granger Cause LNGDP；而在 5% 的置信水平下，对人口流动规模与经济规模的时间序列数据的一阶滞后值进行 "LNGDP does not Granger Cause LNNP" 的假设检验，其 P 值为 0.0065，不拒绝原假设，即说明一阶滞后水平下，LNGDP does not Granger Cause LNNP。

同理，在 5% 的显著性水平下，对人口流动规模与经济结构时间序列数据的一阶滞后值检验，发现人口流动规模与经济结构之间不存在格兰杰因果关系。因此，在滞后阶数为 1 的情况，人口流动规模有助于预测和解释经济规模的增长，而对其他变量的解释预测能力相对较差，即人口流动规模的增加有助于更好地解释和预测经济规模的增加。对人口流动规模与经济规模时间序列数据的二阶滞后值中，对其进行 "LNNP does not Granger Cause LNGDP" 的假设检验中，其 P 值为 0.1208，在 5% 的显著水平上，不拒绝原假设，这意味着二阶滞后水平下，LNNP does not Granger Cause LNGDP。对在二阶滞后水平下的 "LNGDP does not Granger Cause LNNP" 的假设检验中，其 P 值为 0.0215，在 5% 的置信区间上拒绝了原假设，即说明二阶滞后水平下，LNGDP does not Granger Cause LNNP。

　　同理，在5%的显著性水平下，对人口流动规模与经济结构时间序列数据的二阶滞后值进行因果关系检验中，发现 LNGDP does not Granger Cause LNNP，但 LNNP does not Granger Cause LNGDP；即当滞后阶数为2时，人口流动规模的增加有助于更好地解释和预测经济结构的优化。总之，人口流动规模扩大有助于更好地解释和预测经济规模的增长，经济规模的增长有助于更好地解释和预测人口流动规模的扩大，人口流动规模扩大有助于更好地解释和预测经济结构优化，但经济结构的优化不能较好地解释和预测人口流动规模增加。

第六节　研究结论与建议

一、研究结论

　　本书在研究人口流动与经济发展的相互影响关系时，以广东省作为样本，使用了广东省2000～2020年的大量数据作基础，从广东省人口流动与经济发展的实际情况出发，结合灰色关联度分析法，较为准确地定性分析了广东省人口流动与经济发展之间的相关性；另外，本书使用 VAR 模型，较为深入地分析了广东省人口流动与经济发展之间相互影响程度的大小。主要得到以下结论：

　　（1）广东省人口流动与经济规模之间的相关性更强，本书使用灰色关联度分析法得到广东省人口流动与经济规模之间的关联度为0.776，与经济结构之间的关联度为0.563。这表明广东省经济规模与人口流动的相关性显著高于广东省经济结构与人口流动的相关性。

　　（2）广东省人口流动与经济发展之间存在长期稳定的相互影响，本书使用 VAR 模型对广东省人口流动与经济发展之间的相互影响程度进行分析。广东省经济规模增加一个单位时，其人口流动规模增加0.566654个单位，即广东省经济规模越大，流动人口的集聚效应越强；广东省经济结构增加一个单位时，其人口流动规模增加 1.5664454 个单位，即广东省经济结构越高级，对流动人口的吸引力越强。同时也说明广东省经济结构对人口流动规模的影响要大于经济规模对人口流动的影响。

（3）通过格兰杰因果分析可以得出：人口流动规模与经济规模互为格兰杰因果原因，但人口流动规模受经济规模影响的滞后时间高于经济规模受人口流动规模影响的滞后时间；人口流动规模单方向的是经济结构优化的格兰杰原因。简言之，人口流动规模扩大有助于更好地解释和预测经济规模的增长，经济规模的增长有助于更好地解释和预测人口流动规模扩大；人口流动规模扩大有助于更好地解释和预测经济结构优化，但经济结构的优化对人口流动规模增加解释、预测能力较弱。

（4）广东省经济发展对其人口流动规模影响较大，且他们之间存在较大差异在研究广东省经济发展对其人口流动规模的影响中，我们可以得出：从短期来看，人口流动规模波动受经济规模波动影响程度大且前者对后者的反应十分迅速；从长期来看，人口流动规模受经济结构的影响程度更大、更持久。也可以得出，从短期来看，人口流动规模波动的主要因素是人口流动自身的波动和经济规模的增长，受产业结构波动影响较少；但从长期来看，人口流动规模波动的主要因素是人口流动规模自身波动和经济结构的波动，但经济规模变动对其影响相对较弱。

二、政策建议

党的二十大报告提出，推进以人为核心的新型城镇化，加快农业转移人口市民化。目前，我国约有 3 亿农村人口通过就业、就学等方式转入城镇，成为新市民。促进有能力在城镇稳定就业生活的常住人口有序实现市民化，是新型城镇化的首要任务。农业转移人口市民化对于提升城镇化质量、释放国内需求的巨大潜力、构建新发展格局具有重要作用。让更多农业转移人口融入城市，有利于稳定城市产业工人队伍，提高其就业稳定性和收入水平，扩大中等收入群体规模，支撑我国经济保持中高速增长。与此同时，农业转移人口市民化也会带动住房、教育、养老、医疗和休闲娱乐等方面的需求，从而拉动城市基础设施和公共服务设施的投资，有望从消费与投资两个方面释放出巨大的内需潜力。

党的十八大以来，我国农业转移人口市民化的数量和质量都有了显著提升。近10年来，我国有1.3亿农业转移人口和其他常住人口在城镇落户。到2022年末，全国常住人口城镇化率达到65.22%，比上年末提高了0.5个百分点。基本公共服务覆盖范围和均等化水平显著提高，2021年全国义务教育阶段随迁子女在公办学校就读、享受政府购买民办学校学位服务的占比达到90.9%，更多农业转移人口在城市里无忧打拼、安心奋斗。当前随着经济社会的发展，农业转移人口市民化也体现出新的特点，正转向质量提升阶段。"进城"的意义，不仅仅是一人闯天下，找到谋生的门路，而是希望阖家进城生活，权益更有保障。面对现实的迫切需求，要着力提高农业转移人口市民化质量，坚持存量优先、带动增量，深入推进以人为核心的新型城镇化战略。

人口流入和经济发展作为促进区域发展的两个重要因素，其相互作用关系对于区域经济的发展具有重要的影响。我们要让农业转移人口转化为城镇人口无后顾之忧，有眺望之景；我们需要发挥两者的联动作用，实现人口流入、人才吸引与经济发展相互促进。广东省更可以借助地利，联动港澳，采取一系列措施来实现这一目标。

（一）进一步深化户籍制度改革，完善城镇基本公共服务提供机制，让农业转移人口"进得来""留得下"

近年来，我国城市落户门槛继续降低，城区常住人口300万以下城市的落户限制基本取消，城区常住人口300万以上城市的落户条件有序放宽。想进"进得来"，还要让他们"留得下"。农业转移人口市民化是一项复杂的系统工程，不只是简单的户籍变化。今后应继续畅通传统农业转移人口举家进城落户渠道，并将户籍制度改革与完善基本公共服务均等化提供机制结合起来，建立健全经常居住地提供基本公共服务制度，让新市民也能享有同城镇居民一样的公共服务。

（二）进一步健全配套政策体系，提高农业转移人口劳动技能素质，让转移人口"有发展""能融入"

农业转移人口市民化的过程，不只是生活空间的转移、户籍身份的转化，也是生活方式、文化观念等多方面的转变，要让他们看到在城市生活长久的希望，增强在城市的价值感、归属感。为此，需要大力加强对农业转移人口的劳动技能培训，强化人文关怀，不断提高他们的职业技能和社会参与水平。与此同时，农业转移人口市民化配套政策也需要进一步健全。例如，完善财政转移支付与农业转移人口市民化挂钩相关政策，需要统筹考虑，协调推进。

（三）强长板补短板，提升广东对人力资源和人才吸引力

广东在既有的人才引进政策、住房保障、教育保障的基础上，需要在营造宜居宜业环境上下功夫。要强长板、补短板，下大力气优化住房供给，扩大人才房、福利房等政策性住房的建设力度；提升优质教育资源及公平可获得性；投入更多政府资源加强医疗卫生供给侧结构性改革，促进医疗卫生服务资源再上新台阶，在对非户籍流入人口提供公共服务资源方面要体现更大的公平性。

（四）联动港澳，提升粤港澳大湾区对人力资源和高级人才的吸引力

多年来，粤港澳在促进人员流动便利化方面做了不少工作，也取得不少进展。但以将粤港澳大湾区建设成为人力资源和人才高地的要求来衡量，三地还有很多方面的工作要不断通过采取创新性措施、一步步探索来实现。例如，如何提高三地高素质、高技能人才流动的便利度，能否以某种方式实现政府医疗卫生服务扩大到粤港澳三地跨区域流动的人员，如何通过政府公共资源扩大保障三地跨区域流动人员迫切需求的子女教育问题；等等。这些都需要粤港澳三地通过政策协调、对接与创新性探索，促进区域内高素质、高技能人才的流动和聚集，为区域经济发展注入新的活力。

（五）优化资源配置，为粤港澳大湾区优化经济结构、发展战略性新兴产业提供新动力

资源的优化配置可以使粤港澳大湾区内各地区人才、资金、技术等要素得到最大限度的利用，从而实现区域内产业的协调发展。也是人口流动与经济发展良性循环的关键需要。粤港澳三地要加大力度，通过协调实现财税优惠措施协同、金融扶持措施互补、专业资格培训和证书互认、重大创新平台共建共享等措施，加大对新兴产业的支持力度，促进科技创新和产业升级，为经济结构优化和战略性新兴产业的发展提供新的动力和支持。

本章参考文献

[1] 王桂新. 关于中国地区经济收入差距变动问题的研究 [J]. 华东师范大学学报（哲学社会科学版），1996 (6)：69 – 75.

[2] 段成荣. 影响我国省际人口迁移的个人特征分析——兼论"时间"因素在人口迁移研究中的重要性 [J]. 人口研究，2000 (4)：14 – 22.

[3] 刘鹏凌，栾敬东. 农村劳动力跨地区流动的影响因素分析 [J]. 乡镇经济，2005 (10)：16 – 18，30.

[4] 马胜春. 对我国省际人口流动影响因素的相关分析 [J]. 中国统计，2015 (5)：55 – 56.

[5] 孔凤琴. 高校科技创新对经济增长贡献实证分析——以浙江省为例 [J]. 特区经济，2018 (12)：75 – 79.

[6] 张晶晶. 区域创新能力对区域经济差异的影响 [J]. 西北师范大学，2009：52.

[7] 李伟华，周立群. 高技术产业对经济发展的关联性分析——基于灰色关联的实证研究 [J]. 学术论坛，2015，38 (1)：40 – 44，119.

［8］关欣．高技术产业发展与经济发展方式转变的关系研究［J］．中国人口资源与环境，2013，23（2）：43－50．

［9］李鑫．人口增长对经济发展的影响因素分析［J］．商业时代，2009（7）：11－12．

［10］杨东亮．任浩锋中国人口集聚对区域经济发展的影响研究［J］．人口学刊，2018，40（3）：30－41．

［11］段平忠，刘传江．人口流动对经济增长地区差距的影响［J］．中国软科学，2005（12）：99－110．

［12］庄起善，窦菲菲，王健．转型国家劳动力流动及其宏观经济决定因素［J］．复旦学报（社会科学版），2007（5）：74－81．

［13］王桂新．改革与发展：中国改革开放以来的实证［M］．北京：科学出版社，2005：145－170．

［14］张耀军，岑俏．中国人口空间流动格局与省际流动影响因素研究［J］．人口研究，2014，38（5）：54－71．

第四章

港澳资金对珠三角的经济效应和政策建议

作为一项重要的生产要素，资金的流入对地方经济发展具有不可估量的作用，区域内资金自由流动能够促进资源配置，增强市场活力。党的十九届五中全会提出："要加快构建以国内大循环为主体、国内国际双循环相互促进的新发展格局"，要素自由流动是畅通经济循环的基础，其中资金自由流动至关重要。2019 年，中共中央、国务院印发《粤港澳大湾区发展规划纲要》，提出粤港澳大湾区的目标是建设世界级城市群，在构建经济高质量发展的体制机制方面走在全国前列，发挥示范引领作用。在双循环新发展格局的建设中，粤港澳大湾区率先行动，广东省发布推进金融支持粤港澳大湾区建设的任务书，促进区域金融市场互联互通、跨境投融资业务创新，支持粤港澳大湾区内地金融机构与港澳金融机构合作，为"一带一路"共建国家和"走出去"企业提供全方位的金融服务。粤港澳大湾区天然拥有国内经济循环与国际经济循环相互促进的良好基础，能够成为国内循环与国际循环的重要对接口，因此，必须推动资金要素"畅流"大湾区乃至全世界，进而推动经济迈向高质量发展"快车道"，以获得更大的发展空间与发展机遇。

第一节　大珠三角区域资本流动分析

资本在区域间流动的渠道主要有五种：一是商品、服务贸易；二是银行借贷；三是外商投资；四是证券市场；五是政府预算支出（唐旭，

1999；郭金龙等，2003）。本书讨论的资本流动不包括第一种与贸易有关的资本流动，因为这种资本流动实现了货币使用权和支配权的转移，并不是以资本增值或盈利为目的。第二种、第三种、第四种资本流动带有明显的趋利性，并且仅发生货币使用权的暂时让渡，并未发生货币所有权转移。两类资本流动的目的有根本区别（彭文斌，2008）。政府预算支出体现了政策性资金的流动，也在本书的研究范围内。

一、外商直接投资

由于广东省具备毗邻港澳的区位优势，一直以来，港澳都是广东省最主要的外资来源地。1990～2020年，港澳累计对广东直接投资3 291.7亿美元，占广东省全部外商投资的67.7%。近年来，随着国家出台多项政策促进粤港澳三地间互联互通，广东企业对港澳地区的投资额也非常活跃，2015～2020年，广东企业向港澳地区累计投资487.8亿美元，相比于港澳对广东省在此期间1 089亿美元的投资额，投资规模略小，但也占据广东企业全部对外投资额的61%。①

二、银行体系内资金流动

《内地与香港关于建立更紧密经贸关系的安排》（简称CEPA）的签订降低了香港银行进入内地的门槛，使大量港资中小银行进入广东，CEPA补充协议六生效后，港资银行在广东省设立分行网络，可以申请在省内跨区设立支行，而无须根据过往规定，必须先行在同一城市设立分行。截至2012年末，港资银行以异地支行的形式实现了对广东银保监局辖区所有地市的全覆盖。进入内地的4家澳门银行均在广东设立了机构，占全国澳门银行营业性机构数量的80%。港澳银行在广东的营业网点数量全国第一，截至2021年末，广东省港澳银行营业性机构数量分别为94家和7家，均

---

① 资料来源于《广东统计年鉴》。

居全国第一位。港澳银行对广东地区投放信贷资金主要通过以下途径：第一，通过驻粤分支机构。第二，直接向广东企业和投资项目投放信贷资金。第三，港澳银行向在广东有投资项目和关联公司的港澳资企业发放贷款（黄桂良，2011）。

三、证券市场资金流动

在证券业方面，内地加入 WTO 以来，港澳地区证券机构相继在广东设立代表处。受地理位置、投融资环境以及外向型经济的驱使，大量广东企业在成立之初就具有国际化视野，赴港上市热情较高，在两地市场互联互通越来越频繁的背景下，截至 2021 年，广东有 22 家公司在 A 股与港股分别上市。《广东省金融改革发展"十四五"规划》提出，到 2025 年，广东对外金融交流合作更加密切，赴港上市企业超过 400 家。除了发行股票，政府与企业积极探索多种投融资渠道。广东金融学会联合澳门银行公会近日共同制定和发布了《内地非金融企业赴澳门发行绿色债券流程参考》，这是内地首个非金融企业赴澳门发行绿色债券的流程参考发布。港澳投资者投资内地资本和债券市场的途径增多，包括 QFII、股票通、基金互认和债券通。此外，粤港澳大湾区"跨境理财通"业务试点落地，为大湾区内地及港澳居民个人跨境投资开辟了新的通道，推动粤港澳金融市场的互联互通。

第二节　资本流动的相关理论

资本流动的相关研究集中在对资本流动的规模及流动方向的识别、影响资本流动的因素、资本流动的效果等方面。

一、对资本流动规模及流动方向的识别

目前，对区域资本流动的规模及流动方向的识别方法主要是基于国民

经济核算恒等式的 F－H 法。费尔德斯坦因和霍里奥卡（Feldstein & Horio-ka，1980）通过对多个国家储蓄和投资进行分析，认为如果国家间资本不能流动，那么国家内部储蓄与投资将存在显著相关关系，反之，如果资本能够完全流动，各国的储蓄与投资不存在显著相关关系。F－H 法能够测算出国家间或省际资本流动的规模和流动方向，被国内外学者广泛使用。此外，我国学者周迪（2016）应用社会网络分析方法考察长三角城市群整体金融资金流动程度，通过构建城市间金融资金引力矩阵来衡量城市间资金流动情况，测算出长三角城市群内金融资金的关联关系呈稳定上升趋势。余壮雄等（2014）采用计量模型测算外来资本进入引发的地区资本流动，研究表明：外商投资代表市场力量，进入后会引起资本从我国东部流向中西部；相反，中央投资反映国家政策，进入后会引起资本从我国西部流向中东部。

二、资本流动的驱动因素

对于区域资本流动的驱动因素，已有文献主要从市场因素、制度因素这两个方面进行考察。资本具有逐利性，在市场因素的作用下资金会流向资本回报率高的地区。韦伯（Webber，1987）通过构建资本流动与利润率关系模型，得出资本倾向流入利润率高的地区。但龙海明（2011）对我国信贷资金规模与区域投资收益率进行实证研究，结果并未显示出显著的正相关。较多研究证实，我国政策因素对资金流动具有重要影响，包括税收政策、产权保护、政府规模、官员任职（钱先航等，2017；胡凯等，2012；袁诚等，2019；吴炜鹏等，2021）。

三、资本流动的经济效果

（一）资本流动与经济增长

资本作为一种生产要素，对经济增长至关重要。新古典经济增长理论认为，在边际报酬递减的前提下，稳定均衡增长可以通过市场机制调节生产中的资本和劳动比例实现。新古典主义区域增长理论在此基础上发展起来，认为随着生产要素在区际间的流动，各个区域的发展水平将趋于均衡，区域经济增长的均衡状态被称为区域经济收敛（convergence）。萨拉－伊－马丁（Sala－I－Martin，1996）提出 σ 收敛和 β 收敛，σ 收敛是指随着时间变化，不同国家或地区的人均产出的标准差逐渐缩小。β 收敛是指初始人均产出水平较低的经济体具有更高的增长率，β 收敛是 σ 收敛的必要条件。β 收敛分两种：一是假设所有国家或地区都具有相同的生产函数、人口增长率等结构特征，各个经济体将收敛于相同的人均收入水平，与初始人均产出无关，这被称为绝对 β 收敛；二是由于不同国家或地区资源禀赋等条件不同，各个经济体收敛于各自的稳态，这被称为条件 β 收敛。俱乐部收敛是指，最终稳态结果部分决定于初始状态，只有结构特征相同且初始人均产出相同的经济体能够收敛于同一稳态。大多数学者认为，我国区域经济不存在绝对 β 收敛，仅存在条件 β 收敛和俱乐部收敛（蔡昉等，2000；沈坤荣等，2002；张传勇等，2017；徐文舸等，2019）。陈（Chen，1995）认为，中国外商直接投资与区域经济增长正相关。爱德华（Edward，2001）通过实证模型，证实在控制其他变量时，资本流动性强的国家比限制资本流动的国家具有更高的增长率。

（二）资本流动与经济均衡发展

影响区域经济差距的因素众多，理论上从短期来看，经济增长取决于投资、消费和进出口的影响；从长期来看，经济增长由资本、劳动力、土地及技术水平决定。由此可见，资本流动作为重要影响因素在短期和长期都会对经济增长产生影响，资本在区域间的流动、聚集与配置是影响各区域经济差异的重要因素（郭金龙等，2003）。在 2003 年，梁育民提出以人流、物流、资金流、信息流四种要素流动来划分服务业的基本方法。其中资金作为生产要素之一，是激活市场的工具，是联系各生产要素的纽带，能够促进各生产要素有效配置、有机结合，是推动经济增长的强大动力。

国内学者对于我国资本流动与区域经济差距的研究，主要有两种观点：一是认为资本流动缩小区域经济差距，促进区域经济均衡发展（郭金龙等，2003；豆建民，2005；肖灿夫，2010；周迪等，2020；陈燕儿等，2020）；二是认为资本流动扩大地区间经济差距（王小鲁等，2004；钟军委，2018；杨扬等，2020）。由于各研究衡量资金流动的指标、计量方法、研究重点都存在差异，因此得出的结果也不尽相同。但普遍认同的结论是：资本由发达区域流向落后区域能够缩小区域间经济差距，反之，加剧区域间经济差距。

第三节　资本流动与珠三角区域经济均衡发展

区域经济协调均衡发展是实现经济高质量发展的要求之一，也是构建新发展格局的重要基础。新发展格局是我国基于国内外现实情况提出的重大战略部署，区域经济不平衡发展是构建新发展格局的重要阻碍。粤港澳地区是我国开放程度最高、最具经济活力的区域之一，但区域内部的经济发展并不均衡，本书的主要目的是研究粤港澳地区间资本流动对区域经济均衡发展的作用效果。现有文献对资本流动的经济效果的研究多集中于国家间和我国省域间，针对特定区域内的研究较少。对粤港澳地区的研究大多采用理论研究与资料分析的方式，实证研究较少。因此，本书对粤港澳三地间资本流动与区域经济均衡发展的实证研究，丰富了相关领域的研究成果。

一、粤港澳区域主要资金流动

港澳对广东的直接投资是粤港澳区域主要的资金流动渠道。自党的十一届三中全会以来，广东经济总量和对外贸易高速增长，已长达30多年稳居全国第一，其中外来投资（尤其港澳投资）发挥了极为重要的促推作用。广东的开放适逢香港进入后工业化时代，其第三产业迅速发展，开始向外转移劳动密集型制造业，珠三角城市得以通过"前店后厂""三来一补"等模式参与国际经济循环（王先庆，1997）。随后，广东继续引进韩国、日本、美国、欧洲及中国台湾等国家（或地区）的外资，抓住世界信息技术革命的机遇，承接大量技术密集型产业转移，珠三角逐渐成长为世界级电子信息产业集群（吴伟萍，2003）。利用外资是广东经济腾飞的关键举措，按照来源统计，广东外商直接投资中占比最大的是港澳直接投资。从1990年至2020年，港澳累计对广东直接投资3 291.7亿美元，占广东全部外商投资的67.7%。从图4-1可以看到，2018年以来，港澳直接投资占比逐年攀升，2020年达到81.75%。在逆全球化浪潮的国际背景下，港澳投资对我国（尤其广东）的重要程度不言而喻。

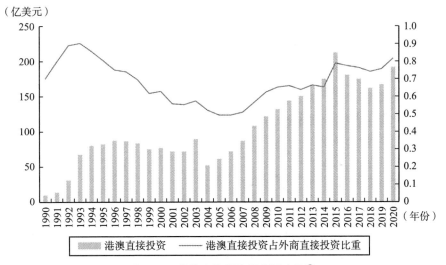

图4-1　港澳直接投资数额及占比①

但港澳投资在广东的分布并不均衡，区位熵指标可以反映资源聚集程度，珠三角和非珠三角②港澳投资的区位熵如图4-2所示。相较于非珠三

---

① 资料来源于历年《广东统计年鉴》。

② 广东部分地级市未公开区分来源地的外商直接投资，此处地级市包括：珠三角的广州、深圳、珠海、东莞、中山、江门、肇庆、惠州；非珠三角的揭阳、茂名、湛江、汕尾、梅州、河源、汕头。

角区域，珠三角明显聚集了多出数倍的港澳投资。

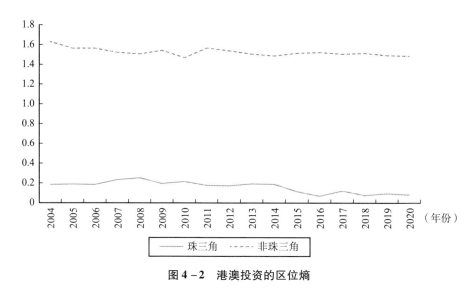

图 4 - 2　港澳投资的区位熵

注：区位熵 $Q_{it} = \dfrac{fdi_{it}/N_{it}}{fdi_t/N_t}$，$fdi_{it}$、$N_{it}$ 分别表示 i 地级市各年的港澳直接投资数及人口数量，fdi_t、N_t 分别表示所有地级市港澳直接投资总额和总人口数量，数据来源于各地级市历年统计年鉴。

二、粤港澳区域经济不均衡现状

改革开放以来，我国利用劳动力等要素低成本的禀赋优势，抓住世界市场的巨大需求，参与国际分工，逐步融入世界经济。然而在这一过程中，部分地区借助政策、区位等优势，率先发展起来，优越的基础设施进一步吸引资本、劳动力等要素的聚集，造成了越来越大的地区间经济差距。随着国内人均收入的提高，我国需求结构和生产函数发生巨大变化，国内循环供需不匹配现象出现。国际金融危机爆发后，全球市场收缩，逆全球化主义、贸易保护主义抬头，我国开始实施扩大内需战略。面对世界经济不确定性不断提高，党中央提出构建以国内大循环为主体、国内国际双循环相互促进的新发展格局。其中，打通国家内部循环是大规模经济体发展的必经之路；进一步提高对外开放水平是应对世界经济不确定性，保证我国经济平稳发展的需要。

粤港澳经济发展不均衡主要原因在于广东省。作为我国东南地区的对外开放门户，广东毗邻港澳，在改革开放进程中通过"前店后厂""来料加工"等模式参与国际经济循环，逐步成长为"世界工厂"，形成了众多产业集群。作为自 1989 年至 2020 年连续 32 年经济总量全国第一的省份，广东省对外开放水平高、制度创新能力强、民营企业活跃。但广东省内部也存在区域发展不平衡的问题，根据 2020 年广东省各地市人均 GDP 数据显示，21 个城市中，6 个城市人均 GDP 超过 7 万元，全部来自珠三角核心区；10 个城市人均 GDP 低于 5 万元，全部来自粤东西北地区，最低的梅州市人均 GDP 仅为深圳的 19.8%。珠三角各市凭借优越的区位条件和政策条件，对粤东西北形成强大的虹吸效应，人才、资金等要素都向珠三角地区聚集。然而即便在珠三角核心区内部，各市经济差距也十分显著，人均 GDP 最高的深圳市是肇庆市的近 3 倍。香港、澳门由于区位因素及历史因素，经济水平遥遥领先。粤港澳区域经济存在较大差距，将会削弱区域经济持续快速发展的后期动力，不利于经济高质量发展。

三、粤港澳区域经济差异分析

（一）检验方法

为了揭示粤港澳三地经济发展水平差异的变动情况，收敛性检验是行之有效的方法。σ 收敛是指随着时间变化，不同国家或地区的人均产出的标准差逐渐缩小。本书通过检验粤港澳三地经济增长的 σ 收敛性，来判断区域经济差异是否随时间推移而缩小。本书参照已有文献检验 σ 收敛性的方法，使用人均 GDP 来衡量地区经济发展水平，用人均 GDP 的变异系数（CV）随时间的变化衡量收敛程度，若变异系数随显著时间下降，表明存在 σ 收敛，CV 的计算公式如下：

$$CV = \frac{\sqrt{\frac{1}{n} \sum (y_i - \bar{y})^2}}{\bar{y}} \tag{4-1}$$

其中，y_i 表示第 i 个地区的经济发展水平指标（人均 GDP），$\bar{y}$ 表示地区经济发展水平的平均数。

（二）检验结果

检验 CV 随时间变化的常用检验模型为：

$$\sigma_t = \alpha + \theta t + \mu_t \tag{4-2}$$

其中，σ_t 为第 t 年人均 GDP 的变异系数，t 为时间趋势项，μ_t 为随机扰动项。如 θ 显著为负，表明地区经济差距逐年缩小，区域经济收敛；反之，表明区域经济不收敛。本书以广东省 21 个市和香港、澳门作为研究对象，检验粤港澳区域经济的 σ 收敛性。本书借鉴黄桂良（2011）的做法，将广东省 21 个市分为珠三角、东西两翼各市、北部生态区各市分别与港澳进行 σ 收敛性检验，结果如表 4-1 所示，系数 θ 显著为负，粤港澳三地存在经济增长的 σ 收敛。

表 4-1　　　　　　　　　粤港澳经济增长收敛性检验

检验指标	人均 GDP 变异系数			
	广东省 21 个市	珠三角	北部	东西两翼
系数	-0.04	-0.02	-0.01	-0.02
t 统计量	-10.69	-7.05	-2.83	-6.87
标准误	0.003	0.003	0.003	0.002
p 值	0.000	0.000	0.000	0.000
观测值	31	31	31	31

注：σ 收敛检验采用 HAC 稳健标准误。

图 4-3 描绘了粤港澳区域人均 GDP 变异系数随时间变化的趋势。1990～2020 年，广东省各市与港澳地区人均 GDP 的变异系数从 2.1 下降到 0.85，表明粤港澳经济增长存在 σ 收敛，区域经济差距总体呈缩小态势。分阶段看，人均 GDP 在总体收敛的情况下，其变异系数存在一定波动性，呈现出下降—上升—下降的形态。

第一阶段：1990～2008年，变异系数从2.1下降到1.3，这一阶段社会主义市场经济体制建立，广东外向型经济蓬勃发展，对外开放进一步扩大，以高新技术为主导的经济发展战略确立。深圳承接香港产业转移，形成高新技术、金融、物流、文化四大支柱产业；珠海逐步形成颇具特色的电子信息、家电电器、精密机械制造和生物医药等产业；汕头逐步形成以纺织服装、工业玩具、塑料化工、食品医药等支柱产业。广东经济连续19年保持两位数增长，使区域经济差距迅速下降。

第二阶段：2009～2014年，变异系数从1.23上升到1.43，区域经济增长趋于发散。这一阶段，特区经济由规模速度向质量效益转变，由粗放型经济向集约型转变，经济增速暂时放缓，与港澳的经济差距略有扩大。

第三阶段：2015～2020年，变异系数从1.23下降到0.85。这一时期，工业产业向高端方向发展，科技创新成为经济发展新动力，先进制造业、高技术制造业快速发展，以金融、信息传输、软件和信息技术服务业为主的现代服务业快速发展，粤港澳区域经济差距加速缩小。

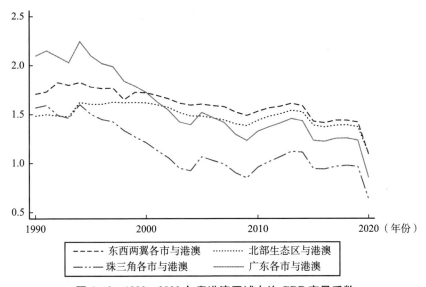

图4-3　1990～2020年粤港澳区域人均GDP变异系数

分区域看，全省各市与港澳地区的人均GDP变异系数变动趋势大体相同，总体都呈下降趋势。1990 年，珠三角各市、北部生态区、东西两翼各市与港澳的人均 GDP 变异系数分别为 1.57、1.48 和 1.71。到 2020 年，对应系数变为 0.63，1.1，1.09。其中，降幅最大，系数最小的是珠三角各市与港澳的人均 GDP 变异系数。这表明在广东省范围内，珠三角各市与港澳的经济增长收敛最显著。得到这一结论也并不意外，珠三角地区毗邻港澳，拥有广州、深圳这两大中心城市，对外开放水平高，同时粤港澳大湾区政策优势突出，对港澳投资的吸引力大，因此，珠三角地区与港澳的联系远大于东西两翼和北部生态区，经济收敛性也最强。

第四节　港澳投资对广东经济均衡发展的影响

在上述分析的基础上，本书选择粤港澳之间最具有代表性的资金流动——港澳对广东直接投资、粤港澳区域经济发展不均衡的主要来源——广东省，作为研究对象，探究资金流动对区域经济均衡发展的影响。一直以来，广东经济发展离不开港澳的资金支持，粤港澳一体化也在稳步推进；反之，广东经济均衡发展又可增强粤港澳合作的后期动力，使三地更好地发挥联动作用。本书基于 2004～2020 年广东省级时间序列数据、地市级面板数据，构建 ARDL 模型，实证分析港澳投资对广东经济均衡发展的作用效果。

一、外商直接投资与经济均衡发展的理论分析

大量研究证实了外商直接投资（FDI）对经济增长存在促推作用。FDI被视作资本、管理经验、生产技术的统一体，可以通过多种渠道影响东道主的经济。例如，FDI 能够促进东道国资本积累（Chenery and Strout，1966），通过缓解企业融资压力、降低企业融资成本来促进经济增长；FDI还能够通过技术转移带来知识和技术溢出效应，进而提升东道国生产技术水平和人力资本水平（De Mello，1999）；FDI 也可以促进东道国对外贸易

（杨迄，2000），进而推动东道国经济增长。

关于 FDI 对区域经济均衡发展的影响，学术界没有统一的结论。部分研究表明 FDI 会加剧区域经济差距，对中国的实证研究也证实了这一点。王成岐等（2002）利用 1990～1998 年中国的 29 个省份的数据进行实证研究，结果表明，FDI 对经济发达地区的经济增长促推作用更强。张建华、欧阳轶雯（2003）利用广东 1997～1999 年的数据考察 FDI 技术溢出效应与经济增长的关系，结果显示，FDI 存在总体正向外溢效应，各城市的外溢效应与自身技术水平严重相关。张瑜、王岳龙（2010）利用 1994～2008 年 29 个省份的数据进行实证研究，得出 FDI 的整体技术溢出效应不明显，对不同区域的溢出效应与各地区人力资本的吸收能力有关，人力资本吸收能力高的地区，FDI 对经济增长的促推作用大，因此，FDI 对不同区域经济增长的影响存在差异，会扩大地区间经济差距，不利于经济均衡发展。也有研究认为，FDI 会缩小区域间经济差距，对区域均衡发展有积极作用。赵培阳等（2022）应用 2001～2008 年粤港澳大湾区 11 个城市的数据进行实证研究，得出周边城市的 FDI 能够对本地区创新能力产生正向的空间溢出效应，进而促进区域内城市共同发展。

关于 FDI 对经济均衡发展的作用机制，现有研究大多认为存在多种影响路径。

一是与 FDI 的技术溢出作用有关。支持 FDI 促进经济均衡发展的研究认为，新知识与技术随着 FDI 扩散到东道国，进一步随着东道国对周边区域的投资，在东道国周围的区域内扩散，由于后发优势的存在，技术水平较低、经济条件较差的区域会获得更多增长，因此 FDI 能够促进区域经济均衡发展。支持 FDI 对经济均衡发展存在负面影响的研究认为，FDI 的技术溢出效应并非总是促进东道国经济增长，具体影响效果与东道国本身的经济发展水平、技术水平（Blomstrom，1999；Kokko，1994）、人力资本吸收能力（Das，1987）有关。由于各区域自身条件不同，FDI 的技术溢出效应相应就具有区域异质性，进而对区域经济增长的影响也存在异质性，不利于区域经济均衡发展。

二是与 FDI 的区位选择有关。外商会对东道国的实际情况进行考察，在了解东道国不同地区的经济水平、要素价格、引进外资政策等条件后，结合自身特点选择最合适的投资区域。一些外资会将基础设施建设完善、经济活力充足，经济发展水平较高的城市作为投资对象，这种情况下，强者愈强，区域经济差距将进一步扩大；一些外资会被某些地区的优惠政策吸引，很多经济欠发达地区自身不具备吸引外资的条件，地方政府为加大吸引外资的力度，就会推出多项针对外资的优惠政策，这种情况下，FDI将拉动欠发达地区的经济增长，进而促进区域经济的均衡发展。

港澳投资在我国外商直接投资中地位特殊，尤其对广东经济发展具有不可替代的作用。现有文献较少对港澳投资做针对性研究，本书丰富了港澳直接投资领域的实证研究。由于珠三角和非珠三角在经济、技术水平、人力资本等方面都存在差距，港澳投资对这两个区域的经济影响不同，进而影响广东内部经济差距。本书首先计算广东内部的总体经济差距，并将其分解为珠三角与非珠三角区域间的经济差距，以及珠三角、非珠三角各自区域内部的经济差距，其次检验港澳投资与广东内部总体经济差距的关系，最后区分珠三角城市与非珠三角城市样本，检验港澳投资对不同区域经济增长的作用效果，据此分析港澳投资如何影响区域间经济差距。

二、广东内部经济差距分析

（一）总体情况

2017 年党的十九大报告已明确指出"我国社会主要矛盾已经转化为人民日益增长的美好生活需要和不平衡不充分的发展之间的矛盾。"区域发展不平衡就是问题之一，报告提出要实施区域协调发展战略。到了 2022 年 10 月，党的二十大再次强调"发展不平衡不充分问题仍然突出""城乡区域发展和收入分配差距仍然较大""要着力推进区域协调发展"。对于广东省来说，区域发展不平衡的问题尤其突出，因而更需要加大力度来解决。

改革开放以来，广东作为我国东南地区的对外开放门户，凭借区位优势与政策支持承接国际产业转移，逐步成长为"世界工厂"。自 1989 年至

2020 年，广东省连续 32 年经济总量居全国第一位，然而在广东内部，城市间的经济发展水平存在较大差距。珠三角城市在外资助力下优先发展起来，完善的基础设施进一步吸引资金、劳动力等要素的聚集，造成广东省内部其他区域与珠三角经济差距的拉大。图 4－4 展示了 2020 年广东省各地市人均 GDP 数据，21 个城市中，5 个城市人均 GDP 超过 8 万元，全部来自珠三角核心区；10 个城市人均 GDP 低于 5 万元，全部来自粤东西北地区，最低的梅州人均 GDP 仅为深圳的 19.8%。珠三角各市凭借优越的经济条件，对粤东西北形成强大的虹吸效应，人才、资金等要素都向珠三角集聚。然而，即便在珠三角区域内部，各市经济差距也十分显著，人均 GDP 最高的深圳市是肇庆市的近 3 倍。区域经济水平存在较大差距，将会削弱经济持续快速发展的后期动力，不利于经济高质量发展。

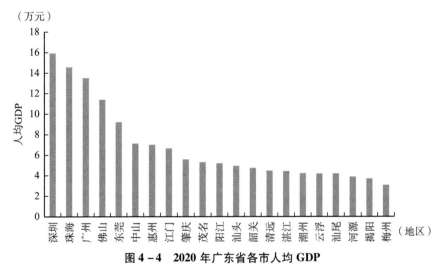

图 4－4　2020 年广东省各市人均 GDP

资料来源：《广东统计年鉴 2021 年》。

（二）测算方法

许多方法可以用来测算区域经济空间不平衡程度，本书选择泰尔指数（T）进行测算。泰尔指数相对其他指标具有的优点是：（1）可以将区域差距按照地区结构进行分解；（2）计算区域差距时，根据经济规模给各城市赋予权重；（3）泰尔指数不受区域内城市个数的影响，可以比较不同区域内的经济差距。本书根据 GDP 和人口数据计算泰尔指数，计算公式如下：

$$T = \sum_i \sum_j \frac{Y_{ij}}{Y} \ln\left(\frac{Y_{ij}/Y}{N_{ij}/N}\right) \tag{4-3}$$

其中，Y_{ij} 是 i 区域中 j 市的 GDP，Y 为全省总 GDP，N_{ij} 代表 i 区域中 j 市的人口数，N 为全省总人口数。整个区域可以根据经济水平划分为若干区域，总体差距可以分解为区域内差距和区域间差距。定义 T_i 为 i 区域的泰尔指数：

$$T_i = \sum_j \left(\frac{Y_{ij}}{Y_i}\right) \ln\left(\frac{Y_{ij}/Y_i}{N_{ij}/N_i}\right) \tag{4-4}$$

其中，Y_i 和 N_i 分别为 i 区域的 GDP 和人口数。接下来定义 T_b 为区域间的差距：

$$T_b = \sum_i \left(\frac{Y_i}{Y}\right) \ln\left(\frac{Y_i/Y}{N_i/N}\right) \tag{4-5}$$

定义 T_w 为区域内的差距：

$$T_w = \sum_i \left(\frac{Y_i}{Y}\right) T_i \tag{4-6}$$

总体差距可以分解为区域间差距和区域内差距：

$$T = T_w + T_b \tag{4-7}$$

选取广东省 1979～2020 年的 GDP、人口数据，数据来自历年《广东统计年鉴》、历年各地级市统计年鉴。将广东各地级市划分为珠三角、非珠三角两个区域[①]，利用泰尔指数对广东内部总体经济差距进行分解。

（三）测算结果

图 4-5 显示了根据式（4-3）和式（4-4）计算的广东总体和各区域的泰尔指数，可以看到，广东总体泰尔指数呈现有波动的驼峰型，1979～2003 年整体呈上升趋势，1984 年和 1992 年期间存在明显波动，

---

① 珠三角区域：广州、深圳、珠海、东莞、佛山、惠州、中山、肇庆、江门。非珠三角区域：潮州、汕头、揭阳、汕尾、梅州、湛江、茂名、阳江、云浮、清远、河源、韶关。

2003 年达到顶点后逐年下降，2020 年已经略低于 1979 年的水平。两区域
各自的泰尔指数远低于广东泰尔指数，珠三角区域泰尔指数整体上在波动
中下降，非珠三角区域泰尔指数在 1998 年达到峰值，此后呈下降趋势，珠
三角区域泰尔指数一直高于非珠三角区域，截至 2020 年，两者的水平都略
低于各自在 1979 年的水平。

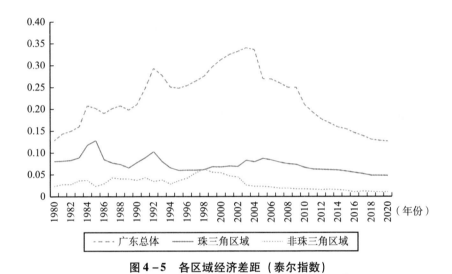

图 4 - 5　各区域经济差距（泰尔指数）

表 4 - 2 和图 4 - 6 展示了广东泰尔指数按区域分解后，区域间和区域
内的经济差距，以及对总体差距的贡献度。结合表 4 - 2 和图 4 - 6 可知，
广东内部总体经济差距的主要来源是区域间差距，也就是珠三角区域和非
珠三角区域之间的差距。区域间差距对总体差距的贡献度从 1979 年的
51.72% 攀升到 2002 年的 80.63%，随后回落到 2020 年的 67.46%，一直
是总体差距的主要部分。区域间差距从 1979 年到 2003 年经历了大幅度跃
升，2003 年后逐渐下降，到 2020 年已经回落至接近 1979 年的水平。说明
改革开放以来，珠三角区域率先发展，与非珠三角区域经济差距逐渐增
大，广东内部长期存在较为严重的发展不平衡，此后随着非珠三角区域的
经济追赶，差距逐渐缩小。

表 4 - 2　　1979～2020 年泰尔指数区域内差距、区域间差距以及贡献度

年份	区域间	区域内	对总差距贡献度（%）		年份	区域间	区域内	对总差距贡献度（%）	
			区域间	区域内				区域间	区域内
1979	0.0671	0.0627	51.72	48.28	2000	0.2468	0.0658	78.95	21.05
1980	0.0656	0.0624	51.23	48.77	2002	0.2671	0.0642	80.63	19.37
1982	0.0852	0.0641	57.04	42.96	2004	0.2671	0.0690	79.47	20.53
1984	0.1147	0.0920	55.49	44.51	2006	0.1965	0.0721	73.16	26.84
1986	0.1189	0.0713	62.50	37.50	2008	0.1865	0.0642	74.40	25.60
1988	0.1425	0.0647	68.76	31.24	2010	0.1541	0.0582	72.59	27.41
1990	0.1423	0.0676	67.79	32.21	2012	0.1250	0.0532	70.17	29.83
1992	0.2037	0.0886	69.69	30.31	2014	0.1074	0.0522	67.31	32.69
1994	0.1963	0.0551	78.08	21.92	2016	0.0990	0.0474	67.60	32.40
1996	0.1979	0.0552	78.19	21.81	2018	0.0898	0.0422	68.05	31.95
1998	0.2111	0.0628	77.06	22.94	2020	0.0852	0.0411	67.46	32.54

资料来源：笔者计算。

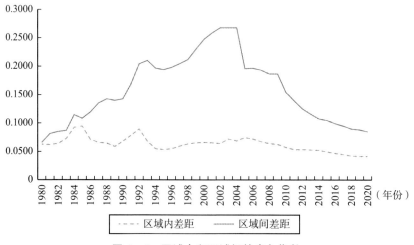

图 4 - 6　区域内和区域间的泰尔指数

三、港澳投资对广东经济均衡发展的影响实证检验

从泰尔指数的分解结果可以看出，广东内部的经济差距主要来自珠三角区域与非珠三角区域之间，而港澳投资的集中度在这两个区域也存在明显差距。因此，本书进一步分析港澳投资对广东内部经济差距的影响。

（一）研究设计

本书应用 2004～2020 年广东泰尔指数与港澳直接投资的时间序列数据检验港澳投资对广东内部经济差距的影响。为了同时得到变量间长期和短期的互动关系，建立自回归分布滞后模型（Autoregressive Distributed Lag，ARDL），与其他模型相比，ARDL 适合小样本，并且可以处理变量非同阶平稳和存在内生性的情况，模型如下：

$$T_t = \alpha_0 + \sum_{j=1}^{p_1} \alpha_{1j} T_{t-j} + \sum_{j=0}^{p_2} \alpha_{2j} \ln FDI_{t-j} + \varepsilon_t \qquad (4-8)$$

短期内由于各种因素影响，变量间会偏离长期均衡关系。为了得到变量间的短期关系，将上述模型转化为误差修正模型（Error Correction Model，ECM），即 ARDL - ECM 模型：

$$\Delta T_t = \xi_1 (T_{t-1} - \varphi_1 \ln FDI_{t-1} - \theta_0) + \sum_{j=1}^{p_1-1} \theta_{1j} \Delta T_{t-j} + \sum_{j=0}^{p_2-1} \theta_{2j} \Delta \ln FDI_{t-j} + \varepsilon_t$$

$$(4-9)$$

其中，t 表示不同年份，T 代表广东的泰尔指数，$\ln FDI$ 代表港澳对广东直接投资的对数，数据来源于历年《广东统计年鉴》。p_1、p_2 为最优滞后阶数，由 AIC 信息准则确定。φ_1、θ_0 为长期系数，θ_{2j} 为短期系数，$\xi_1 (T_{t-1} - \varphi_1 \ln FDI_{t-1} - \theta_0)$ 为误差修正项，当长期均衡关系受到冲击时，误差修正项起到回调作用，ξ_1 统计上如显著为负则表示两者存在长期均衡关系。

（二）实证结果

1. 单位根检验

为了避免伪回归，需要对变量进行平稳性检验，即 ADF 单位根检验。

如果时间序列存在单位根，则可能出现伪回归。ARDL 模型放宽了所有变量均需平稳这一条件，只要满足各变量的单整阶数不超过 1 即可。单位根检验结果如表 4 – 3 所示，T 和 lnFDI 的一阶差分在 5% 的显著水平下是平稳序列，满足 ARDL 模型 $I(0)$ 或 $I(1)$ 的变量要求。

表 4 – 3　　　　　　　　　　　ADF 单位根检验结果

变量	检验类型	ADF 检验	5% 临界值	平稳性
T	(c, t, 0)	– 3.32	– 3.37	不平稳
ΔT	(c, t, 3)	– 6.02	– 3.88	平稳
lnFDI	(c, 0, 3)	– 2.80	– 3.12	不平稳
ΔlnFDI	(c, t, 3)	– 4.45	– 3.88	平稳

注：Δ 表示一阶差分，检验类型（c，t，k）分别代表 ADF 平稳性检验过程中的常数项、时间趋势项和滞后阶数。对数一阶差分可以解释为百分比的变化。

2. 协整检验

对 ARDL 模型进行回归前，需要对变量间是否存在长期协整关系进行检验，检验结果如表 4 – 4 所示，由于变量中存在一阶单整变量，选择 $I(1)$ 列的临界值，F 统计量在 1% 的水平上超出临界值，表明泰尔指数与港澳直接投资存在长期协整关系。

表 4 – 4　　　　　　　　　　　协整检验结果

显著性水平	10%		5%		1%	
	$I(0)$	$I(1)$	$I(0)$	$I(1)$	$I(0)$	$I(1)$
临界值	3.02	3.51	3.62	4.16	4.94	5.58
F 统计量 = 5.68			存在协整关系			

3. 模型回归结果

回归结果如表 4 – 5 所示，长期系数和误差修正项系数都在 1% 水平上显著，进一步证实了变量间存在长期均衡关系。模型的长期系数为 -0.176，意味着港澳直接投资上升 1%，泰尔指数下降 0.176 个单位，说明长期来看港澳直接投资缩小了广东内部经济差距。短期系数中，当期和滞后一期的 $\Delta \ln FDI$ 系数在 5% 的水平上显著为正，说明短期内港澳投资扩大了广东内部经济差距。可能的原因是：

一是与 FDI 的区位选择有关。资本由于存在边际报酬递减规律，随着珠三角的大中型城市的迅速崛起，资本在这些区域的投资回报率逐渐降低，而周边众多的经济欠发达城市要素成本低廉，政府吸引外商投资的愿望更强，出台的优惠政策力度更大，因此吸引外资量逐渐增加，外资进一步拉动经济增长，进而缩小区域间经济差距。由于存在投资回报期，短期内 FDI 对经济的拉动作用可能并不明显，因此只有在长期层面，FDI 能够缩小区域经济差距。

二是与 FDI 的技术溢出效应有关。获得港澳投资的区域技术水平相应得到提高，进而对周边城市开始产生正向溢出效应，通过区域间的企业合作，以及资本、劳动力等要素在区域间的流动，各城市的技术水平得到普遍提升，城市间经济差距缩小。但短期内只有部分获得外商投资的城市获得了经济增长，城市间的技术溢出效应还未显现，因此只有在长期层面，FDI 能够缩小区域经济差距。

表 4-5   ARDL 模型回归结果

项目	自变量	系数	标准误	P 值
长期系数	$\ln FDI$	-0.176	0.013	0.001
	C	2.998	0.207	0.001
短期系数	$\Delta \ln FDI$	0.211	0.060	0.040
	$L\Delta \ln FDI$	0.165	0.049	0.044
	$L2\Delta \ln FDI$	0.159	0.050	0.051
	$L3\Delta \ln FDI$	0.075	0.047	0.205
	ξ_1	-1.443	0.364	0.029

四、港澳投资对广东内部区域间经济差距的影响

（一）研究设计

研究得出，港澳投资长期内能够缩小广东内部经济差距，为了探究港澳投资对珠三角和非珠三角区域间和区域内差距的具体影响，本书利用 2004～2020 年广东省 15 个地级市层面的数据[①]，建立面板 ARDL，检验港澳投资对不同区域经济增长的作用效果，进而探究港澳投资对区域间经济差距的影响，模型如下：

$$\ln y_{it} = \beta_{0i} + \sum_{j=1}^{q_1} \beta_{1ij}\ln y_{i,t-j} + \sum_{j=0}^{q_2} \beta_{2ij}\ln f di_{i,t-j} + \sum_{j=0}^{q_3} \beta_{3ij}X_{i,t-j} + \varepsilon_{it}$$

$$(4-10)$$

转化得到 ARDL-ECM 模型：

$$\Delta\ln y_{it} = \xi_2\left(\ln y_{i,t-1} - \varphi_2\ln f di_{i,t-1} - \varphi_3 X_{i,t-1} - \lambda_{0i}\right) + \sum_{j=1}^{q_1-1} \lambda_{1ij}\Delta\ln y_{i,t-j}$$

$$+ \sum_{j=0}^{q_2-1} \lambda_{2ij}\Delta\ln f di_{i,t-j} + \sum_{j=0}^{q_3-1} \lambda_{3ij}\Delta X_{i,t-j} + \varepsilon_{it} \qquad (4-11)$$

其中，t 表示不同年份，i 表示不同地级市，q_1、q_2、q_3 为最优滞后阶数，由 AIC 信息准则确定。$\ln y_{it}$ 代表广东各地级市的人均 GDP，$\ln f di_{it}$ 代表港澳对广东各地级市直接投资的对数，X_{it} 代表其他影响人均 GDP 的控制变量，由于资本和劳动力被普遍认为是促进经济增长的两大生产要素，因此，X_{it} 主要考虑国内资本投资 K_{it} 和劳动力数量 L_{it}，国内资本投资借鉴李俊锋、李鲲鹏（2022）的做法，用固定资产投资总额减去外商直接投资总额表示，劳动力数量用当年全社会从业人数表示。将样本分为全省样本、珠三角样本、非珠三角样本进行回归，变量的描述性统计如表 4-6 所示。

---

① 2004 年开始，外商直接投资统计口径发生变化，与之前年份不可比。广东部分地级市未公开区分来源地的外商直接投资，本书的样本包括：广州、深圳、珠海、东莞、中山、江门、肇庆、惠州、揭阳、茂名、湛江、汕尾、梅州、河源、汕头。

表 4 - 6　　　　　　　　　　　　变量描述性统计

样本	变量	变量名称	样本数	均值	标准差	最小值	最大值
全省	lny	人均 GDP	255	10. 52	0. 763	8. 554	11. 98
	lnfdi	港澳直接投资	241	12. 27	1. 533	8. 701	15. 48
	K	国内投资	254	15. 73	1. 057	13. 38	18. 28
	L	劳动力数量	252	5. 539	0. 678	3. 980	7. 164
珠三角	lny	人均 GDP	136	11. 00	0. 562	9. 383	11. 98
	lnfdi	港澳直接投资	131	13. 43	0. 889	11. 74	15. 48
	K	国内投资	136	16. 13	0. 954	13. 87	18. 28
	L	劳动力数量	136	5. 683	0. 847	3. 980	7. 164
非珠三角	lny	人均 GDP	119	9. 962	0. 557	8. 554	10. 88
	lnfdi	港澳直接投资	110	10. 88	0. 807	8. 701	12. 28
	K	国内投资	118	15. 26	0. 978	13. 38	17. 11
	L	劳动力数量	116	5. 370	0. 329	4. 772	5. 980

（二）实证结果

1. 单位根检验

从表 4 - 7 的单位根检验结果可以看出，无论用什么检验方法，所有变量都满足平稳或一阶单整，因此，可以进行协整检验。

表 4 - 7　　　　　　　　　　面板单位根检验结果

变量	全省	珠三角	非珠三角	全省	珠三角	非珠三角
检验方法	LLC （Adjusted t 统计量）			IPS （W - t - bar 统计量）		
lny	- 7. 279 ***	- 5. 158 ***	- 3. 813 ***	- 0. 582	0. 114	- 2. 827 ***
lnfdi				0. 115	1. 708	- 1. 659 **
lnK		- 3. 385 ***		- 0. 896	0. 607	- 0. 820
lnL		1. 8322		0. 416	0. 980	2. 787
Δlny	- 8. 903 ***	- 7. 201 ***	- 8. 850 ***	- 12. 334 ***	- 5. 487 ***	- 13. 888 ***
Δlnfdi				- 4. 999 ***	- 5. 3801 ***	- 4. 669 ***

续表

变量	全省	珠三角	非珠三角	全省	珠三角	非珠三角
检验方法	LLC（Adjusted t 统计量）			IPS（W – t – bar 统计量）		
$\Delta\ln K$		– 7.427 ***		– 5.503 ***	– 6.115 ***	– 1.569 *
$\Delta\ln L$		– 3.362 ***		– 8.839 ***	– 3.992 ***	– 6.593 ***
检验方法	ADF – Fisher（Pm 统计量）			PP – Fisher（Pm 统计量）		
$\ln y$	5.032 ***	3.051 ***	3.871 ***	5.271 ***	8.198 ***	11.766 ***
$\ln fdi$	3.406 ***	1.130	4.367 ***	1.029	– 0.8244	0.107
$\ln K$	7.274 ***	1.969 **	5.873 ***	1.2528	1.957 **	0.424
$\ln L$	7.510 ***	2.317 **	3.363 ***	8.070 ***	3.535 **	– 0.653
$\Delta\ln y$	10.363 ***	8.247 ***	6.078 ***	63.098 ***	40.755 ***	46.527 ***
$\Delta\ln fdi$	6.923 ***	4.360 ***	4.932 ***	21.270 ***	15.714 ***	10.408 ***
$\Delta\ln K$	8.076 ***	5.159 ***	5.297 ***	11.520 ***	14.112 ***	5.495 ***
$\Delta\ln L$	8.000 ***	6.190 ***	6.026 ***	29.081 ***	28.331 ***	10.197 ***

注：*、**、***分别表示在10%、5%、1%显著性水平下显著，下同。LLC 检验只适用于平衡面板数据，因此部分变量无法检验。LLC 检验方法报告不含截距和趋势项的结果，其他检验方法报告仅含截距项的结果。

2. 协整检验

协整检验的结果如表4－8所示，对于全省数据和珠三角数据，有两种方法支持变量间存在协整关系，对于珠三角数据，三种方法均支持变量间存在协整关系，因此，可以在三个样本的数据中，变量均存在协整关系。

表4－8　　　　　　　　　　协整检验结果

检验类型	统计量	全省	珠三角	非珠三角
Kao	Modified Dickey – Fuller t	1.164	1.759 **	– 0.495
	Dickey – Fuller t	0.713	2.464 ***	– 1.499 *
	Augmented Dickey – Fuller t	– 0.391	1.107	– 2.621 ***
	Unadjusted modified Dickey – Fuller t	0.705	1.420 *	– 1.047
	Unadjusted Dickey – Fuller t	0.285	1.975 **	– 1.813 **

续表

检验类型	统计量	全省	珠三角	非珠三角
Pedroni	Modified Phillips – Perron t	2. 251 **	1. 193	2. 792 ***
	Phillips – Perron t	– 5. 531 ***	– 10. 160 ***	– 1. 598 *
	Augmented Dickey – Fuller t	0. 3345	– 2. 4135 ***	– 2. 9978 ***
Westerlund	Variance ratio	2. 0286 **	– 1. 5001 *	0. 2452

注：*、**、*** 分别表示在10%、5%、1%显著性水平下显著。

3. 模型回归结果

本书采用混合组间平均（PMG）、组间平均（MG）、动态固定效应（DFE）三种方法对面板 ARDL 模型进行回归，选择滞后阶数（1，1，1，1），利用 Hausman 检验对三种方法进行比较，回归结果如表4 – 9 所示。[1]对于三个区域，Hausman 检验的统计量在5%的显著性水平下均不显著，因此，三个区域都应选择 DFE 统计量。

根据 ARDL – DFE 的回归结果可知，三个样本的误差修正模型系数均显著为负，说明变量间存在长期均衡关系。对于港澳投资的长期系数，珠三角区域的系数值为0. 101，通过5%的显著性水平检验，说明港澳投资在珠三角区域每提高1%，将拉动珠三角各城市人均 GDP 平均增长0. 101 个百分点。非珠三角区域的系数为负且不显著，从长期来看，港澳投资对珠三角区域的经济拉动作用强于非珠三角区域。对此结果可能的原因是：首先，如前所述港澳投资在珠三角区域和非珠三角区域的区位熵可知，港澳投资在珠三角区域的投资集中度远高于在非珠三角区域，因此珠三角区域的港澳投资促进经济增长的能力更强；其次，相较于非珠三角区域，珠三角区域的营商环境更优越、人力资本素质更高、技术水平更强、基础设施建设更好，因此港澳投资的投资效果更好，对经济的拉动作用更大；最后，珠三角区域聚集大量水平较高的本土高新技术企业，能够使外资带来

---

① MG 允许长短期系数均随个体变动；PMG 假定所有个体长期系数相同，短期系数随个体变动；DFE 假定长短期系数均不随个体变动。当长期系数相同的假设成立时，PMG 和 DFE 估计量是一致且更有效的；当长期系数和短期系数相同的假设都成立时，DFE 估计量是一致且更有效的。

表 4－9

面板 ARDL 模型回归结果

变量		PMG			MG			DFE		
		全省	珠三角	非珠三角	全省	珠三角	非珠三角	全省	珠三角	非珠三角
长期系数	lnfdi	0.039 **	0.045 **	-0.001	0.003	0.069	-0.071	0.015	0.101 **	-0.047
	ln$K$	0.507 ***	0.508 ***	0.350 ***	0.636 ***	0.290 ***	1.032 ***	0.434 ***	0.456 ***	0.316 ***
	ln$L$	0.547 ***	0.640 ***	-0.240	0.744	0.645	0.858	-0.158	-0.267	0.128
短期系数	Δlnfdi	0.034 ***	0.028	0.039 ***	0.044 ***	0.033 **	0.056 ***	-0.002	-0.035	0.017 **
	Δln$K$	0.055	0.040	0.082	0.060	0.070	0.048	0.101 **	0.225 ***	0.054 *
	Δln$L$	-0.113	-0.394	0.006	0.012	-0.519	0.619	-0.618 ***	-0.429 **	-0.264
	C	-0.144	-0.300	1.503 **	-0.988	0.630	-2.838	1.506 ***	2.352 ***	0.965 ***
	ξ_2	-0.189 **	-0.207	-0.240 **	-0.440 ***	-0.595 ***	-0.263	-0.326 ***	-0.603 ***	-0.175 ***
豪斯曼检验		0.16	6.53	1.55	0.00	0.00	0.00	0.02	0.01	0.00

注：三种方法下的豪斯曼检验值分别为 PMG 与 MG，MG 与 DFE，DFE 与 PMG 的比较结果。

的技术溢出效应更加显著，同时也更有利于继续对周边其他企业的技术溢出。

对于港澳投资的短期系数，非珠三角区域显著为正，珠三角区域为负且不显著，说明港澳投资短期内对非珠三角经济存在显著促进作用，对珠三角经济不存在显著促进作用，与长期情况相反。可能的原因是：很长时间以来，外商直接投资在我国可以享受税收优惠政策，很多经济欠发达的城市吸引投资力度更大，短期内能够引入大量投资，但由于投资回报低等原因，这些城市的外资长期可能出现撤资的情况，导致只在短期对经济有拉动作用，非珠三角区域的城市可能存在这样的情况。珠三角短期系数不显著的原因可能是该区域的国内投资活跃，短期对经济的促进作用更大，相比之下，外资产生经济效应需要更长时间。

结合前文港澳投资对广东内部经济差距的回归结果，简要讨论其影响机制。从长期来看，港澳投资缩小了广东内部经济总体差距，而总体差距可以分解为珠三角与非珠三角区域间经济差距、珠三角与非珠三角两区域的内部经济差距。由于长期内港澳投资对珠三角区域的经济促推作用大于非珠三角区域，因此，港澳投资扩大了两区域间经济差距。由于港澳投资缩小广东内部总体差距，扩大了两区域间经济差距，因此，推出港澳投资缩小了珠三角、非珠三角两区域的内部经济差距。实证结果表明，港澳投资长期内只对珠三角区域的经济有显著影响，可以据此推测，长期内港澳投资主要通过缩小珠三角城市间经济差距，进而缩小广东内部总体经济差距。可能的原因是：港澳投资的技术溢出效应会受到城市禀赋的影响，人力资本水平和技术水平高的城市更容易获得外资的技术溢出，珠三角的多数城市具备这些条件，易于吸收外资的先进技术及管理经验，因此，港澳投资对缩小珠三角区域内的经济差距更有效。

（三）研究结论

本书关注港澳直接投资对广东经济均衡发展的影响。运用 2004～2020年广东省级时间序列数据和 15 个地级市的面板数据，分别构建 ARDL 模型，探究港澳直接投资对广东内部总体经济差距、珠三角和非珠三角区域间差距和区域内差距的影响。得到的主要结论包括：（1）广东内部经济差距可分解为珠三角与非珠三角区域间和区域内经济差距，大部分来自区域间经济差距。（2）港澳直接投资长期能够缩小广东内部总体经济差距，短期扩大广东内部总体经济差距。（3）长期内，港澳直接投资对珠三角经济存在显著促推作用，对非珠三角经济不存在显著促推作用，因此，扩大了区域间经济差距，进而推出港澳投资缩小了珠三角与非珠三角区域内经济差距，且主要缩小珠三角城市间经济差距。

两种政治制度、三个关税区、三种流通货币和不同的法律体系，形成了粤港澳区域独特的格局。如何充分利用毗邻港澳的优势、通过与港澳合作促进自身经济发展，一直以来都是广东各市关注的问题。本书证实了港澳投资对广东经济总体均衡发展的积极作用，同时得出港澳投资对广东经济增长效应存在区域异质性，由此提出以下策略建议：（1）继续推动高质量对外开放。让港澳企业在多领域享受国民待遇，深化粤港澳三地机制对接，提升粤港澳大湾区一体化水平。增加人力资本投入、科技研发投入，提高要素资源配置效率，借此放大港澳投资的"乘数效应"。粤港澳区域天然具有国内循环与国际循环互相促进的良好基础，定能成为连接国内经济循环与国际经济循环的重要枢纽。（2）非珠三角城市可以通过加强基础设施建设来提高硬实力，通过制定相关政策吸引人才、优化营商环境来提高软实力。在吸引港澳投资时要因地制宜，优先引进对本地产业升级有促进作用、符合城市长期规划的投资。规避过度吸引外资，以免造成恶性竞争和对本地投资的挤出。（3）珠三角城市进一步优化外资结构，提升外资质量，将利用外资与产业结构调整相结合，吸引港澳高端服务业投资的流入，促进自身生产性服务业的发展。充分利用大湾区的政策优势，推动法律、会计、医疗、教育等领域的规则、规制、管理、标准对接，降低专业人才的跨境执业成本，不断增强珠三角城市的外资吸引力。（4）推动珠三角和粤东西北地区产业共建，发掘粤东西北各地不同的禀赋优势并充分利用，不必过分强调欠发达区域经济体系的平衡性与完整性，应选择最具优势的产业进行投资，充分发挥区域比较优势，以求取得最大经济收益。抓住产业梯度转移的机遇，把先进的生产力引到粤东西北，借此提升当地的技术水平。

第五节　大珠三角加强资金流动的政策建议

在构建新发展格局的进程中，粤港澳是国内循环与国际循环的重要对接口，而要素自由流动则是畅通经济循环的基础，资金自由流动是其中重要的一环。粤港澳大湾区的建设目标之一是打造国际金融枢纽，广东省提出建强金融强省的目标。推进粤港澳大湾区金融市场互联互通，实现粤港澳金融融合发展能够提升大湾区内资金活跃度，促进大湾区资金循环流动。

一、促进跨境投资便利化

广州、深圳、香港、澳门作为大湾区的中心城市，可以率先实现金融互联互通，进而对周边城市起到带动作用。自《粤港澳大湾区发展规划纲要》颁布以来，广州市已经推出了一系列发展金融产业的举措，包括成立广州期货交易所、建设绿色金融改革创新试验区、推动设立粤港澳大湾区国际商业银行以及港澳保险售后服务中心等。广州是大湾区核心枢纽城市，2021 年实现金融业增加值 2 467.9 亿元，但占 GDP 的比重仅有 8.7%，这不符合广州作为大湾区核心枢纽城市的地位。《广州金融"十四五"规划》明确提出，金融业增加值占 GDP 的比重要达到 9.5%。因此，为了尽快实现规划目标，广州亟须加快金融领域建设。广州、深圳，作为内地城市，可以进一步开放跨境投资领域。

在个人投资领域，促进粤港澳大湾区内居民个人跨境投资便利化、投资渠道多元化、金融理财产品丰富化，有效承接港澳地区居民的部分资金，充分满足大湾区居民多层次的资产管理和财富保值增值的需求：一是打造旗舰型财富管理与资产管理机构，促进内地商业银行、基金公司、证券公司获得更快的发展；二是打造丰富的金融产品服务体系，进一步丰富财富管理市场的固定收益产品种类，拓展权益类产品发行，同时加快在科创金融、碳金融、ESG 投资等方面的产品创新；三是加快构建多元的财富管理生态体系，财富管理有很长的产业链，除了财富管理机构，还要有专业化、国际化的会计审计、法律服务、信用评级、资产评估、信息资讯等专业中介机构；四是促进银行服务便利化，可以让港人港企、澳人澳企在港澳惯用的银行进入内地，继续提供服务，减少港澳人企摸索和熟悉银行的时间成本；五是把握跨境理财市场机遇，粤港澳大湾区跨境理财通于2021 年正式落地，内地城市可以将其作为挖掘财富管理市场潜力的重要方向，充分把握跨境理财通等金融改革创新先行先试的契机，丰富理财产品种类，持续扩大理财规模。

二、构建相适配的风险管理体系

随着粤港澳大湾区金融合作持续推进，如何在粤港澳三地金融监管制度、法律制度存在差异的前提下，建立与金融融合合作相适应的跨境金融监管制度成为亟待解决的重要问题。粤港澳三地金融监管法律法规的有效衔接是大湾区健全资金融通机制与金融风险管控机制的重要保障。

在法律协同层面，一方面可以建立健全法律对接机制，通过立法协同推进金融监管协同发展。借鉴港澳金融法律方面的先进成果，通过三地协同立法的方式，实现金融立法协调和法律衔接。另一方面可以探索建立跨境金融监管的"软标准"。虽然短期内无法实现法律统一，但可以充分利用软法的金融监管协调优势。在确保港澳金融独立地位的前提下，推动出台大湾区金融监管的"软标准"，发挥地方政府和社会中间组织在非正式监督方面的作用，以规范金融运行秩序。

在政策协同层面，可以坚持"全国一盘棋"和金融中央事权原则的前提下，积极争取中央政策权限，提高三地金融之间的协同度，争取在跨境业务创新方面取得更多突破。

在争端解决方面，可以科学设置符合"一国两制"原则的争端解决机制，以前海为试点研究解决大湾区和"一带一路"建设中的贸易、投资、金融等领域的跨境及国际商事争议问题，探索与国际接轨的商事调解新机制，并建立大湾区金融纠纷调解机构和金融投资者权益保护机制。

在跨境理财方面，可以探索监管信息共享、监管沙盒测试、资金流动监测、风险联动处置等体制机制，加强对财富管理机构执行相关信息披露、产品登记、纠纷解决等方面的监管要求，优化产品风险评级和投资者风险承受能力评估体系等。

三、抓住金融科技创新的机遇

借助金融科技创新，推动粤港澳大湾区资金流动的便利化、高效化和安全化，促进各地之间的经济一体化和金融合作，进一步发挥大湾区的优势和潜力。鼓励和引导科创企业通过多元化、市场化的来源募集资金，撬动更多社会资本进入科技创新领域。

金融科技能够提高跨境支付效率和便利性。区块链技术可用于建立去中心化的跨境支付系统，提高交易速度和安全性。通过智能合约，可以实现实时清算和自动结算，消除跨境支付的烦琐流程和中介环节。虚拟支付工具和手机应用程序的普及推动了移动支付的发展。通过电子钱包和移动支付平台，可以实现即时、便捷的跨境支付，促进粤港澳三地之间的资金流动。

金融科技能够提供更多元化的融资渠道和服务。通过大数据和人工智能，可以实现对借贷风险的评估和管理，提高融资的可靠性和效率。区块链技术可用于建立债券和证券等数字化资产的交易平台，提高资产配置的灵活性和资本市场的效率，为小微企业和个人提供更便捷的融资选择，促进资本的流动。

金融科技能够促进金融创新和风险管理。人工智能和大数据分析可以提供更准确的风险评估模型，帮助金融机构更好地把握资金流动的风险。智能监测系统可以实时跟踪资金流动情况，发现异常交易和洗钱活动。金融科技的发展也催生了新的金融产品和服务，例如，互联网保险、在线理财和区块链衍生品等。这些创新产品和服务为投资者提供更多元化的选择，促进资金的流动和配置。

数据隐私和网络安全是金融科技发展需要考量的重要方面。加强数据保护和网络安全的法律法规，构建可信的金融科技环境，是促进资金流动的关键。围绕中国香港、新加坡等地高度重视金融科技在金融监管中的应用经验，可从监管沙盒、跨境风险识别和预警机制及信息共享平台的探索实施入手，搭建多层次、系统化、与金融创新发展相配套的数字监管体系，运用监管科技建立透明化的信息分享机制，进一步消除风险盲点、灰点，做好交叉点管控，共同维护粤港澳大湾区金融稳定。需进一步加强粤港澳三地的金融监管合作，打造金融监管数据信息互通平台，破除"数据孤岛"和"信息壁垒"，加强三地金融业务监管协作与信息共享，不断完善事前、事中、事后监管体系，增强金融监管合力和效能。

本章参考文献

［1］李俊锋，李鲲鹏．透视内循环与外循环的变迁——基于外商投资视角的 PVAR 分析 ［J］．经济体制改革，2022（1）：127－134.

［2］王成岐，张建华，安辉．外商直接投资、地区差异与中国经济增长 ［J］．世界经济，2002（4）：15－23，80.

［3］王先庆．跨世纪整合：粤港产业升级与产业转移 ［J］．商学论坛，广东商学院学报，1997（2）：31－36.

［4］吴伟萍．广东承接新一轮国际产业转移的策略研究 ［J］．国际经贸探索，2003（3）：73－77.

［5］杨迤．外商直接投资对中国进出口影响的相关分析 ［J］．世界经济，2000（2）：44－49.

［6］张建华，欧阳轶雯．外商直接投资、技术外溢与经济增长——对广东数据的实证分析 ［J］．经济学（季刊），2003（2）：647－666.

［7］张瑜，王岳龙．外商直接投资、溢出效应与内生经济增长——基于动态面板与中国省际面板数据的经验分析 ［J］．经济与管理研究，2010（3）：112－117.

［8］赵培阳，吴海燕，鲁志国，等. 粤港澳大湾区 FDI 与区域创新能力的空间特征分析——基于空间相关性和空间异质性的实证研究［J］. 经济问题探索，2022（3）：139 – 157.

［9］Blomström M，Kokko A，Globerman S. The determinants of host country spillovers from foreign direct investment：a review and synthesis of the literature［M］. Palgrave Macmillan UK，2001.

［10］Chenery H B. Foreign assistance and economic development［M］. Palgrave Macmillan UK，1967.

［11］Das S. Externalities，and technology transfer throughmultinational corporations A theoretical analysis［J］. Journal of International Economics，1987，22（1 – 2）：171 – 182.

［12］De Mello L R. Foreign direct investment-led growth：evidence from time series and panel data［J］. Oxford Economic Papers，1999，51（1）：133 – 151.

［13］Kokko A O. Foreign direct investment，host country characteristics，and spillovers［M］. Stockholm：The Economic Research Institute at the Stockholm School of Economics，1994.

第五章

营商环境中金融要素的评估及优化

　　营商环境是一个国家或地区经济软实力和竞争力的重要体现，优化营商环境是各地吸引投资、助推经济发展的重要因素，也是建设现代化经济体系、促进高质量发展的重要基础。党中央、国务院高度重视优化营商环境的工作，2017 年 7 月 17 日，习近平总书记主持召开中央财经领导小组第十六次会议并发表重要讲话强调，"我们提出建设开放型经济新体制，一个重要目的就是通过开放促进我们自身加快制度建设、法规建设，改善营商环境和创新环境，降低市场运行成本，提高运行效率，提升国际竞争力"①。2018 年 3 月，李克强总理代表国务院在第十三届全国人民代表大会第一次会议上向大会报告政府工作时指出："优化营商环境就是解放生产力、提高竞争力，要破除障碍、去烦苛、筑坦途，为市场主体添活力，为人民群众增便利。"准确、客观、公正的营商环境评价是优化营商环境的前提条件和重要基础，能够为地方政府确认其营商环境发展水平和改进方向提供参照标准。因此，建立科学的评价体系是监督、引领地方政府落实党中央各项决策、政策的有效工作机制。2020 年 1 月 1 日起实施的《优化营商环境条例》指出，我国要建立和完善以市场主体和社会公众满意度为导向的营商环境评价体系，发挥营商环境评价对优化营商环境的引领和督促作用。因此，在优化营商环境的系统工程中，以评促优、以评促改，开展营商环境评价是优化营商环境工作的重要抓手。金融是现代经济的核

---

　　① 习近平强调：营造稳定公平透明的营商环境加快建设开放型经济新体制. 央广网，［2017 – 07 – 18］，http：//china. cnr. cn/news/20170718/t20170718_523854497. shtml.

心，金融服务营商环境是营商环境的重要组成部分，直接影响市场配置资源的效率和流向。全国政协经济委员会调研组也提出，"畅通融资、清欠账款"应是"十四五"期间优化营商环境的重点任务之一①。建立科学合理的金融服务营商环境的评价体系和方法是优化我国金融服务营商环境的重要内容和路径。

第一节　世界银行对金融服务营商环境的评估

2018 年，国家发改委会同各级有关部门，整体吸收、充分借鉴世界银行的营商环境评价指标体系，初步构建起具有中国特色的营商环境评价指标体系。世界银行在 2003～2020 年间每年发布的《营商环境报告》（*Doing Business*，DB）是世界上影响力最大的营商环境评估报告，为各经济体优化营商环境提供行动指南。世界银行 DB 营商环境评价体系涉及商业的12 个领域，但营商环境便利度分数和排名仅涵盖了其中 10 个领域，包括开办企业、办理建筑许可证、获得电力、登记财产、获得信贷、保护少数投资者、纳税、跨国贸易、执行合同和办理破产。另外两个领域是关于雇员员工和政府采购，但相关数据并未纳入得分和排名②。其中，"获得信贷"指标是世界银行 DB 营商环境评估体系中有关金融服务的评估指标，也就是表 5 - 1 中的第 5 项。

表 5 - 1　　　　世界银行《营商环境报告》评价体系的一级指标

1	开办企业
2	办理建筑许可证
3	获得电力

---

① 张占斌．"十四五"期间优化营商环境的重要意义与重点任务 [J]．行政管理改革，2020：10．

② 关于世界银行营商环境的方法论，参见罗培新．世界银行营商环境评估：方法·规则·案例 [M]．南京：译林出版社，2020．

4	登记财产
5	获得信贷
6	保护少数投资者
7	纳税
8	跨国贸易
9	执行合同
10	办理破产
11	雇佣员工（未纳入得分和排名）
12	政府采购（未纳入得分和排名）

资料来源：世界银行 Doing Business 官方网站。

一、世界银行"获得信贷"指标的设计依据

世界银行"获得信贷"指标，又称为"获得信贷便利度"指标，重点考察一个企业获得信贷的难易程度和便捷程度①。世界银行 DB"获得信贷"指标的方法论是依据 Simeon Djankov，CaraleeMcLiesh 和 Andrei Shleifer 三位学者在 2007 年发表的论文（Private Credit in 129 Countries）。该论文通过使用合法债权人权利和私人/公共的信贷登记机构的数据，研究 129 个国家私人信贷的决定因素。研究发现，债权人的法律保护以及信息共享均与私人信贷在国民生产总值占较高比例相关，法律保护在较富裕国家中的影响更为明显。对法律改革的分析显示，当债权人权利保护和信息共享得到改善，私人信贷的比例将得到提升。另外，研究还表明，法律起源是债权人权利和信息共享机构的重要决定因素，公共债权登记机构是大陆法系国家的一个特征，有利于发展中国家发展私人信贷市场②。简言之，债权人权利和信息共享机制受到的法律保护程度越大，其获得信贷的便利度和可

---

① 罗培新. 世界银行"获得信贷"指标的法理分析及我国修法建议［J］. 环球法律评论，2019（3）.

② Simeon Djankov，CaraleeMcLiesh，Andrei Shleifer. Private Credit in 129 Countries［J］. *Journal of Financial Economics*，Volume 84，Issue 2，May 2007：299–329.

能性就越大。①

　　基于《129 个国家的私人信贷》的研究，世界银行"获得信贷"的评估主要考量债权人权利和信贷信息共享这两个方面，而设计了两组指标：第一组指标衡量担保交易中借方和贷方的合法权利；第二组指标衡量征信服务如信贷社和信贷登记处所提供的信贷信息的覆盖面、范围和开放程度，包括"信贷信息深度指数""信贷社覆盖面"和"信贷登记处的覆盖面"三个方面②。经济体"获得信贷"的排名由"合法权利力度指数"和"信贷信息深度指数"这两个指标的分数总和决定。③

　　"合法权利力度指数"衡量的是一个国家或地区的担保法和破产法支持动产担保信贷交易的程度，通过对金融律师的一项调查问卷收集数据，并通过分析法律法规以及有关担保和破产法的公共信息加以验证。"合法权利力度指数"包括与担保法里的合法权利有关的 10 个方面以及与破产法相关的两个方面，一个经济体的法律凡具有所罗列的 12 条特点中的每一条得分都是 1。这个指数范围从 0 到 12，得分越高说明担保法和破产法制定得越有利于信贷的获得④。"信贷信息深度指数"衡量那些影响信贷信息的覆盖面、范围和开放程度的规则和做法，涉及 8 个方面，每个方面的得分都是 1，指数范围从 0 到 8，得分越高说明可获得的信贷信息越多（见表 5 - 2）。⑤

表 5 - 2　　　　　　　　世界银行 DB 评价体系"获得信贷"指标

"获得信贷"二级指标	测量方法	中国得分情况	总体表现最佳者
合法权利力度指数	12 分（判断题）	4	12
信贷信息深度指数	8 分（判断题）	8	8

　　① 罗培新. 论世界银行营商环境评估"获得信贷"指标得分的修法路径——以我国民法典颁布为契机［J］. 东方法学，2020（1）.
　　② 杨学明. 基于世界银行标准的福州营商环境比较与对策下载［J］. 产业与科技论坛，2019：5.
　　③④⑤ 世界银行. "获得信贷". https：//chinese. doingbusiness. org/zh/methodology/getting - credit.

续表

"获得信贷"二级指标	测量方法	中国得分情况	总体表现最佳者
信贷社覆盖面	成年人口百分比	100	100
信贷登记处的覆盖面	成年人口百分比	0	100

资料来源：世界银行 Doing Business 官方网站。

二、我国在"获得信贷"评估中的表现

从世界银行近年发布的《营商环境报告》看，在我国绝大多数指标排名普遍得到显著提升的情况下，2017 年起，我国"获得信贷"评估得分却出现连年下降的趋势。具体来看，在"获得信贷"的评估中，我国的"信贷信息深度指数"得分较为理想，近几年均获得了满分 8 分，但受各种因素的影响，"合法权利力度指数"的得分一直徘徊不前，近 5 年均只得 4 分，满分 12 分，得分率仅为 33.3%（见表 5 - 2）。[①]

"合法权利力度指数"有 12 项评估指标，评估有 4 个特点：（1）立法中强调"功能性"担保，即在立法中不区分担保的形式，并同时规范具有担保性质的交易形式；（2）动产担保权创设简单易行；（3）推荐通过登记进行担保权的公示；（4）动产担保权的执行高效。[②] 世界银行的评估专家认为，中国在合法权利力度指数的 12 项评估内容中仅有 4 项符合最佳实践，而印度和俄罗斯在该指标的得分为 8 分，亚太数据为 7.2 分，亚太经合组织成员经济体的数据为 6 分。[③]

合法权利力度指数 12 项内容主要考核有关担保、抵押的法律规定是否符合世界银行设定的标准。仅从得分和排名来看，我国在"合法权利力度指数"的立法和实践被认为与世界银行的最佳实践有较大差距。具体到失分的各个方面，我国在第 7~8 项确实未能满足世界银行的评估要求。究其原因，我国在担保交易、破产程序的立法司法、实践操作方面确实存在仍

[①③] 罗培新. 世界银行"获得信贷"指标的法理分析及我国修法建议 [J]. 环球法律评论，2019（3）.

[②] 伊莱恩·迈凯克恩. 获得信贷便利度相关指标分析 [J]. 中国金融，2019（7）.

然需要完善、健全之处，例如，世界银行高度关注的全国统一动产担保登记系统尚未完全建立等。同时，我国基于具体国情所做的一些法律制度设计和实践，例如，在担保协议中禁止约定流质流押条款，与世界银行得分标准所倡导的制度设计理念有所不同，世界银行在评估过程并不做甄别考虑。

此外，受访者的个人因素可能带来偏差。世界银行问卷是面向全球190多个经济体的统一英文问卷，"获得信贷"问卷中涉及多项具体法规制度，在语言转换的过程中，由于受访者对我国法律和各项规章制度的认知和理解存在偏差，如受访者对相关的部门规章不了解或一时未能精准对应，很可能做出否定性回答，这也在很大程度上影响得分和排位。

三、"获得信贷"评估方法的优缺点

世界银行 DB"获得信贷"的评估方法有利于各经济体信贷法治化建设。从评估理念和方法来看，世界银行"获得信贷"的评估聚焦于与信贷相关的担保法、破产法微观层面的法治环境以及信贷信息的深度，对影响信贷效率与质量的立法、执法和司法进行精细化评估[1]。世界银行的营商环境评价具体衡量了在各经济体中小企业的营商成本，以及影响营商环境的法规制度的质量，得分和排名对各经济体有一定的参考价值，因此，不少经济体立足本国经济发展实际，借鉴世界银行的评价标准来制定并修改了相关的法律法规和配套机制。例如，我国参考了世界银行的指标和评价报告，不断完善相关担保、抵押的法律法规和规章。2021 年 1 月 1 日生效的《中华人民共和国民法典》对保证合同制度、担保物权制度做出多处修改和完善，回应了我国在世界银行营商环境评估中出现的问题，使我国的担保法向便捷获得信贷的方向靠拢。例如，《中华人民共和国民法典》将担保合同拓展到"其他具有担保功能的合同"，扩大了担保合同的范围。自《物权法》实施以来，法律对于流押、流质一直采取否定态度，债权人如果要实现抵押、流质就必须经过法院拍卖、变卖程序，或者债权人在债

---

① 张志铭，王美舒. 中国语境下的营商环境评估［J］. 中国应用法学，2018（9）.

务违约后与其协商并达成折价抵偿债务的协议。《中华人民共和国民法典》对流押、流质的规定并未采用"不得"等强硬字眼，而是规定债权人可以依法就抵押、质押财产权优先受偿，若抵押财产或质押财产的价值超过了债权数额的，债权人应当将超出部分归还抵押人或质押人，反之，不足部分则仍应由债务人清偿。[①] 总的来说，《中华人民共和国民法典》有关担保法的修改呈现出逐渐向世界银行的营商环境要求靠拢的趋势。而此前，央行也修订《应收账款质押登记办法》，在附则中增加其他动产和权利担保交易登记的参照条款，满足市场主体自发开展动产担保交易登记的需求等。[②]

但是，世界银行 DB"获得信贷"的评估并不全面。"获得信贷"指标的设计是以《129 个国家的私人信贷》的研究为依据，而该文认为"法律"和"信息共享"是获得信贷的重要影响因素，但并未排除其他影响因素。而世界银行"获得信贷"的二级指标仅纳入"法律"和"信息共享"两个方面，这种设计会让人产生企业获得信贷仅受"法律"和"信息共享"两个方面影响的错觉。而在现实中，企业尤其是中小企业，获得信贷还受诸多因素的影响。以我国为例，中小企业获得信贷还受到诸多金融体系结构性问题的制约。全国政协经济委员会副主任、中央财经领导小组办公室原副主任杨伟民在 2019 年 3 月 23 日"2019 中国发展高层论坛"中指出："在由计划经济向市场经济转轨的过程中，我国的资本市场出现较晚，发展不充分不完善，银行间接融资体系的市场化程度不足，效率不高也不够科学。商业银行倾向于为国企、地方政府平台贷款，市场没能主导银行的信贷资源配置，这也是造成小微企业融资难的主因。"

也有学者指出，较高的贷款风险比是中小企业融资困难的现实原因。我国中小企业的平均寿命大概 5 年，银行给中小企业贷款确实存在较大的商业风险。[③] 因此有观点认为，与世界银行评估中所涉的担保法、破产法

---

① 陈丽. 担保制度助力法治化营商环境建设. https：//www. sunhold. com. cn/Cn/Index/page-View/catid/5/id/212. html.

② 曾佳. DB2021 世界银行营商环境问卷之"获得信贷"指标评析. http：//www. dehenglaw. com/CN/tansuocontent/0008/018136/7. aspx？ MID＝0902&AID＝.

③ 黄益平. 中国小微企业贷款的数字革命. http：//finance. sina. com. cn/zl/china/2020－02－18/zl－iimxxstf2366171. shtml.

规范问题相比，我国金融体系的结构性问题对企业获得信贷的影响更为实质。世界银行的"获得信贷"评估指标仅考量有关担保的法治化程度以及信息共享机制，并未关注金融体系的市场化程度，有舍本逐末之嫌。①

另外，从融资渠道来看，世界银行"获得信贷"指标的关注对象为间接融资途径，并不包括证券市场在内的直接融资途径，而世界银行并未对直接融资的营商环境进行评估，从体系上来看并不完整，并不能反映企业融资的全部途径。②

第二节　世界银行营商环境评估的影响及其变革

一、世界银行 DB 营商环境评估对中国的影响

世界银行的 DB 营商环境评估对我国的国家治理改革、法治建设提供了有益的借鉴。近年来，各级地方政府积极对标世界银行的标准，开展优化营商环境工作取得了很大的进步。在 2018～2020 年，我国在世界银行《营商环境报告》中的排名分别为第 78 位、第 46 位和第 31 位，成为营商环境改善幅度最大的经济体。经过我国各级地方政府的长期努力，我国的营商环境尤其是在投资贸易便利化方面，已经有了很大的提升。以开办企业为例，我国企业开办时间大幅度压缩。2019 年全国的企业开办时间在 5 个工作日以内，2020 年国务院明确提出全国要减到 4 个工作日以内。③ 在 2020 年的世界银行排名中，我国"开办企业"指标排名位于 190 个中的第 27 位，高于第 31 位的整体排名。④ 这说明以评促优、以评促改的优化营商

---

① 黄益平. 中国小微企业贷款的数字革命. http：//finance. sina. com. cn/zl/china/2020 - 02 - 18/zl - iimxxstf2366171. shtml.

② 王蓉，刘斌. 优化"获得信贷"指标的制度因应——营商环境视角 [J]. 银行家，2020 (7).

③④ 国务院. 推动企业开办时间压至 4 个工作日以内，年底前各省份全部开通"一网通办"平台. 中国政府网，http：//www. gov. cn/zhengce/2020 - 06/25/content_5521824. htm.

环境的方法是可行且富有成效的，通过示范引领、对标一流的营商环境，为各地方政府竞相营造更好的营商环境提供"路线图"。地方政府也多参照世界银行营商环境的评估方法对其营商环境进行评价，例如，广东自由贸易试验区在成立4周年发布会上发布《2019营商环境报告》，参照世界银行营商环境评估方法，评估得分为77.31，在全球模拟排名第32位。[①]

二、世界银行 DB 评价体系的局限性

随着对世界银行营商环境评价体系的深入研究及实践，世界银行评价DB体系的局限性逐步显现，该评价体系在指标的设置、价值观、评估方法上存在诸多争议。

（一）评价指标的不全面性

从我国的经验和已有研究来看，世界银行DB评价体系的指标设置并不能全面反映营商环境，有关衡量政务服务水平、法治环境的指标并不完整，且缺少相关的指标来衡量市场容量、人才发展、党政干部的改革创新精神、营商软环境；另外，世界银行指标比较重视增量企业，而对存量企业的重视不够，选取的样本、调查对象、体系解释力也具有局限性。[②]

此外，世界银行评价体系的二级指标设计也不能够全面反映一级指标的情况。除上述的"获得信贷"的二级指标不全面，跨境贸易指标的评估也不完善。世界银行对跨境贸易便利化的评估主要测量典型的20英寸标准集装箱在进出口清关时所需的时间、成本、文件和程序，由8个二级指标构成：进口单证合规时间、进口单证合规成本、进口边界合规时间、进口

① 广东自贸试验区营商环境全球模拟排名第32［N］.南方日报，2019－05－05.
② "国内外营商环境比较研究"课题组提出，要从企业营商的社会环境（S指数）、市场环境指数（M指数）、创融环境（I指数）、法制环境（L指数）和政务效率（E指数）5个维度构造一个新的营商环境评价指标体系（SMILE指数）；王多，张炜栋.为什么说营商环境优化的"世界银行指标"存在缺陷，还需要增加哪三个指标更合理更科学.上观新闻.https：//www.jfdaily.com/wx/detail.do?id＝93688；訾雪菲.世界银行营商环境报告存在十大局限.中大智库.http：//www.mpgroup.cn/think/article－104657.html.

边界合规成本、出口单证合规时间、出口单证合规成本、出口边界合规时间、出口边界合规成本。

联合国贸易便利化和电子商务中心（UN/CEFACT）把贸易便利化定义为"货物从卖方到买方的运输、付款流程以及相关信息交换程序的简化、标准化和趋同化"。从供应链的环节来看，贸易便利化不仅涉及货物在供应链中的物理移动，还包括影响供应链的资金流、信息流等。影响贸易便利化的主体包括影响货物移交环节的所有政府机构，还有各种商业机构。[①] UN/CEFACT 开发的"购买—运输—付款"模式描述了供应链的主要流程和各个参与方，确立了国际供应链主要的商业、物流、监管和支付流程，并概括了其连续进行的所有阶段中各方交换的信息。贸易便利化的内容涵盖交易的三个环节、参与者和商业环境。[②] 由于复杂的海关程序和规章被视为等同于关税壁垒的最大壁垒，世界银行有关跨境贸易的评估只关注在"运输"这一环节，对"资金流"和"信息流"不予考虑，并不能反映跨境贸易便利化的全部情况。

（二）自由主义取向争议

国外学者认为，世界银行指标过于重视营商环境便利化、过度削减监管法规的导向损害了可持续发展利益。[③] 受美国保守派组织美国传统基金会"经济自由度指数"的影响，世界银行指标鼓励各经济体放松管制，简化政策，并根据最轻的监管责任进行排名。从 2003 年世界银行发布第一份《营商环境报告》以来，一直有相关研究批评世界银行指标、鼓励技术官僚过度削减法规，而忽略了规则在实践中的作用，这可能导致降低劳动保护、降低社会保险缴费以及减少公司税等情况出现。在世界银行的评估中，法规数量与排名呈现直接相关性，法规数量越少，排名越靠前。有研究发现，在世界银行的报告中，一个经济体如果社保缴费更低，其排名更

---

①② "Trade Facilitation Implementation Guide". http：//tfig. unece. org/details. html.

③ Isabel Ortiz, Leo Baunach. It is time to end the controversial World Bank's doing business report, Inter Press Service. http：//www. ipsnews. net/2020/09/time – end – controversial – world – banks – business – report/.

为靠前,实际上意味着劳动者为他的家庭取得的社会保护更少,退休金更低。同样地,企业税越低的经济体排名更好,而这有可能会导致更深层次的不公平以及牺牲国家的可持续发展。以印度为例,为了在《营商环境报告》获得更好的排名,印度政府大幅度降低环境标准、劳工保护及企业所得税,这些措施被视为产生了破坏性的社会影响。①

在全球金融危机过后,世界银行暂停了将劳动市场法规的指标纳入排名,但是原始数据仍会发布。国外学者认为,"世界银行指标"明显违背可持续发展的目标,人权以及相关的国际公约。以世界银行的名义公然提倡更低的劳动保护、社会保护及更低的企业所得税只会加剧社会不公平。②我国的法学者程金华对"减少规制"这个问题做出反思,他指出,在日本、"亚洲四小龙"的经济崛起和中国的市场经济建设过程中,政府扮演了积极的角色,说明国家对市场活动的积极干预并不完全是坏事。"少就是好"的规制理念在全世界都有支持者,但减少规制可能损害整体社会福利,甚至可能放纵企业的违法行为,要辩证地看"少就是好"这种规制理念。③

(三) 对市场环境评估不足

世界银行主要从"营商程序便利程度"与"法律保障力度"两个维度来评估一个经济体的营商环境,主要通过向律师、法官等法律专业人士发放调查问卷的方式来进行评价。实际上,企业家最能感受到营商环境的好坏,而不是法律专业人士,因此,有批评指出相当一部分企业家对世界银行 DB 标准并没有很强的共鸣。世界银行评估专注于法治化的微观评估有其历史原因。20 世纪八九十年代,世界银行和其他国际组织曾致力于在发展中国家推进宏观体制改革,但并没有受到预期中的欢迎,一些发展中国家因贷款条款侵犯国家主权而拒绝贷款,世界银行逐渐意识到,没有细节

---

①② Isabel Ortiz, Leo Baunach. It is time to end the controversial World Bank's doing business report, Inter Press Service. http://www.ipsnews.net/2020/09/time - end - controversial - world - banks - business - report/.

③ 程金华. 世界银行营商环境评估之反思与"中国化"道路 [J]. 探索与争鸣, 2021 (8).

层面的法律技术变革，而直接推进宏观架构的司法改革，将无法通过法律制度改革来推进全球市场经济发展。最终，世界银行将诸如宏观经济稳定性、金融系统发展程度、市场规模等内容排除在评估范围之外，而将重点放在与规制结果有关的，诸如符合监管要求所需时间、成本、具体规制手段上。①

三、世界银行营商环境评估方法变革

2021 年 9 月 16 日，世界银行发布声明决定暂时停发《营商环境报告》，将研究制定评估营商和投资环境的新方法。② 2022 年 12 月 19 日，世界银行正式发布 Business Enabling Environment（BEE）新版概念说明书，并在 2023 年 3 月将营商环境新评估体系项目名称正式确定为 Business Ready（B - READY）。2023 年 5 月 1 日，世界银行发布 B - READY 的《手册和指南》及《方法手册》。与旧版 DB 评估体系趋同，B - READY 也是按照企业的生命周期以及市场中参与评估营商环境的 10 个主题，包括企业准入、经营场所、公共服务设施、劳动力、金融服务、国际贸易、税收、纠纷解决、市场竞争和企业破产。与旧版 DB 评估体系聚焦监管效率不同，B - READY 评价体系的所有主题都一致地按照三个支柱结构化，即监管框架、公共服务和效率，③ 详如表 5 - 3 所示。

表 5 - 3　　世界银行 DB、B - READY 评价体系一级指标对比

DB 评价指标	B - READY 评价指标	变化
开办企业	商业准入	
办理建筑许可证	获取营业场所	
获得电力	公用设施连接	

① 张志铭，王美舒. 中国语境下的营商环境评估［J］. 中国应用法学，2018（5）.
② 世界银行. 世界银行集团停发《营商环境报告》. https：//www. shihang. org/zh/news/statement/2021/09/16/world - bank - group - to - discontinue - doing - business - report.
③ World Bank. B - READY Methodology Handbook.

续表

DB 评价指标	B – READY 评价指标	变化
登记财产	劳动力	新指标
获得信贷	金融服务	
保护少数投资者	国际贸易	
纳税	纳税	
跨国贸易	争端解决	
执行合同	市场竞争	新指标
办理破产	企业破产	
雇佣员工（未纳入得分和排名）		
政府采购（未纳入得分和排名）		

以金融服务主题为例，金融服务衡量 5 个领域：商业贷款、有担保交易和抵押登记的操作、电子支付、绿色金融、信贷局和注册处的运作。其中：商业贷款、有担保交易、电子支付和绿色融资相关的监管框架的有效性用于测量"监管框架支柱"；信贷局和注册处的运作抵押处的运作和实际中绿色融资用来衡量"公共服务支柱"；获得贷款、注册安全利益和进行电子支付所需要的时间和成本、信贷信息共享的时效性用来测量"效率支柱"（见表 5 – 4）。

表 5 – 4　　　　　　　B – READY 金融服务的评价体系

支柱 I —监管框架	支柱 II —获取信贷基础设施中的信息和获得融资	支柱 III —在实践中接受金融服务的效率
1.1　商业贷款的良好监管规范	2.1　信用机构和登记处的运作情况	3.1　贷款
1.2　对有担保交易的良好监管规范	2.2　抵押品登记处的运作情况	3.2　电子支付
1.3　良好的电子支付监管规范	2.3　绿色金融	
1.4　对绿色融资的良好监管实践	2.4　性别金融	

四、中国特色营商环境评价体系的构建

世界银行的营商环境评价体系从 DB 转变到 B – READY，标志着国际营商环境评价方法的重要变化。总体而言，B – READY 新评估体系有三个关键变化：评价内容更加多元，指标领域更加丰富，评价范围更加广泛。[①]近年来有学者呼吁，我国应该通过对企业进行扎实调研，采取更加宽泛的尺度来测评中国的营商环境，构建具有中国特色的营商环境指标体系。2018 年以来，由国家发改委牵头，会同有关部门围绕与市场主体密切相关的开办企业、办理建筑许可、获得信贷等高频事项，初步构建起以市场主体和社会公众满意度为导向的中国营商环境评价体系，并于 2019 年组织在直辖市、计划单列市、省会城市和部分地县级市等 41 个城市开展了营商环境评价，参评的城市范围覆盖全国 31 个省、自治区、直辖市。[②]

（一）中国评估指标更为全面

中国营商环境评价体系的构建遵循"国际可比、对标世界银行、中国特色"的原则，共包含 18 个一级指标和 87 个二级指标，包括在企业的生命周期链条设置 15 个指标和在城市高质量发展视角设置 3 个指标。企业的生命周期链条涵盖从企业的市场准入、投资建设、融资信贷、生产运营、退出市场 5 个阶段，设置的 15 个一级指标涵括世界银行 10 个一级指标以及 2 个未纳入世界银行得分和排名的指标"劳动力市场监管""政府采购"，新增 3 个指标："招标投标""获得用水用气""知识产权创造、保护和运用"。15 个指标的设置着眼中小企业办事便利情况，主要评估中小企业办理单个事项所需要经历的政府审批和外部流程情况。在城市高质量发展视角设置的 3 个一级指标为市场监管、政务服务、包容普惠创新。[③]与世界银行指标相比，中国营商环境评价体系在世界银行指标的基础上新

---

① 吴汉洪，赵楠. 世界银行营商环境新评价体系探究及启示 [J]. 学习与探索，2023 (8).

② 林念修. 中国营商环境报告 2020 [M]. 北京：中国地图出版社，2020：3 – 6.

③ 林念修. 中国营商环境报告 2020 [M]. 北京：中国地图出版社，2020：9 – 12.

增了 6 个指标，比世界银行的指标设置更为全面，体现了中国特色，在一定程度上回应了世界银行指标不全面性的缺憾。

（二）对市场环境的评估仍有待完善

较之世界银行的评价体系，中国营商环境评价体系新增的 6 个指标并未涉及市场环境。现行中国营商环境评价体系仍然聚焦在对政府服务的效率的评价，对宏观经济体制、金融系统的评价仍有不足。以金融服务营商环境的评估为例，中国营商环境评价体系基本采纳世界银行"获得信贷"的评估方法，主要衡量参评城市的企业办理动产抵押相关的法律法规，以及参评城市推动构建信贷信息体系，提升企业融资便利化水平等情况。根据 2019 年营商环境评价情况，获得信贷创新做法主要体现在简化融资流程、扩展融资渠道和降低融资成本上，其中，改革亮点包括统一动产抵押登记系统、搭建综合金融服务平台等。2020 年 5 月 11 日，中共中央、国务院下发的《关于新时代加快完善社会主义市场经济体制的意见》提到，要创新政府管理和服务方式，完善宏观经济治理体制，其中一个任务就是以一流营商环境建设牵引持续优化政府服务。但遗憾的是，宏观经济体制尚未纳入我国现行的营商环境评估体系。

第三节　优化金融服务营商环境的评估及路径

一、建立市场化的金融服务营商环境测评维度

除了世界银行的营商环境的评价体系，OECD、经济学人智库（EIU）、科尔尼、普华永道等机构都从不同角度对全球各城市或经济体的营商环境作出评价。其中，EIU 的营商环境排行榜（Business Environment Rankings）也是一份具有国际影响力的营商环境评估报告。EIU 的评估体系包括 10 个一级指标：政治环境、宏观经济环境、市场机遇、自由市场及竞争政策、

外资政策、外贸及汇率管制、税率、金融、劳动市场、基础建设。每个一级指标下设 5 ~ 16 个数量不等的二级指标，总共 91 个二级指标。每个指标的评分不仅考虑过去 5 年的表现，且会对未来 5 年的情况进行评估。[①] EIU 的评估对象是全球 82 个国家或地区，遗憾的是，我国近几年在 EIU 的排行榜中并不理想。有分析认为，我国在该排行榜排名落后的主要原因在于，我国过去几年优化营商环境的工作重心主要放在促进投资贸易便利化上，但 EIU 评估更加关注经济体的宏观经济环境、基础设施等内容。而我国在宏观经济环境、市场机遇等指标的分数有所下跌，且一些宏观评估内容难以通过政策变革在短期内进行改善。[②]

EIU 的"金融"指标的评估内容较为全面。EIU 的"金融"指标下设 6 个二级指标：银行业开放程度；金融深度、股票市值；金融市场的扭曲程度；金融监管系统的质量；外国人准入当地资本市场；中期金融投资准入。指标 1 银行业开放程度定性评估外资银行的限制及政府对商业银行的控制程度，主要考虑外资银行在该国或地区经营和提供金融服务的自由程度。指标 2 金融深度是依据人均股票市值做的定量评估，一共设置了 5 个等级，人均高于 12 000 美元为最高等级，低于 100 美元为最低等级。指标 3 金融市场的扭曲程度主要考虑利率控制、负利率、存贷款利率之间的差异、信贷市场震荡这几个因素，同时采用定性、定量分析，如"非常低"等级的描述是"实际利率持续偏低且为正，存贷款利率之间的差异低"；"低"等级的描述是"实际利率为正，但存贷款利率之间的差异至少为 5%"。指标 4 金融监管系统的质量、指标 5 外国人进入当地资本市场均为定性评估，分为"非常好""好""一般""差""非常差"5 个选项；指标 6 中期金融投资准入的评估也从"非常好"到"非常差"分为 5 个等级，"非常好"标准是非常容易进入国内外金融市场的全部类型的金融工具。

EIU 近一半的二级指标评估是基于定量数据，例如 GDP 的分析，这些

---

① Economist Intelligence Unit. *Business Environment Rankings*：*Which country is best to do business in*？http：//www. iberglobal. com/files/business_climate_eiu. pdf.

② 张三保，康璧成，张志学. 中国省份营商环境评价：指标体系与量化分析［J］. 经济管理，2020（4）.

数据大多来自国家和国际过去 5 年的统计数据，预测分数是基于 EIU 对未来 5 年的预测；其余指标评估基于定性分析，例如金融监管系统的质量，来源于一系列的数据和商业调查，并经常经过 EIU 的数据调整，预测分数也是根据 EIU 对未来 5 年的评估。[①]

从 EIU 有关"金融"的测评维度来看，金融服务营商环境与一个经济体的金融体制、金融政策、金融业对外开放密不可分。由于世界银行营商环境评价体系的缺憾，当下我国地方政府营商环境主要聚焦在如何提升营商便利度，对深层次的问题关注不够，表现在优化金融服务营商环境方面，工作重心主要置于对标世界银行标准修订相关的担保法律法规上。我国相关决策部门可借鉴 EIU 或其他有国际可比性的评估体系，建立符合中国国情的金融服务评估体系，有效指导我国市场化的金融服务营商环境的建设。

二、积极稳妥推进金融服务"软环境"建设

金融服务"软环境"包括跨境资金流动、金融服务业开放、金融市场体系建设、金融产品创新、金融风险防范等各个方面。海南自贸港、横琴与前海是中国金融开放的最前沿地带，承担着我国金融开放及对接国际化营商环境的责任，要积极推进广东、海南等地金融服务"软环境"建设，探索粤港澳大湾区金融领域的规则对接。

香港是国际金融中心，具有良好的营商环境，无论是在世界银行还是 EIU 的评估中均名列前茅。探索、推动内地城市与香港金融营商环境的接轨，对实现内地对接国际金融规则、惯例大有裨益。在 EIU 的营商环境排行榜中，香港在 2009～2013 年的评估中均排名第 3 位，在 2015～2019 年排名第 6 位。[②] EIU 的营商环境报告指出，亚洲营商环境最好的经济体有共

---

① Economist Intelligence Unit. Business Environment Rankings methodology. http：//graphics. eiu. com/files/ad_pdfs/cf_pdf. pdf.

② Economist Intelligence Unit. *Business Environment Rankings*：*Which country is best to do business in*? http：//www. iberglobal. com/files/business_climate_eiu. pdf.

同的特征：良好的政策环境，尤其是对于金融及外商投资，以及包括国际最佳实践的竞争政策。香港长期保持全球最自由经济体地位，各项监管规例与国际标准一致，资金自由流动，在亚太地区完整对接国际金融市场及各类投资者。探索与香港金融领域的规则接轨是优化我国国际化、市场化金融服务营商环境的有效路径，也有利于实现湾区内金融要素高效便捷流动，逐步形成统一开放、竞争有序的湾区金融市场。

（一）有条件的区域加快"地方版"金融开放力度

在部分区域经济中心等地以及沿边地区探索扩大开放的政策和举措，提升资金配置效率，进而提升服务实体经济的能力。适时总结出可复制、能推广、利修法的经验，进而推动全国金融开放朝向纵深化发展。

（二）进一步完善现代金融监管制度和体系

后疫情阶段面临着国与国关系的演变，以及各国准入政策、监管环境与税收政策的演变。提升金融监管质量是优化金融营商环境的重要内容，当下国内外经济金融运行环境正在发生深刻变化，金融监管面临新的挑战。中国在进一步扩大金融业开放的同时，也在不断完善与开放相适应的金融风险防控体系，完善金融业开放的制度规则，并加快相关制度规则与国际接轨，不断完善配套制度，让规则更加简约清晰，更好地与国际金融体系相融合，按照国际通行认可的标准，以审慎透明的规则和管理方式去运作金融。

本章参考文献

［1］罗培新．世界银行"获得信贷"指标的法理分析及我国修法建议［J］．环球法律评论，2019（3）．

［2］罗培新．论世界银行营商环境评估"获得信贷"指标得分的修法路径——以我国民法典颁布为契机［J］．东方法学，2020（1）．

［3］伊莱恩·迈凯克恩．获得信贷便利度相关指标分析［J］．中国金融，2019（7）．

［4］王蓉，刘斌．优化"获得信贷"指标的制度因应——营商环境视角［J］．银行家，2020（7）．

［5］Simeon Djankov，CaraleeMcLiesh，Andrei Shleifer. Private Credit in 129 Countries［J］. *Journal of Financial Economics*，Volume 84，Issue 2，May 2007：299 – 329.

［6］程金华．世界银行营商环境评估之反思与"中国化"道路［J］．探索与争鸣，2021（8）．

第六章

广东物流服务业对区域经济的影响

物流是现代经济的经脉，也是民生的重要保障，建设现代物流体系是畅通国民经济循环的重要一环构建新发展格局的重要抓手。我国正处于经济转型升级的关键时期，正面临提升经济发展活力、打造稳定安全可靠的供应链体系、推动区域经济高质量发展的重要任务。但是当前国际形势日趋复杂，疫情影响仍在持续，加快推动现代物流发展，确保交通物流畅通，稳定产业链供应链是当前特殊形势下的必然选择，也是中国经济长期平稳健康发展的根基。国家出台了专门的行动计划推动物流高质量发展，《商贸物流高质量发展专项行动计划（2021—2025 年）》在全国范围内部署开展商贸物流高质量发展专项行动，明确提出了未来开展工作的 12 项重点任务，为各地推动商贸物流高质量发展、提质降本增效指明了方向。

广东省在《广州市交通物流融合发展第十四个五年规划》中提出，要将广州建设成为效率最高、成本最低、最具竞争力的国际物流中心，推动国内国际双循环。物流业作为关键的生产性服务业，与其他产业存在天然衔接与关联，在特殊的历史背景下对于保障产业链供应链安全发挥着不可替代的作用。物流业高质量发展所产生的价值创造效应、效率提升效应、行业辐射效应和空间溢出效应不仅能够推动产业发展，提升经济活力，还能够推动一体化进程，促进各地比较优势的发挥，为区域经济发展增添动力。

第一节 文献和相关论点回顾

"提质增效"成为我国现阶段经济发展的重要目标，在这样的大背景下，产业结构优化、发展方式转变、智慧供应链体系构建和消费升级推动物流业高质量发展。物流业高质量发展也成为重要的研究课题，相关研究持续深入，主要集中在发展内涵界定、评价体系建构和水平测度等多个方面。就物流高质量发展的内涵而言，学者们的探讨有诸多共通之处，主要可以概括为物流业能够以低成本、低污染和高效率的方式，从最大限度上满足经济发展和市场需求，向集约化、标准化和智能化转变，具体表现为：物流网络完善、物流效益好、技术先进、绿色无污染。

在评价体系建构和水平测度方面，一部分学者从物流高质量发展的不同维度深入研究，包含效率水平、智慧化水平、物流与生态环境协调发展水平等方面。刘华军等（2021）构建了包含非期望产出的全局超效率 EBM 模型，从投入和产出两个方面实证测度省级层面的物流业效率水平，汪文生（2021）则是从投入、产出和环境三个角度构建环渤海地区物流评价指标体系，并利用三阶段 DEA 模型测算物流效率。周泰（2021）构建了包含物流和生态环境两个子系统的有序参量指标体系，并利用有序度和协调度模型对四川省物流和生态环境的协调发展水平进行实证研究。孙磊等（2021）从要素投入、服务应用和效益 3 个方面构建了物流产业智慧化水平评价体系，通过全局熵值法测度了我国省级层面的物流业智慧化水平，发现各省区的物流业智慧化水平稳步提升，但是不同省区间存在较大差距。

另一部分学者则是综合考虑物流高质量发展的各个维度，构建了更为全面的评价体系。林双娇等（2021）从运行规模、供给质量、发展效应和代价 4 个方面构建评价体系，运用熵值法测度我国省级层面的物流业高质量发展水平，还通过 σ 收敛与 β 收敛模型检验其收敛性。孟勐珺等（2022）运用关联系数标准差方法，从动力转换、环境升级、结构优化、网络布局、成果共享 5 个维度构建物流业高质量发展指标体系，由此测度我国各省的物流业高质量发展水平。

一、物流业与区域经济发展的关系

物流业作为关键的生产性服务业不仅能够直接创造产值，还能够通过加强地域联系，沟通其他产业的供求双方，提高资源利用效率来激发经济活力，促进区域经济发展。学者们对物流业与区域经济发展的关系方面进行了大量的研究，主要有以下几种研究方向。

（一）物流业与其他产业的协同聚集对区域经济发展的影响

刘明（2021）运用系统 GMM 模型，以我国 283 个城市数据为样本进行研究，发现物流业和制造业的协同聚集能够推动我国东部和中部地区经济高质量发展，但对于西部地区却有负面影响，而且只有当"两业"协同聚集高于门槛值时，其对区域经济高质量发展的影响才能显著为正。周启清（2021）基于省级层面的数据，利用双随机效应模型做实证研究，发现金融业和物流业协同聚集能够推动产业发展、激励企业改善供应链管理和帮助中小企业融资促进经济增长。

（二）物流产业集聚对区域经济发展的影响以及该影响的空间溢出效应

郭湖斌等（2021）以长江经济带为研究对象，借助空间经济计量模型，论证物流产业集聚能够促进区域经济增长，但是该作用具有空间差异性。孙淼（2021）研究了物流业集聚与区域经济的协调发展关系，结果表明：我国物流业集聚对区域经济发展的影响效应超过门槛值后即迅速提升，其贡献率的增长幅度达到 227%。王钰（2021）运用 ESDA 方法和空间计量模型研究长三角城市群，发现物流产业集聚能够促进经济增长，而且对周边城市有正向空间溢出效应，提出要优化物流产业的空间布局。马越越（2021）利用辽宁省地级市的面板数据，居于空间杜宾模型做实证研究，发现物流业集聚已经出现拥堵效应，无法有效促进全要素生产率的提升，对周边城市的外溢效应也不显著。

（三）物流与区域经济发展的协调关系及两者之间的相互促进作用

刘晓琳（2021）聚焦于北上广渝津五大都市，运用熵值法构建评价模型，测度各大城市经济与物流的协调发展关系，发现城市经济与物流的协调发展情况存在较大的区域差异性。王海舰等（2021）运用中心模型和空间耦合模型，研究物流和三次产业的空间关系，发现物流与第一产业发展的空间关联度持续提升，与第二产业发展关系密切，会受到第三产业发展的吸引。张林等（2021）采用耦合协调度模型分析了全国 23 个枢纽城市物流和区域经济的协调发展情况，发现物流和区域经济发展关系密切，但由于部分城市物流发展水平较低，与经济发展间的相互促进作用不明显，因此需要加大投入，提高物流运行效率，推动枢纽城市建设。张超（2021）通过中介效应检验发现，物流业协同发展能够通过吸纳劳动力和增加就业，推动第三产业发展，优化产业结构。张蒙（2021）基于 36 个港口城市的面板数据，建立向量自回归模型，并利用方差分解分析和格兰杰因果关系检验等方法进行实证分析，发现港口物流和区域经济发展能够双向促进，但该促进作用的发挥程度在港口城市和腹地间存在差异。周学仁等（2021）基于中国城市层面的面板数据，利用双重差分法做实证研究，发现中欧班列开通能够促进开通城市对外贸易（包括进出口双向）的增长。

综上所述，现有研究已经在物流高质量发展的评价体系建构和水平测度，以及物流业与区域经济发展的关系方面取得了一定成果，但仍存在不足之处。首先，现有的物流高质量发展指标体系没有与时俱进，尤其是综合评价体系中的指标存在信息丢失、针对性不足、时效性不强等问题，缺乏对于物流行业的信息化、智慧化和可持续发展等新特征的描述指标。其次，物流和区域经济发展关系的研究主要关注物流业与其他产业协同发展、物流业集聚对区域经济的影响和物流业与经济的协调发展关系，但是物流业作为关键的生产性服务业，本身也会受政策、技术、市场环境等因素的影响而呈现出新的发展方向和特征，现有研究却没有聚焦于物流高质量发展本身，缺乏物流的新发展情况对于区域经济发展的影响的探讨。因此，本书在现有研究的基础上，适当地增减、更新了部分指标，完善了物流高质量发展的评价体系，并运用熵权法来测度广东省各地级市 2005 ~ 2020 年物流业的高质量发展水平，同时将各地级市的高质量发展水平作为核心解释变量，以计量模型来分析广东省物流业高质量发展水平对区域经济发展的影响。

二、物流业高质量发展作用机制分析

在经济转型升级的驱动下，物流业降本提质增效减污染，同时，利用大数据、云计算、物联网和人工智能等新技术推动物流信息化、智能化，朝着高质量方向发展。物流业高质量发展可以摒弃物流业之前"大而全"的粗放型发展模式，以市场需求为导向，形成专业化、品质化的管理和服务模式，提高物流业的产业增加值和整体绩效，直接推动区域经济发展。同时，物流业高质量发展又可以加速产业链运转，实现供应链畅通，发挥对其他产业的辐射带动作用，推动不同产业间的协同合作，提高区域经济的运行效率和活跃程度，促进区域经济发展。为了更加清楚地描述物流业高质量发展的作用，本书从 4 个方面展开讨论。

（一）物流业高质量发展具有价值创造效应

物流业本身就是第三产业的重要组成部分，能够吸收社会富余劳动力，通过提供物流服务创造产值和经济效益。物流高质量发展既是降本增效减污染的自我提升过程，也是利用新技术赋能传统产业，推动服务品质化、多样化和专业化的业务拓展过程，从纵向和横向两个维度，从提高生产效率和迎合消费升级两个环节提高物流业的产值，创造更好的经济效益，为区域经济发展作出更大贡献。物流高质量发展使物流企业在一个特定的地域空间范围内集群化发展，使该区域内的物流企业和相关机构在物流服务信息采集与交流、物流增值服务的供给与需求、物流基础设施的外部经济溢出效应等方面具备了显著的共享特征，在一定程度上提高了物流企业及其客户之间交易效率，降低了相应的企业物流服务成本，促进物流企业的技术创新与传播扩散。

（二）物流业高质量发展具有效率提升效应

物流业的实质在于促使各种货物在不同地域之间实现流通，其所提供的服务构成整体供应链和产业链运作的基础性环节。物流的高质量发展对于原材料和商品在全球范围内更为快速、高效、低成本地进行双向流通至关重要，这有助于实现供需匹配，推动原材料供应与生产、市场的一体化。在此过程中，物流的高质量发展通过区域辐射和物流服务扩散，实现了对区域内市场与资源的整合、优化和提升，从而强化了区域内各个产业与地区发展之间的经济"可达性"。

在微观层面上，物流成本的下降具有乘数效应，产生了多方面的利好结果。首先，降低了生产、流通和交易成本，提高了主体间的交易效率。这不仅对企业的经济活动产生了积极的影响，同时也有助于提高实体经济的生产效益。其次，由于物流效率的提升，整体经济运行效率也得以提高，进一步促进了生产要素的高效配置和利用。

在宏观层面上，物流高质量发展在区域内产业链和地区发展中具有积极的经济效应。通过实现物流资源和生产服务要素的集聚与扩散，物流业促进了企业经济活动的空间范围扩大，为区域内的各产业提供了更广阔的发展空间。这种效应不仅有助于提高区域内产业的竞争力，更有效地促进了整体区域经济的增长。

（三）物流业高质量发展具有较强的产业辐射效应

物流业作为一项重要的生产性服务业，与国民经济多个产业存在紧密关联和高度黏合度。其高质量发展对相关行业不仅具有基础性支撑作用，更为其发展提供了源源不断的动力。对于广东省传统产业，特别是制造业和外贸业，其强大而高效的物流网络是确保生产要素流通顺畅、降低交易成本、提高整体效率的不可或缺的基础性要素。对于电商行业和高端制造业而言，物流业的发展提供了点对点的专业化、定制化智慧物流服务。这种服务的提升不仅有助于提高供应链的灵活性和反应速度，而且为产业创新和升级创造了有利条件。从供应链的角度看，物流网络的高效发展可促使电商行业和高端制造业更加灵活地满足市场需求，从而增强其竞争力。在技术创新方面，物流业对于信息采集、处理和无人化技术的需求对电子通信行业和人工智能行业具有倒逼作用。这一相互关系推动了技术创新的不断迭代，为广东省的产业链引入更为先进的智能化解决方案，从而提高整体产业的技术水平。

总之，通过引入先进的物流管理系统和技术，提高服务水平，同时对相关基础设施进行改进和扩展，物流业为整个经济体系注入活力。这种提升不仅有助于优化资源配置，更为各个产业的可持续发展提供了更为稳固的支持。

（四）物流业高质量发展能够增强空间经济溢出效应

物流业作为连接生产要素流通的重要纽带，在经济系统中发挥着至关重要的作用。其高质量发展不仅有助于加强不同地区之间在经济上的空间关联性，而且通过要素的快速流动，推动了区域内市场与资源的整合、优化和提升。这一过程有效地促使各地区充分发挥自身的比较优势，实现了生产要素的最优化配置和最高效利用。在物流业的演进中，其发展方向逐渐朝着集信息、运输、仓储和货代为一体的复合型方向发展。不仅局限于货物的传输，物流运输涵盖了更广泛的领域，包括了精密的仪器设备、技术、资本和知识等多种要素的集成和流动。这种综合性的物流服务不仅关注产品的转移，更着眼于推动不同要素之间的深度互动，为产业升级和产业转移创造了有利条件。而且，现代物流业中高技术含量的货物流动正逐渐成为一项引人注目的特征。这种高技术含量的货物流动不仅是物质层面的转移，更是技术、资本和知识的集成。通过这样的流动，经济发达地区能够实现资本、技术和知识的溢出效应，从而有效地带动周边地区的全面发展。因此，物流业的高质量发展通过要素流动的加速促进了区域内市场与资源的有机整合，使各地区能够发挥比较优势，而且随着物流业向着更为综合和高技术的方向发展，其对于经济欠发达地区的积极推动作用将日益凸显。

第二节　物流业高质量发展对区域经济的作用

本书根据广东省的现实发展情况，构建了物流高质量发展指标体系，评价广东省各地级市（其中包括了珠三角城市）的物流高质量发展水平，分析物流高质量发展对区域经济发展水平的影响机制和规律。这对广东省建设现代物流体系、提升经济活力，在新的历史阶段取得进一步的突破具有重要意义。

一、指标测算与变量选取

本书以物流业提质增效、智慧化和绿色化发展为出发点，确立了物流高质量发展指标。选取 2005～2020 年广东省 21 个地级以上城市的样本数据，数据主要来自《中国城市统计年鉴》《广东省统计年鉴》、EPS 数据平台以及各地级市的统计年鉴和社会发展公报等，并以此分析物流业高质量发展对区域经济发展的影响。

（一）被解释变量

由于物价上涨、通货膨胀等情况会在一定程度上影响研究结论的准确性，按照文献的通用做法，本书将广东省 21 个地级市以 2005 年为基期的实际生产总值（GDP）作为被解释变量，用来衡量区域经济发展水平。

（二）核心解释变量

综合参考王东、林双娇和王鹏的测度方法，基于物流提质增效和智慧化、绿色化发展构建物流高质量发展指标体系，运用"熵权法"通过将各基础指标标准化得到信息熵，并以信息熵计算出各指标权重，最终加权得到广东省各地级市在 2005 年到 2020 年期间的物流高质量发展指数。

衡量地区物流高质量发展水平主要围绕物流产业绩效、物流产业效率、物流创新水平和物流绿色发展水平 4 个方面展开，综合考虑到物流当前的发展水平、负产出以及未来的发展前景，从更为全面的角度丰富发展内涵，定义高质量。物流产业绩效主要从量和收入两个方面衡量物流的经济产出，包括货物运输量、货运周转量、港口货物吞吐量和邮政业务收入等指标。

物流产业效率主要从投入产出比的角度衡量物流的经济效率，主要包括物流效率、物流业劳动生产率、物流业固定资产产值率等指标，分别通过物流业产业增加值与 GDP 的比值、物流业产业增加值与物流业从业人数的比值和物流业产业增加值与物流业固定资产投资的比值来度量。物流创新水平主要从创新基础设施、创新投入及产出等方面衡量物流未来的发展前景，主要包括移动电话用户数、互联网宽带接入用户数、科技创新能力、快递业务量等指标，其中科技创新能力主要通过 R&D 经费内部支出来度量。物流绿色发展水平主要从物流发展的负产出以及对负产出的处理等方面衡量物流对经济的影响，主要包括物流业废气排放程度、物流业能耗强度和城镇生活垃圾无害化处理率等指标，其中，物流业废气排放程度、物流业能耗强度分别通过工业废气排放总量与物流业产业增加值的比值和物流业能源消耗总量与物流业产业增加值的比值来度量。

各基础指标如表 6-1 所示，详细的计算过程如下：

1. 数据标准化

正向指标标准化：

$$Y_{ij} = \frac{X_{ij} - \min\limits_{1 \leqslant i \leqslant n}(X_{ij})}{\max\limits_{1 \leqslant i \leqslant n}(X_{ij}) - \min\limits_{1 \leqslant i \leqslant n}(X_{ij})} \qquad (6-1)$$

负向指标标准化：

$$Y_{ij} = \frac{\max\limits_{1 \leqslant i \leqslant n}(X_{ij}) - X_{ij}}{\max\limits_{1 \leqslant i \leqslant n}(X_{ij}) - \min\limits_{1 \leqslant i \leqslant n}(X_{ij})} \qquad (6-2)$$

2. 计算各指标熵值 E_j

$$E_j = -\frac{1}{\ln n}\sum_{i=1}^{n}\left[\left(\frac{Y_{ij}}{\sum\limits_{i=1}^{n}Y_{ij}}\right)\ln\left(\frac{Y_{ij}}{\sum\limits_{i=1}^{n}Y_{ij}}\right)\right] \qquad (6-3)$$

3. 计算各指标权重 W_j

$$W_j = (1 - E_j) \Big/ \sum_{j=1}^{m} (1 - E_j) \qquad (6-4)$$

4. 计算物流高质量发展综合得分 I_i

$$I_i = \sum_{j=1}^{m} W_j Y_{ij} \qquad (6-5)$$

式（6-1）~式（6-5）中，i 代表城市，j 代表基础指标，n 代表城市个数，m 代表基础指标个数，$\max(X_{ij})$ 代表 X_{ij} 的最大值，$\min(X_{ij})$ 代表 X_{ij} 的最小值。

表 6-1　　　　　　　　　物流高质量发展指标体系

类指标	基础指标	衡量方式	指标属性
物流产业绩效	货物运输量	货物运输量	+
	货运周转量	货运周转量	+
	港口货物吞吐量	港口货物吞吐量	+
	邮政业务收入	邮政业务收入	+
物流产业效率	物流效率	物流业产业增加值/GDP	+
	物流业劳动生产率	物流业产业增加值/物流业从业人数	+
	物流业固定资产产值率	物流业产业增加值/物流业固定资产投资	+
物流创新水平	移动电话用户数	移动电话用户数	+
	互联网宽带接入用户数	互联网宽带接入用户数	+
	科技创新能力	R&D 经费内部支出	+
	快递业务量	快递业务量	+
物流绿色发展水平	物流业废气排放程度	工业废气排放总量/物流业产业增加值	–
	物流业能耗强度	物流业能源消耗总量/物流业产业增加值	–
	城镇生活垃圾无害化处理率	城镇生活垃圾无害化处理率	+

（三）控制变量

除了物流高质量发展外，还有很多其他因素会影响区域经济发展，为了减少计量模型的内生性问题所造成的结果偏差，本书引入控制变量有：

劳动力投入（L）、资本存量（K）、政府行为（Gov）、开放程度（$Open$）和技术创新（Tec）。

其中，劳动力和资本作为生产投入的核心要素，无疑是推动经济发展的重要变量，劳动力和资本都更为密集的地区往往能够推动原有产业的规模的扩大和新兴产业的产生，从生产和消费两个方面均能够发挥拉动作用，就本书所选择的研究对象而言，广东省是绝对的人口大省，资本密集度高，同时广东省的经济发展水平也位于全国前列。与此同时，当地政府的经济政策也是影响经济增长的重要因素，政府政策的出台有利于营造良好的营商环境，也有利于产业结构的调整与改善，广东经济的腾飞在很大程度上就受惠于改革开放政策的实施，未来粤港澳大湾区政策的发力也将为广东创造新一轮的经济增长。当时政府行为如果从政策的角度入手难以衡量，所以本书选择了财政支出作为衡量指标，因为政府财政支出的大小可以反映出当地政府参与经济活动的积极性。一个地区的经济发展水平还取决于该地区的对外开放程度和技术创新，对外贸易是地区经济发展的重要推动力，出口规模的提升意味着当地产品市场的扩大，进口规模的提升则反映的是当地消费能力的增强，从生产和消费两个方面推动经济发展，而技术创新水平则是战略性新兴产业发展的基础，这些产业生产效率高，盈利能力强，能创造巨大的经济效益。

劳动力投入（L）选取年末各地级市全社会年末从业人员作为衡量指标；资本存量（K）选取全社会固定资产投资额作为衡量指标；政府行为（Gov）选取财政支出作为衡量指标；开放程度（$Open$）选取进出口总额作为衡量指标；技术创新（Tec）选取各地级市专利申请量作为衡量指标。在实证检验的过程中，物流高质量发展指数（Log）、技术创新（Tec）、劳动力投入（L）、资本存量（K）、政府行为（Gov）和开放程度（$Open$）均作对数处理。

（四）描述性统计

为了更具体地呈现各变量的特征，将变量的描述性统计结果汇报于表6－2。

表 6 - 2　　　　　　　　描述性统计结果（$n = 336$）

变量类别	变量名称	均值	标准差	最大值	最小值
被解释变量	区域经济发展水平	7.3043	1.0318	9.9489	5.3227
核心解释变量	物流高质量发展指数	0.0765	0.1041	0.7771	0.0106
控制变量	劳动力投入	5.4651	0.6211	7.1642	4.0578
	资本存量	6.5617	0.9936	9.0129	4.4098
	政府行为	5.3290	1.0627	8.4325	2.9983
	开放程度	4.7450	1.7400	8.5895	1.2873
	技术创新	8.2790	1.7553	12.4742	4.4188

二、模型构建与实证分析

（一）模型构建

通过以上对数据的分析，所设定的计量模型为：

$$GDP_{it} = C + \alpha Log_{it} + \beta_1 L_{it} + \beta_2 K_{it} + \beta_3 Gov_{it} + \beta_4 Open_{it} + \beta_5 Tec_{it} + \varepsilon_{it}$$

$$(6 - 6)$$

其中，GDP_{it} 表示广东省各市在不同年份的区域经济发展水平，i 表示样本序号，t 表示时间年份，C 为常数项，Log_{it} 表示物流高质量发展指数，α 为其回归系数，L_{it}、K_{it}、Gov_{it}、$Open_{it}$ 和 Tec_{it} 分别表示劳动力投入、资本存量、政府行为、开放程度和技术创新，β_1、β_2、β_3、β_4 和 β_5 则是各控制变量的回归系数，ε_{it} 为随机扰动项。

（二）实证分析

1. 物流业高质量发展水平测算结果

表 6 - 3 报告了代表性年份广东省各地级市物流高质量发展水平测算结果。总体而言，2005～2020 年广东省各地级市物流高质量发展不平衡，各地级市之间的差异明显，珠三角地区与粤东西北地区两极分化的趋势日益明显。从 2005～2020 年各地区物流高质量发展指数的平均数的排序来看，

物流高质量发展地区差异明显。通过观察各地级市的物流高质量发展指数可以发现，在本书所研究的为期15年的区间内，广东省物流高质量发展综合指数的平均值排名前五位的地级市分别是广州、深圳、东莞、佛山、湛江，后五位的地级市是潮州、梅州、云浮、汕尾、河源，其中，广州物流高质量发展指数平均值达到0.3794，是排名末位的河源的18.42倍，表明广东省内不同地级市的物流业高质量发展水平差距明显。

区域层面，2005~2020年珠三角地区物流业高质量发展综合指数平均值比粤东西北地区高0.0917，在排名前十的地级市中，只有两个位于粤东西北地区，剩下的全部位于珠三角地区，广东省物流高质量发展水平愈发呈现两极分化的趋势。位于珠三角地区的地级市，在地理位置上距离港澳更近，而且拥有天然的优良港湾，物流高质量发展的自然禀赋更好，同时广州和深圳两个核心城市对周边城市的带动效应明显，使整个珠三角区域内的物流呈现出蓬勃发展的趋势。而粤东西北地区则相反，一方面，地形地势不利于现代交通物流的发展，物流技术和现代物流管理模式也比较落后，无论是对外的经济联系还是同内陆腹地之间的经济联系都不如珠三角地区紧密，物流高质量发展缺乏土壤；另一方面，港澳和广州、深圳的辐射带动效应比较有限，很难延伸到粤东西北地区，甚至会产生一定的虹吸效应，挤占粤东西北地区物流高质量发展的资源，从而使两个地区间的差异越来越大，很难实现均衡发展。

通过比较各地级市2020年与2005年的物流高质量发展指数可以发现，在物流业高质量发展水平的变动趋势方面，珠三角地区大部分地级市物流高质量发展水平改善显著，粤东西北地区多数地级市物流高质量发展水平没有得到有效提升。地级市层面，广州、深圳、东莞、佛山、揭阳、江门、肇庆、惠州、汕头等10个地级市物流业高质量发展指数整体呈上升趋势，其中珠三角地区占7个地级市，粤东西北地区仅有3个地级市入围，这些地级市2020年物流高质量发展指数与2005年的差值分别为0.6196、0.4414、0.2070、0.0941、0.0803、0.0739、0.0713、0.0688、0.0673、0.0666。汕尾、韶关、云浮、梅州和河源5个地级市物流业发展指数基本维持平稳，其2020年物流高质量发展指数与2005年的差值分别为0.0193、

表 6 - 3　　　　　　　　　　广东省各地级市物流高质量发展水平测度结果

城市	2005 年	2006 年	2008 年	2010 年	2012 年	2014 年	2016 年	2018 年	2019 年	2020 年	平均	排名
广州	0.1576	0.1730	0.1959	0.2098	0.2845	0.3854	0.5110	0.6780	0.7281	0.7771	0.3794	1
深圳	0.1117	0.1242	0.1533	0.1877	0.2198	0.2784	0.3552	0.4306	0.4954	0.5531	0.2723	2
东莞	0.0437	0.0504	0.0650	0.0945	0.1171	0.1305	0.1618	0.1963	0.2172	0.2507	0.1243	3
佛山	0.0668	0.0715	0.0904	0.0832	0.0961	0.1146	0.1252	0.1563	0.1600	0.1609	0.1074	4
湛江	0.0314	0.0357	0.0415	0.0628	0.0734	0.0777	0.0873	0.1116	0.1043	0.0980	0.0715	5
惠州	0.0333	0.0371	0.0418	0.0479	0.0643	0.0646	0.0765	0.0942	0.1031	0.1021	0.0639	6
中山	0.0321	0.0327	0.0385	0.0443	0.0522	0.0681	0.0780	0.0907	0.0771	0.0794	0.0582	7
江门	0.0362	0.0406	0.0433	0.0469	0.0551	0.0592	0.0663	0.0781	0.0760	0.1100	0.0580	8
珠海	0.0926	0.0357	0.0310	0.0348	0.0379	0.0488	0.0550	0.0676	0.0708	0.0708	0.0502	9
汕头	0.0293	0.0321	0.0405	0.0339	0.0426	0.0472	0.0564	0.0747	0.0815	0.0966	0.0501	10
肇庆	0.0225	0.0224	0.0261	0.0314	0.0406	0.0517	0.0436	0.0825	0.0856	0.0937	0.0467	11
韶关	0.0228	0.0220	0.0235	0.0332	0.0379	0.0559	0.0630	0.0719	0.0480	0.0420	0.0424	12
清远	0.0128	0.0145	0.0237	0.0387	0.0462	0.0551	0.0594	0.0702	0.0475	0.0429	0.0417	13
揭阳	0.0339	0.0185	0.0197	0.0198	0.0234	0.0292	0.0434	0.0753	0.0923	0.1142	0.0401	14
茂名	0.0228	0.0280	0.0398	0.0309	0.0337	0.0404	0.0442	0.0534	0.0611	0.0614	0.0398	15
阳江	0.0106	0.0131	0.0187	0.0179	0.0287	0.0387	0.0491	0.0640	0.0437	0.0375	0.0329	16
潮州	0.0193	0.0170	0.0214	0.0241	0.0312	0.0321	0.0322	0.0454	0.0463	0.0543	0.0307	17
梅州	0.0199	0.0185	0.0197	0.0241	0.0300	0.0268	0.0305	0.0382	0.0401	0.0358	0.0278	18
云浮	0.0148	0.0152	0.0240	0.0191	0.0239	0.0285	0.0373	0.0458	0.0432	0.0331	0.0274	19
汕尾	0.0115	0.0130	0.0115	0.0171	0.0207	0.0237	0.0318	0.0364	0.0291	0.0308	0.0220	20
河源	0.0155	0.0152	0.0176	0.0147	0.0182	0.0237	0.0255	0.0319	0.0276	0.0232	0.0206	21

资料来源：根据物流高质量发展指标体系中各项的数据通过熵值法计算所得。

0.0192、0.0183、0.0159、0.0077，均低于 0.02。区域层面，2005 年珠三角地区物流高质量发展指数是粤东西北地区的 2.44 倍，2020 年扩大至 3.28 倍，进一步说明珠三角地区物流业高质量发展水平不仅在横向水平上优于粤东西北地区，而且从纵向水平上来看，两者的差距还在持续增大。说明粤东西北地区不仅物流发展基础比较薄弱，而且随着粤港澳大湾区建设如火如荼地开展，粤东西北地区从中的受惠程度也远低于珠三角地区。所以粤东西北地区是广东省物流高质量发展的薄弱环节，物流发展水平落后也是制约粤东西北地区经济发展的重要因素，未来广东省应该更加注重粤东西北地区物流高质量发展水平的提升，使粤港澳大湾区建设的成果也能够惠及粤东西北地区，推动区域均衡发展，形成更为强大，更为综合的经济发展动力。

2. 物流高质量发展与区域经济发展水平的全样本线性估计

在实证检验过程中，分别用随机效应模型和固定效应模型进行回归分析，然后通过豪斯曼（Hausman）检验对两种模型进行筛选，最终结果显示应该采用固定效应模型进行回归分析。为了更加客观、全面地呈现分析结果，本书同时将普通最小二乘模型（Ordinary Least Square，OLS）和固定效应模型的回归结果汇总于表 6 - 4。

从全样本回归结果来看，物流高质量发展指数 Log_{it} 的系数为 0.164，p 值小于 0.05，系数在 5% 的水平下显著为正（见表 6 - 4）。物流高质量发展水平越高，区域经济发展水平越好，表明广东省物流业提质增效、智慧化绿色化的高质量发展模式对广东省各地级市的经济发展水平有显著的促进作用，也印证了物流业高质量发展的正外部性影响。物流业的高质量发展在价值创造、效率提升、产业辐射和空间溢出等方面发挥作用，推动了广东省各地级市区域经济的发展。具体到广东省而言，物流业本身就是国民经济的重要组成部分，在物流基础设施不断完善，物流运转能力、效率稳步提升，各种新技术新模式持续注入的背景下，物流业能够创造更大的生产力。而且，无论是高端制造业、国际贸易等广东的支柱性产业，还是跨境电商、电子信息等新兴产业都需要强大的物流作为基础支撑，高效、便捷的物流带动了多个产业的发展，提升了整个经济的运行效率。

表6-4　　　广东省各地级以上城市样本回归分析结果（n = 336）

变量	（模型1-1）	（模型1-2）
	OLS	FE
物流高质量发展指数	0.076 (0.62)	0.164 ** (2.5)
劳动力投入	0.587 *** (14.79)	-0.020 (-0.05)
资本存量	0.208 *** (6.57)	0.056 ** (2.72)
政府行为	0.168 *** (5.30)	0.198 *** (3.43)
开放程度	0.058 *** (3.96)	0.017 (0.57)
技术创新	0.156 *** (1.57)	0.00098 (0.06)
R^2	0.972	0.603

注：OLS 与 FE（模型1-1与模型1-2）回归结果中括号内为 t 值，*、**、*** 分别表示 $p < 0.1$、$p < 0.05$、$p < 0.01$。

3. 稳健性检验

在前文所建立的物流高质量发展指标体系的基础上，运用主成分分析法（PCA）计算新的物流高质量发展指数。该方法对负向指标取倒数，然后对所有指标进行无量纲化处理，对处理后的协方差矩阵进行主成分分析，取得每个指标的权重，并加权计算得到最终的综合得分作为新的衡量指数。在控制变量和被解释变量保持不变的前提下，用新的高质量发展指数作为核心解释变量，重新利用固定效应模型回归，并将回归结果与替换前的结果对比分析，进行稳健性检验。将对比结果汇总于表6-5。

通过对比核心解释变量替换前（模型2-2）和替换后（模型2-1）的结果可知，运用熵权法所得到的物流高质量发展指数的系数为0.164，运用熵权法所得到的系数为 0.154，p 值分别为 2.5 和 5.3，均在 5% 的水平上显著（见表 6-5）。虽然替换前后其他控制变量的系数都有不同程度的改变，但核心解释变量的系数符号相同，数值差距较小，显著性水平也基本保持一致，均证明了物流高质量发展与区域经济发展水平之间的正相关关系，说明该模型对于核心变量的解释具有较高的稳健性。

表 6-5　　　　　　　　　　　　稳健性检验结果

变量	模型 2-1	模型 2-2
	主成分分析法	熵权法
物流高质量发展指数	0.154 *** (5.30)	0.164 ** (2.50)
劳动力投入	0.062 (1.09)	-0.020 (-0.05)
资本存量	0.078 *** (3.73)	0.056 ** (2.72)
政府行为	0.485 *** (12.85)	0.198 *** (3.43)
开放程度	0.076 ** (2.47)	0.017 (0.57)
技术创新	-0.050 (-0.34)	0.00098 (0.06)
R^2	0.908	0.603

注：回归结果中括号内为 t 值，*、**、*** 分别表示 $p<0.1$、$p<0.05$、$p<0.01$。

4. 分地区线性估计

遵循广东省一贯的行政分区，并结合具体的区域经济发展情况，将广东省 21 个地级市分为珠三角地区和粤东西北地区分别进行线性回归，研究物流高质量发展对区域经济发展影响的地区差异。分地区回归结果如表 6-6 所示。

表 6 – 6 不同行政分区回归分析结果

变量	（模型 3 – 1） 珠三角地区	（模型 3 – 2） 粤东西北地区
物流高质量发展指数	0.243 ** （2.21）	0.072 ** （2.01）
劳动力投入	0.202 *** （3.21）	− 0.0096 （− 0.26）
资本存量	0.186 *** （6.64）	0.659 *** （4.64）
政府行为	0.348 *** （10.98）	0.497 *** （30.40）
开放程度	0.198 *** （7.92）	0.051 *** （2.95）
技术创新	0.038 （1.08）	0.022 （1.16）
R^2	0.959	0.745

注：回归结果中括号内为 t 值，$*$、$**$、$***$ 分别表示 $p < 0.1$、$p < 0.05$、$p < 0.01$。

回归结果显示，珠三角地区物流高质量发展指数的系数为 0.243，p 值小于 0.05，系数在 5% 的水平下显著为正，且系数值高于全样本回归中的系数值，而粤东西北地区物流高质量发展指数的系数为 0.072，p 值小于 0.05，系数虽然在 5% 的水平下也显著为正，但系数值却低于全样本回归中的系数值。这表明相比较而言，在珠三角地区物流业高质量发展水平与区域经济发展的正相关关系更为明显，而在粤东西北地区，正相关关系相对较弱，这是由于物流高质量发展与区域经济发展不是同步发生的，而是具有一定的时滞性，物流高质量发展的正外部效应需要一定的时间发挥。珠三角地区的物流高质量发展一直维持在较高水平，其正外部效应已经充分发挥，对区域经济发展有明显的促进作用，而粤东西北地区由于区位、资源和基础设施的限制，物流高质量发展水平较低，辐射带动作用不强，对区域经济发展的促进作用有限。

第三节 研究结论、建议和局限

近年来，虽然广东省物流高质量发展已经取得了阶段性成果，但依然存在物流企业"小散弱"、物流效率不高、技术含量较低、系统性不强等问题。为了解决这些问题，应该更加客观准确地了解广东省各市物流高质量发展情况，进一步挖掘物流高质量发展对区域经济发展水平的作用规律。依照前文实证分析，我们可以总结出以下结论，并提出相应的对策建议和将来的努力方向。

一、结论

本书选取 2005～2020 年广东省 21 个地级市作为样本，从理论和实证两个方面研究了物流高质量发展对于区域经济发展水平的影响，进一步验证了广东省推动物流朝着低成本、高效、智能、绿色等方向发展的正确性和必要性。实证部分构建了物流高质量发展评价体系，测算了广东省各市的物流高质量发展水平，并将其作为核心解释变量，运用固定效应模型研究了物流高质量发展对区域经济发展水平的作用。在将劳动力投入、资本存量、政府行为、开放程度和科技创新作为控制变量的情况下，本书得出以下结论：第一，从全样本回归结果来看，广东省各市的物流高质量发展与区域经济发展水平呈显著的正相关关系，不同方法测算所得的核心解释变量替换后的稳健性检验也支持这一结果；第二，从不同行政分区的回归结果来看，物流高质量发展与区域经济发展水平的关系具有地区异质性，物流高质量发展明显促进了珠三角地区的区域经济发展，但是对粤东西北地区的推动作用却较弱，这表明物流高质量发展只有到更高水平和在经济发达地区才能够释放更大的动力，发挥更强的正外部效应。

本书运用物流高质量发展评价体系测算所得的评价指数作为核心解释变量，跳出了现有研究中一般以物流业增加值作为自变量的讨论范式，研究对象更加综合全面，丰富了研究要素流动推动区域经济发展的视角和内容。同时，本书以广东省 21 个地级市数据为样本展开分析，从地市级城市层面考察了物流高质量发展对区域经济发展水平的影响，对当前主要以省级数据为实证样本的相关研究进行了有效的补充。

二、对策建议

物流高质量发展对于区域经济发展水平具有明显的促进作用，因此，广东省应从多方面探索物流新形态、新模式，向平台型、专业运输型和综合服务型转变，建设交通强省、物流强省。

首先，加快物流基础设施建设，提供基本保障。基础设施的完善是提高物流运行效率的基础，这里的基础设施不仅包括铁路、公路、港口和机场等传统的物流设施，还包括物流信息平台、物流产业园等新基建。广东省要因地制宜地加强物流基础设施建设，例如持续推进南方现代物流平台建设，要确保数据的互联共享以及数据的实时性和同步性，重点接入交通信息、电子口岸、食品安全溯源、物流园区等方面的应用项目，把平台建设成为紧密联系港澳、服务和联系泛珠"9 + 2"地区经济发展的新纽带和桥梁，同时要发挥市场的决定性作用，引进有实力的社会力量参与平台建设和运营，使平台有公信力、有吸引力、有活力。对于传统基础设施还有所欠缺的城市，加大投入予以完善，使其能够更有效地参与到全省物流系统运转中来；对于物流业发展较为成熟的城市，对原有的基础设施改造升级，打造现代物流产业园区，为优质企业和优质项目的发展提供空间。

其次，利用新技术赋能物流业，优化组织模式。数字化、信息化和智能化是物流高质量发展的重要方向，现代物流业发展更需要与新兴技术深入融合。物流数字化具有两个方面的作用：一方面，专业化整合将原本分散化的物流业务有机整合在新的物流集团，这有助于为数字化技术在物流领域的深度应用提供更多场景；另一方面，借助专业化整合，实现了资源优化配置，可以对原本分散化资源的统筹调配运用，这无疑有助于增强新组建物流集团数字化技术应用能力和数字化技术提升能力，从而更好实现数字化技术与物流业务的融合应用。

广东省应利用区块链、云计算、大数据、物联网推动物流业转型升级，建设网络货运平台、供应链综合服务平台和数字信用服务平台，形成高效便捷的物流服务系统，提高物流服务质量。同时，也应该大力发展智慧物流，加强技术攻关，争取核心技术上的突破，积极探索人工智能技术在物流方面的应用，推动物流运营流程的"无人化"，打通物流服务的"最后一公里"，构建智慧物流法务网络体系，提高服务质量，满足消费者多样化、定制化的消费需求。

最后，促进各地区资源共享，推动均衡发展。广东省各市的物流高质量发展水平存在较大差距，发展不均衡，因此，要健全商贸物流网络，从城乡、区域、国际等多维度加强商贸物流网络建设，推动各市之间信息、技术和资金等资源共享，搭建政府统筹推进、社会力量广泛参与的物流信息平台，要及时更新物流信息和数据，为不同地区间的物流合作提供平台，发挥物流高质量发展水平较高地区的辐射带动作用。同时，从初步建立畅通高效、协同共享、标准规范、智能绿色、融合开放的现代商贸物流体系到培育一批具有影响力和竞争力的大型商贸物流企业，给予一定的税收优惠和政策支持，鼓励他们到粤东西北地区投资创业，发挥市场作用弥补物流高质量发展的薄弱环节，提高物流发展的整体水平，为区域经济的长期发展打好根基。

三、研究的局限性

本书的研究局限性主要体现在以下三个方面：一是样本的选取。本书将讨论聚焦于广东省，所以只选取了广东省的21个地级市作为样本，样本数量较少，可能会对本书的结论有一定影响。二是评价体系的构建。受限于城市数据的可得性，评价体系中的指标虽然比较全面，但针对性不足，部分指标只能选择整个城市的宏观数据，无法精准地聚焦于物流业，这可能会影响不同城市评价得分的准确性。三是方法的选择，本书主要采用固定效应模型进行回归分析，在后续的研究中可适当选择更加多样的分析方法，提高研究结论的可信度。

本章参考文献

［1］杨守德．技术创新驱动中国物流业跨越式高质量发展研究［J］．中国流通经济，2019，33（3）：62－70．

［2］肖建辉．粤港澳大湾区物流业高质量发展的路径［J］．中国流通经济，2020，34（3）：66－81．

［3］刘华军，郭立祥，乔列成，等．中国物流业效率的时空格局及动态演进［J］．数量经济技术经济研究，2021，38（5）：57－74．

［4］汪文生，考晓璇．高质量发展视角下环渤海地区物流效率测度研究——基于三阶段 DEA 模型［J］．商业研究，2021（4）：75－84．

［5］周泰．低碳视角下区域物流与生态环境协调发展研究［J］．统计与信息论坛，2021，36（6）：62－72．

［6］孙磊，张树山，郭坤．中国物流产业智慧化水平测度及影响因素［J］．中国流通经济，2021，35（10）：30－38．

［7］林双娇，王健．中国物流业高质量发展水平测度及其收敛性研究［J］．统计与决策，2021，37（8）：9－14．

［8］孟勐珺，王应明，叶菲菲．我国物流业高质量发展水平测度与空间分布特征研究［J］．工业技术经济，2022，41（4）：103－110．

［9］刘明．物流业与制造业协同集聚对经济高质量发展的影响——基于283 个地级以上城市的实证分析［J］．中国流通经济，2021，35（9）：22－31．

［10］周启清．金融、物流发展与经济增长关系研究［J］．技术经济与管理研究，2021（2）：71－75．

［11］郭湖斌，邓智团．物流产业集聚对区域经济增长的影响——基于长江经济带省级面板数据［J］．技术经济与管理研究，2021（5）：86－91．

［12］孙淼.物流业集聚与我国区域经济协同共生关系分析——基于非线性视角［J］.商业经济研究，2021（1）：102－105.

［13］王钰，疏爽.物流产业集聚对区域经济增长的空间溢出效应研究——基于长三角城市群的实证分析［J］.中南大学学报（社会科学版），2021，27（1）：76－89.

［14］马越越.物流业集聚、空间溢出效应与城市全要素生产率——基于辽宁省的实证［J］.统计与决策，2021，37（14）：101－104.

［15］刘晓琳.我国大都市物流业与经济协同发展评价与优化策略——以北上广渝津为例［J］.商业经济研究，2021（15）：103－107.

［16］王海舰，袁珊，王雷.中国物流与经济的时空轨迹及其耦合趋势研究［J］.技术经济，2021，40（6）：121－131.

［17］张林，姚进才，王钦，等.发展物流产业助推区域经济增长的协同凝聚研究——基于国家物流枢纽城市面板数据［J］.城市发展研究，2021，28（5）：1－6.

［18］张超.区域一体化促进粤港澳大湾区产业结构优化路径分析——基于物流协同发展的中介效应检验［J］.商业经济研究，2021（23）：153－156.

［19］张蒙.港口繁荣与区域经济发展的关系研究——基于面板向量自回归模型的实证分析［J］.调研世界，2021（9）：58－64.

［20］周学仁，张越.国际运输通道与中国进出口增长——来自中欧班列的证据［J］.管理世界，2021，37（4）：52－63，102，64－67.

第七章

珠三角信息服务业初步研究

党的二十大报告指出：我国要建设现代化产业体系，坚持把经济发展的着力点放在实体经济上，并指出要加快建设制造强国、质量强国、航天强国、交通强国、网络强国和数字中国。信息服务业与航空航天、交通运输、数字网络、金融投资、工业制造、现代农业等领域相融合都能发挥重要作用，也可为加快发展数字经济、建设网络强国与数字中国提供坚实基础。信息服务业是我国现代化产业体系中极为重要的组成部分，具有很高的理论研究价值和实践探索意义，建设好信息服务业能够为我国经济发展、各大产业运营提供新动力。当前粤港澳大湾区正在不断探索新的经济增长点，信息服务业是一种更新速度极快的业态，其具体内涵会随着时间的推移、技术的不断进步而扩展，与之相关的理论体系的建构成型十分重要。

本章希望通过梳理信息服务业的相关概念促成更为完整的理论体系，进而结合粤港澳大湾区信息服务业发展的现状给出相关建议，加快大珠三角信息服务业乃至整体经济社会的建设进程。

第一节　信息服务业的概念界定

目前，研究中对信息服务业的概念尚无明确的界定，本章通过综合以往研究，尝试对信息服务业的概念作出如下界定：

李晓峰（2021）对信息服务业给出如下定义：信息服务业是指"利用

信息技术，对信息进行生产、收集、处理、加工、存储、传输、检索和利用，并以信息产品为社会提供服务的行业部门"①，他将信息服务业分为科技型信息服务业、消费型信息服务业和生产型信息服务业。而哈进兵和陈双康（2006）则把信息服务业分类为信息采集业、信息查询业、信息加工处理业和信息系统建设业。②

结合以往研究成果对信息服务业的定义，并借鉴刘强和曾民族（2001）的分类方式，本章将广义的信息服务业划分为信息传输服务业、信息技术服务业和信息内容服务业三个部分，③而狭义的信息服务业要把传统信息服务业（即信息内容服务业）剔除，将其定义为信息传输服务业和信息技术服务业的总和。

根据张志军（2011）的定义，信息传输服务业指的是利用电磁系统等手段（电缆传送、无线传送、光纤传送等，或这些手段的综合系统），为特定用户提供点到点、点到多点或者点到面的服务，④包括电信服务、互联网信息服务、广播电视传输服务以及卫星传输服务。⑤随着互联网技术的发展和普及，在《2017 国民经济行业分类注释》中信息传输服务业分为电信、广播电视和卫星传输服务三个部分，互联网信息服务已被单独列出。但本章从服务具体类型的角度出发，仍将其列入信息传输服务业之中。

在这几个行业中，电信服务包括固定电信服务、移动电信服务及其他电信服务，固定电信服务指的是终端具有不可移动性或有限移动性，移动电信服务则相反；广播电视传输服务包括有线广播电视传输服务和无线广播电视传播服务；卫星传输服务指的是通过通信卫星、地球站组成的卫星通信网络提供服务，包括广播电视卫星传输服务和其他卫星传输服务；互

①　李晓峰. 信息服务业演变及其对国民经济产业结构影响的研究［D］. 北京：北京邮电大学，2021.

②　哈进兵，陈双康. 构建现代信息服务业发展水平指标体系的探讨［J］. 情报理论与实践，2006.

③　刘强，曾民族. 构筑可持续发展的科技信息服务业［J］. 情报理论与实践，2001.

④　张志军. 信息经济视角下的电信服务市场研究［D］. 北京：北京邮电大学，2012.

⑤　朱宗尧. 上海现代信息服务业发展研究［D］. 上海：东华大学，2012.

联网信息服务提供互联网相关服务，具体服务内容如表7-1所示。

表7-1　　　　　　　　　信息传输服务业的运营活动

服务类型	定义
电信	
固定电信服务	指从事固定通信业务活动
移动电信服务	指从事移动通信业务活动
其他电信服务	指除固定电信服务、移动电信服务外，利用固定、移动通信网从事的信息服务
广播电视传输服务	
有线广播电视传输服务	指有线广播电视网络及其信息传输分发交换接入服务和信号的传输服务
无线广播电视传输服务	指无线广播电视传输覆盖网及其信息传输分发交换服务信号的传输服务
卫星传输服务	
广播电视卫星传输服务	
其他卫星传输服务	
互联网和相关服务	
互联网接入及相关服务	指除基础电信运营商外，基于基础传输网络为存储数据、数据处理及相关活动，提供接入互联网的有关应用设施的服务
互联网信息服务	指除基础电信运营商外，通过互联网提供在线信息、电子邮箱、数据检索、网络游戏、网上新闻、网上音乐等信息服务；不包括互联网支付、互联网基金销售、互联网保险、互联网信托和互联网消费金融，有关内容列入相应的金融行业中
互联网搜索服务	指互联网中的特殊站点，专门用来帮助人们查找存储在其他站点上的信息
互联网游戏服务	含互联网电子竞技服务
互联网其他信息服务	
互联网平台	
互联网生产服务平台	指专门为生产服务提供第三方服务平台的互联网活动，包括互联网大宗商品交易平台、互联网货物运输平台等
互联网生活服务平台	指专门为居民生活服务提供第三方服务平台的互联网活动，包括互联网销售平台、互联网约车服务平台、互联网旅游出行服务平台、互联网体育平台等

续表

服务类型	定义
互联网平台	
互联网科技创新平台	指专门为科技创新、创业等提供第三方服务平台的互联网活动，包括网络众创平台、网络众包平台、网络众扶平台、技术创新网络平台、技术交易网络平台、科技成果网络推广平台、知识产权交易平台、开源社区平台等
互联网公共服务平台	指专门为公共服务提供第三方服务平台的互联网活动
其他互联网平台	
其他互联网服务	
互联网安全服务	包括网络安全监控，以及网络服务质量、可信度和安全等评估测评活动
互联网数据服务	指以互联网技术为基础的大数据处理、云存储、云计算、云加工等服务
其他互联网服务	指除基础电信运营商服务、互联网接入及相关服务、互联网信息服务以外的其他未列明互联网服务

　　信息技术服务业指的是"对信息传输、信息制作、信息提供和信息接收过程中产生的技术问题或技术需求所提供服务"[①] 的产业，具体包括软件开发、信息系统集成、物联网技术服务和其他信息技术服务。软件开发包括基础软件开发、支撑软件开发、应用软件开发，其他软件开发与集成电路设计；信息系统集成和物联网技术服务包括信息系统集成服务、物联网技术服务、运行维护服务、信息处理和存储支持服务、信息技术咨询服务、地理遥感信息服务共6项；其他信息技术服务业包括呼叫中心以及未列明的其他信息技术服务业，具体的服务内容如表7-2所示。

表7-2　　　　　　　　　信息技术服务业的运营活动

服务类型	定义
软件开发	
基础软件开发	指能够对硬件资源进行调度和管理、为应用软件提供运行支撑的软件，包括操作系统、数据库、中间件、各类固件等

---

① 该定义来自《2017 国民经济行业分类注释》中对于"软件和信息技术服务业"的定义。

服务类型	定义
软件开发	
支撑软件开发	指软件开发过程中使用的支撑软件开发的工具和集成环境、测试工具软件等
应用软件开发	指独立销售的面向应用需求的软件和解决方案软件等，包括通用软件、工业软件、行业软件、嵌入式应用软件等
其他软件开发	指未列明的软件开发，如平台软件、信息安全软件等
集成电路设计	指 IC 设计服务，即企业开展的集成电路功能研发、设计等服务
信息系统集成和物联网技术服务	
信息系统集成服务	指基于需方业务需求进行的信息系统需求分析和系统设计，并通过结构化的综合布缆系统、计算机网络技术和软件技术，将各个分离的设备、功能和信息等集成到相互关联的、统一和协调的系统之中，以及为信息系统的正常运行提供支持的服务
物联网技术服务	指提供各种物联网技术支持服务
运行维护服务	指基础环境运行维护、网络运行维护、软件运行维护、硬件运行维护、其他运行维护服务
信息处理和存储支持服务	指供方向需方提供的信息和数据的分析、整理、计算、编辑、存储等加工处理服务，以及应用软件、信息系统基础设施等租用服务；包括在线企业资源规划（ERP）、在线杀毒、服务器托管、虚拟主机等
信息技术咨询服务	指在信息资源开发利用、工程建设、人员培训、管理体系建设、技术支撑等方面向需方提供的管理或技术咨询评估服务；包括信息化规划、信息技术管理咨询、信息系统工程监理、测试评估、信息技术培训等
地理遥感信息服务	指互联网地图服务软件、地理信息系统软件、测绘软件、遥感软件、导航与位置服务软件、地图制图软件等，以及地理信息加工处理（包括导航电子地图制作、遥感影像处理等）、地理信息系统工程服务、导航及位置服务等
其他信息技术服务业	
呼叫中心	指受企事业单位委托，利用与公用电话网或因特网连接的呼叫中心系统和数据库技术，经过信息采集、加工、存储等建立信息库，通过固定网、移动网或因特网等公众通信网络向用户提供有关该企事业单位的业务咨询、信息咨询和数据查询等服务
其他未列明信息技术服务业	包括下列其他未列明信息技术服务：计算机使用服务．为客户提供计算机使用、并配有技术人员指导和管理的服务活动、其他未列明计算机信息服务

信息内容服务业指的是以信息内容、信息资源为主要产品的服务业，包括音像制作，广播电影电视的制作、发行与放映，新闻报刊图书和电子出版物的印刷、出版及发布，以及图书馆、档案馆①和博物馆等。它具有较广阔的生活覆盖面，深入人类生活各领域。因其所包含的具体行业较为宽泛，与前两类信息服务业的行业特点有很大区别，故本章将其列入广义的信息服务业之中，而狭义的信息服务业则把它剔除。匡佩远（2009）把内容服务业分为数字内容服务和传统内容服务两个方面②，两者的主要区别在于信息技术在其中所扮演的角色不同，数字内容的生产及创作十分依赖信息技术手段，而传统内容的服务过程中信息技术仅起到媒介和工具的作用。信息内容服务业的主要运营活动，如表7-3所示。

表7-3　　　　　　　　　信息内容服务业的运营活动

服务类型	定义
数字内容服务	
动漫、游戏数字内容服务	指将动漫和游戏中的图片、文字、视频、音频等信息内容运用数字化技术进行加工、处理、制作并整合应用的服务，使其通过互联网传播，在计算机、手机、电视等终端播放，在存储介质上保存
传统内容服务	
新闻和出版业	包括新闻业、出版业（图书、报纸、期刊、音像制品、电子出版物、数字及其他出版业）
广播、电视、电影和录音制作业	
广播	指广播节目的现场制作、播放及其他相关活动，还包括互联网广播
电视	指有线和无线电视节目的现场制作、播放及其他相关活动，还包括互联网电视
影视节目制作	指电影、电视、录像（含以磁带、光盘为载体）和网络节目的制作活动，该节目可以作为电视、电影播出、放映，也可以作为出版、销售的原版录像带（或光盘），还可以在其他场合宣传播放，还包括影视节目的后期制作，但不包括电视台制作节目的活动

① 朱宗尧. 上海现代信息服务业发展研究［D］. 上海：东华大学，2012.
② 匡佩远. 我国信息服务业发展政策研究［J］. 中国通信，2009.

服务类型	定义
广播、电视、电影和录音制作业	
广播电视集成播控	指 IP 电视、手机电视、互联网电视等专网及定向传播视听节目服务的集成播控
电影和广播电视节目发行	
电影放映	指专业电影院以及设在娱乐场所独立（或相对独立）的电影放映等活动
录音制作	指从事录音节目、音乐作品的制作活动，其节目或作品可以在广播电台播放，也可以制作成出版、销售的原版录音带（磁带或光盘），还可以在其他宣传场合播放，但不包括广播电台制作节目的活动
图书馆与档案馆	
调查与咨询	
市场调查	对于市场情况的调查
咨询服务	社会经济、健康、环保、体育、其他专业咨询
广告业	
互联网广告服务	指提供互联网推送及其他互联网广告服务
其他广告服务	指除互联网广告以外的广告服务

第二节　信息服务业、信息化与经济发展的关系

　　信息服务业是信息化的服务业，其对经济发展的贡献同时具备信息化与服务业的特点。首先，作为一种服务业，信息服务业能够直接为社会创造经济价值和就业岗位，也能够通过渗透到其他产业的方式，对现有其他产业进行信息化改造和升级，从而间接对经济作出贡献[①]。而经济的发展能够产生新的市场需求，从而倒逼信息服务业的发展，同时能够完善相关基础设施，以便服务于信息化的发展。韩宝国和李世奇（2018）在本书中采用实证研究方法，证明了软件和信息技术服务业对经济增长有显著的驱

---

① 匡佩远. 信息服务业：定义和统计框架［J］. 统计教育，2009.

动作用：首先利用最小二乘虚拟变量法（LSDV）来确定软件和信息技术服务业与经济发展之间具有显著的正向相关关系，其次为了避免变量内生性对实验的影响，又使用差分 GMM 法来解决内生性问题，从而确认两者之间显著的正相关关系。[①]

信息服务业是信息化的产物，信息化与服务业的结合产生了信息服务业。随着信息服务业对其他领域的渗透、改造和提升，信息化的范围逐渐扩大，信息技术、信息流与各行业的结合也更加深化。现代服务业是包括信息服务业在内的、具备相关现代化特征的服务行业，信息服务业乃为现代服务业的重要组成部分。

朱幼平（1996）在本书中使用线性回归的分析方法，将信息要素指数、固定资产投资指数以及就业指数作为三个解释变量，将我国的实际 GDP 指数作为被解释变量，以此来探索三者所分别代表的信息化程度、资本和劳动对我国经济发展的影响。研究结果显示，信息化的发展对经济增长有明显的正向作用，且该作用的效果高于劳动和资本对经济发展的推动作用，但这不意味着信息化可以替代劳动和资本，信息化在经济发展中只是充当加速器的作用，反倒是资本、劳动等其他生产要素发挥更大的作用。[②]

针对信息服务业整体发展水平的衡量，当前学者主要有两种方法：其一是统计"投入—产出"的方法，其二是构建指标体系的方法。但由于各自对信息服务业的概念划分不同，结果导致使用的评价体系和统计范围也不尽相同，目前尚未形成统一的衡量信息服务业发展水平的评价方法。

当前较为全面的信息服务业评价体系构建思路，是由匡佩远（2009）提出的基于信息服务业对经济的影响机制，这样一种包含两个维度的评价体系：一方面信息服务业对经济发展有直接贡献；另一方面还能通过推进信息化的方式间接服务于社会经济。衡量直接经济贡献采用的思路是"投

---

① 韩宝国，李世奇. 软件和信息技术服务业与中国经济增长［J］. 数量经济技术经济研究，2018.

② 朱幼平. 论信息化对经济增长的影响［J］. 情报理论与实践，1996.

入—产出"法：投入主要采用期末资产总数等"占用"指标、当期发生的固定资产折旧等"消耗"指标，以及当期形成的固定资产投资为主要内容的"投资"指标；产出主要采用企业层面的销售收入和利润等数据，以及产业层面的总产出和增加值等数据。衡量信息服务业对于信息化的带动作用仍然以"投入—产出"为主要思路，此时的"投入"所代表的是信息服务业对整体社会经济发展的"投入"，即信息服务业的总产出和增加值（亦即前文直接经济贡献中产业层面的"产出"），而"产出"则是使用学界普遍采用的信息化指数来反映信息化水平。[①] 整体而言该评价体系包含了直接和间接两个维度，传导思路清晰并且内容全面，在数据的可获得性上也较为可观，值得其他学者借鉴。

由于学者们对信息服务业的认定不同，构建指标体系的评价方法也各不相同。最主要的区别在于一些学者将信息服务业的范围定义为前文所述的"狭义信息服务业"，即信息传输服务和信息技术服务业，不包括信息内容服务业，该定义方法能较为突出地强调信息服务业中与信息技术关联最为密切的部分，却未必符合信息内容服务业的行业特点。洪国彬与游小玲（2017）在本书中提出了评价指标体系构建的主要思路：在同类文献中总结出高频指标后，对数据进行聚类分析和利用变异系数筛选信息含量最大的指标[②]，在指标选取方面要兼具全面性及可操作性。指标选取结束后的客观定权，可采用熵值法、主成分分析法等多种方法。在具体的指标方面，李超（2011）的评价体系以2008年的《第二次全国经济普查》为数据来源，并通过熵值法进行客观定权，该评价体系得到了学者们较多的认可[③]。综合其他评价体系来看，主要的指标选取集中在发展环境、发展规模、发展效益和发展潜力4个方面，但是目前尚未形成统一的信息服务业发展水平评价标准。

---

① 匡佩远. 信息服务业：定义和统计框架 [J]. 统计教育，2009，116（5）：20 – 26.
② 洪国彬，游小玲. 信息含量最大的我国现代服务业发展水平评价指标体系构建及分析 [J]. 华侨大学学报（哲学社会科学版），2017.
③ 李超. 我国各地区现代信息服务业综合评价研究 [J]. 图书情报工作，2011，55（14）：49 – 53.

第三节 大珠三角信息服务业发展概况

2023 年 6 月，北京大学汇丰智库发布了《粤港澳大湾区四年经济发展回顾与展望》，对于粤港澳大湾区建设四年以来所取得成绩和现存问题进行了较为详细地描述：大湾区经济发展目前存在较严重的地区不平衡问题，2022 年深圳和广州的地区生产总值占整个珠三角地区的 58.5%，深圳作为大湾区经济最发达的城市对周边其他城市的带动作用又十分有限，缺少具有强大产业集群带动能力的领军企业推动更大范围的地区发展。除此之外该报告还提到，大珠三角对于战略性新兴产业的布局比长三角地区较为落后，对比长三角地区的中芯国际和特斯拉等企业，大珠三角的企业仍处于培育阶段，存在自主创新能力不强的缺陷；另外一个最主要的问题，就是港澳与广东珠三角九市的融合仍有进步空间，制度红利朝向经济优势的转换还不够明显①。总体而言，大珠三角经济发展缺乏新动力，所以更需要把握住信息服务业发展的契机，为大湾区经济创造新的增长点。

粤港澳大湾区出台了多部促进信息服务业发展的政策文件，可见大湾区政府对信息服务业的发展十分重视。2019 年 2 月 18 日，中共中央、国务院颁布的《粤港澳大湾区发展规划纲要》明确提出，要加快发展现代服务业以及优化提升信息基础设施。2021 年 4 月 6 日，广东省人民政府发布《广东省国民经济和社会发展第十四个五年规划和 2035 年远景目标纲要》，并要求认真组织实施。在广东省"十四五"规划中提出的发展目标及规划措施，多处涉及珠三角地区信息服务业发展。

一、信息服务业发展需要具备良好的基础设施

在《粤港澳大湾区发展规划纲要》第五章第二节中，"优化提升信息

---

① 北京大学汇丰智库. 粤港澳大湾区四年经济发展回顾与展望。

基础设施"已成为大湾区发展的一个重要部分。大珠三角要进一步构建新一代信息基础设施、建设智慧城市群、提升网络安全保障水平。良好的基础设施能够推动信息服务业的发展,粤港澳大湾区的信息传输服务业发展具有出色的产业基础和技术优势。信息服务业的发展过程中除了技术基础设施以外,还须有网络安全监管的基础设施:2021 年 1 月 19 日,粤港澳大湾区(广州)网络安全产业园在广州黄埔区授牌,成为粤港澳大湾区发展网络安全的新起点①,安全的网络环境与合格的网络监管能够为创新创业保驾护航。

作为粤港澳大湾区信息传输服务业的重要贡献力量,广东省移动、电信、联通运营商在 2022 年都取得了十分可观的成绩:在"2022 运营商省公司收入百强榜"中,广东移动大力实施"5G +"计划,已建成全国最大规模的 5G 网络,凭借超 1.1 亿的服务客户数量居该榜单的第一位,"5G"战略布局是其能够取得此等佳绩的关键因素之一。广东电信也凭借其出色的战略布局占据榜单第 4 名,同时也是中国电信集团内部的第 1 名,2022 年广东电信携手华为,在深圳前海湾地铁站完成 5G 分布式 M – MIMO 创新验证,根据现场测试结果显示,在 5G 分布式 M – MIMO 开通后,下行拉网速率和上行拉网速率均有超过 20% 的提升,小区下行容量和上行容量均有近 3 倍的扩大②,在提升客户服务体验方面作出巨大的提升,为大湾区 5G 千兆城市群建设和广东产业数字化转型、智能化发展作出了宝贵的贡献。广东联通在该榜单中也有不错的成绩,在其"5G 快勋之城·广州千兆之城"的网络招牌下,广东联通在 2022 年的营业收入也取得了该百强榜第 9 名的好成绩,这离不开其巨额的投入、具有远见的战略布局与从业人员们辛勤的付出。在广东移动、电信、联通彼此良性竞争的过程中,广东省的信息传输基础设施建设得到了健康而迅速的发展,目前广东省 5G 产业和数字产业的经济规模均居全国第一位③。2020 年 4 月,香港各大通信运营

---

① 南方日报. 粤港澳大湾区(广州)网络安全产业园授牌。

② 广东电信 5G 分布式 M – MIMO 大幅提升用户体验,助力千兆城市建设. 新浪科技, https://finance. sina. com. cn/tech/roll/2022 – 09 – 10/doc – imqmmtha6786957. shtml.

③ 陈文玲. 粤港澳大湾区:打造世界级战略性创新高地 [J]. 开放导报,2022(3):40 – 47,90.

商 5G 网络服务全部开启①；而中信国际电讯旗下的澳门电讯完成了第一期的 5G 网络工程，实现了澳门 5G 户外全覆盖，并于 2021 年完成了第二期的 5G 网络工程建设，实现了澳门 5G 网络户内外的全覆盖。②

二、信息服务业发展需要区域内优秀企业发挥带头作用

粤港澳大湾区拥有许多提供信息服务的优秀企业：华为、中兴、腾讯、网易等企业对于地区经济发展都有巨大的贡献。2022 年，华为坚持聚焦战略，致力于打造领先的行业数字化、智能化、低碳化解决方案及工业互联网平台③，在 5G 多维价值变现、企业运营数字化转型、智能云网建设等方面都取得了出色的成绩。2022 年 7 月，华为发布"全面迈向 5.5G 时代"的新理念，并在《华为投资控股有限公司 2022 年年度报告》中将未来技术创新亟须攻克的 10 个方向一一列出，为以后的研究提供方向。中兴通讯始终坚持"数字经济筑路者"的定位，持续专注于通信芯片的设计，并在芯片的设计和制造中取得十分出色的成绩，为中国在芯片方面追赶上发达国家的脚步做出很大的努力。中兴通讯秉持着创新共享的精神，积极融入开源事业，自 2013 年起已经加入了多个开源基金会，为中国和世界开源事业作出了贡献；在研发方面，公司成立并持续建设"5G 行业全球创新中心、ZDNA 数字星云联盟中心、云上实验室"三大实验室以推进技术创新；在产业数字化方面，中兴通讯聚焦"智慧运营"，推出智慧运营系列标准，其基于数字星云的智慧运营中心通过了企业智慧运营服务能力评估，成为行业内首批通过该项评估的能力平台④。然而，粤港澳大湾区的领头企业相对其他地区来说还不够全面，例如，华为擅长芯片设计，然而在芯片制造方面有明显短板，中兴通讯在核心技术方面也有自己

---

① 符永寿，单闫宇．粤港澳大湾区数字新基建的内在逻辑与实现路径 [J]．新经济，2023 (1)：43 – 47.

② 中信国际电讯 2021 年营收 94.86 亿港元 已完成澳门 5G 覆盖．新浪科技，http://finance.sina.com.cn/tech/2022 – 03 – 15/doc – imcwiwss6150608.shtml.

③ 华为投资控股有限公司 2022 年年度报告。

④ 中兴通讯．2022 年可持续发展报告。

的短板①。打造一流的信息服务业需要领军企业引领行业的技术创新和经营模式，更需要领军企业不断提升行业高度。大湾区制造业发达，但先进制造业的发展仍有短板——产业核心技术少、核心技术不够尖端②，这也是当前粤港澳大湾区和世界其他三个著名湾区相比较为薄弱的一点。

三、信息服务业发展需要开放包容的地区文化

信息服务业的发展需要开放包容的地区文化作为支撑，创意和技术创新需要足够广阔的包容空间。自古以来不断的历史变迁，塑造了今天广东地区宽阔包容的广府文化。随着粤港澳大湾区的成立和建设，广府文化也正在不断地影响着大湾区的文化环境。广府文化本质上是一种历史移民文化，自秦始皇统一岭南地区后，中原移民陆续进入岭南地区生活，不同文化间开始交流融合、不断碰撞，最终形成了开放包容的广府文化。

自汉唐以来，广东地区一直是中国历史上发展对外贸易的重要地区，其地理优势也使其少受传统封建思想的影响，而广东地区历史上紧迫的生存环境造就了人们的冒险精神与开拓精神③。这种优秀的广府文化一直影响到今天的大珠三角，使粤港澳大湾区成为中国最为活跃与开放的地区之一。信息服务业乃是随着技术的创新而逐渐形成和积累的新业态，其发展既需要有硬实力的保障，也需要软实力的呵护。作为国家重要的创新高地之一的粤港澳大湾区，不仅拥有开放包容的广府文化，还充分认识到尊重知识和创造的重要性，针对知识产权保护出台了一系列文件和相关政策，而且正在全力建设国际科技创新中心。

四、信息服务业发展需要众多的人才和技术支撑

信息服务业的发展，需要粤港澳大湾区众多的人才和技术给予智力支

---

① 北京大学汇丰智库. 粤港澳大湾区四年经济发展回顾与展望。
② 叶玉瑶，王景诗，吴康敏，等. 粤港澳大湾区建设国际科技创新中心的战略思考 [J]. 热带地理，2020.
③ 王克群. 广府文化的特点及其影响 [J]. 广州社会主义学院学报，2011.

持。《粤港澳大湾区发展规划纲要》第八章第一节明确提出"打造教育和人才高地"的目标：在打造教育高地方面，要鼓励粤港澳三地教育合作办学，建设国际教育示范区，推进世界一流大学和一流学科建设，推进粤港澳职业教育合作与人才培训交流；在打造人才高地方面，要吸引国际高端人才入驻大湾区，在技术移民方面先行先试，完善外籍高层次人才认定标准，建立国家级人力资源服务产业园，完善人才激励机制，对于未来的人才布局有了充分的规划。

粤港澳大湾区拥有众多优秀的高等院校，港澳地区的香港大学、香港中文大学、香港城市大学、香港科技大学、香港理工大学、香港浸会大学以及澳门大学在 QS 世界大学排名榜中均位列世界前 400，内地地区除了中山大学、华南理工大学这两所"双一流"大学建设高校，还有深圳大学、南方科技大学、华南师范大学、暨南大学、广州中医药大学等优秀院校，粤港澳大湾区已成为国内高校聚集程度最高的区域之一。不仅是人才的教育和培训方面，而且在技术创新方面，粤港澳大湾区也拥有很大优势。2023 年 5 月 20 日，中国科学院文献情报中心在大湾区科学论坛知识产权分论坛上发布的《大湾区创新发展专利指数报告（2023 年)》中，对大湾区的专利申请概况作出了以下描述和分析：2017～2022 年，大湾区海外发明专利占全国海外发明专利的比重超过 1/4，在新一代信息技术、新材料和新能源汽车等多个产业具有技术优势[①]。然而大珠三角的科技创新也存在短板：基础创新能力不足的问题仍然存在，较为重视应用研究而忽视基础研究，核心关键技术仍然受制于人，虽然专利数量于世界领先，但施引专利的数量仍不如世界其他湾区[②]，整体而言，科技创新还有很大的进步空间。

五、信息服务业发展需要广阔的市场和充足的消费能力

信息服务业不能脱离市场空谈发展。粤港澳大湾区人口数量众多、分

---

①　大湾区创新发展专利指数报告. 新华网，http：//www. news. cn/2023－05/20/c_1129632781. htm.

②　张振刚，户安涛，叶宝升，等. 粤港澳大湾区建设国际科技创新中心的思考 [J]. 城市观察，2022（1）.

布密集，能够为信息服务业的发展提供广阔的内需市场。大珠三角特殊的地理位置使之国际贸易发达，并且作为"一带一路"的重要节点，粤港澳大湾区也拥有着巨大的国际市场。粤港澳大湾区总面积约为5.6万平方公里，拥有8 662万的人口，人口数量多于世界其他三大湾区（旧金山湾区、纽约湾区和东京湾区）的总和。国家统计局的数据显示，粤港澳大湾区从2010～2020年人口总数增长达到35%。在"一带一路"倡议中，大珠三角地处枢纽地位，能够在中国同其他国家的交流往来中发挥重要作用。大珠三角还拥有世界最大的海港群和空港群①，立体交通体系日益完善，拥有广阔的国际市场潜力。2022年，粤港澳大湾区经济总量超过13万亿元人民币，是我国人口吸引力最大、经济最发达的地区之一。从人口数量及其消费能力来看，信息服务业的发展具有较大的推动力量。

第四节　具有代表性的行业发展现状、问题和建议

近年来，信息服务业实现了较高的成长速度且拥有良好的发展前景，在粤港澳大湾区的发展进程中具有十分重要的意义。本书以通信服务、开源服务、数字广告服务三个行业为具体例子，对粤港澳大湾区信息服务业的发展状况做初步的分析，并根据行业内所存在问题，提出若干策略建议。三个行业分别对应信息传输服务业、信息技术服务业和信息内容服务业，涵盖了信息服务业中的各个部分。

一、通信服务

（一）行业环境

在《广东省国民经济和社会发展第十四个五年规划和2035年远景目

---

① 新华社. 粤港澳大湾区扬帆起航：为"一带一路"建设提供有力支撑（2019）. http：//baijiahao. baidu. com/s?id = 1628304389218273733&wfr = spider&for = pc.

标纲要》第四章第一节中，强调广东省要继续做强十大战略性支柱产业集群，并高瞻远瞩地提出要大力发展十大战略性新兴产业集群，巩固并提升制造业在全省经济中的支柱地位，抢占未来发展制高点。

具体来说，对十大战略性支柱产业集群中的新一代电子信息产业集群来说，要"重点打造珠江东岸电子信息产业带，粤东粤西粤北地区主动承接珠三角地区产业转移。重点发展新一代通信设备、新型网络、手机与新型智能终端、高端半导体元器件、物联网传感器、新一代信息技术创新应用等产业"。对于软件与信息服务产业集群来说，要"以广州、深圳双核为引领，加快研发具有自主知识产权的操作系统、数据库、中间件、办公软件等基础软件，重点突破 CAD（计算机辅助设计）、CAE（计算机辅助工程）、CAM（计算机辅助制造）、EDA（电子设计自动化）等工业软件，推动大数据、人工智能、区块链等新兴平台软件实现突破和创新应用"。

在十大战略性新兴产业集群中，半导体与集成电路产业集群要"发挥广州、深圳、珠海的辐射带动作用，形成穗莞深惠和广佛中珠两大发展带。积极发展第三代半导体、高端SOC、FPGA（半定制化、可编程集成电路）、高端模拟等芯片产品，加快推进 EDA 软件国产化，布局建设较大规模特色工艺制程生产线和 SOI 工艺研发线，积极发展先进封装测试"。区块链与量子信息产业集群要"重点推动广州、深圳、珠海、佛山、东莞等区域联动，开展量子计算、量子精密测量与计量、量子网络等技术研发与应用。突破共识机制、智能合约、加密算法、跨链等关键核心技术，开发自主可控的区块链底层架构，强化区块链技术在数字政府、智慧城市、智能制造等领域应用。"①

单就这四个产业集群的大发展，就给珠三角地区信息服务业提供了极好的发展机遇，由此也产生了动力和压力。实际上，其他各大产业集群也对信息服务业有不同程度的需求。从国家相关部门的发展规划来看，通信服务业作为信息技术服务的代表性行业，也具有十分光明的发展前景。相信在政府的统筹安排与大力扶持下，社会各界一定会齐心协力共同促进通

---

① 广东省国民经济和社会发展第十四个五年规划和 2035 年远景目标纲要. 广东省人民政府，2021－04－06.

信服务业的健康发展。

（二）行业现状

我国拥有全球最大的通信网络，有人推测2022年我国移动数据接入流量将达到2 558.8亿GB[①]，这说明通信服务业在我国有着十分庞大的市场规模与十分重要的地位。此处选取中国移动与华为公司的研发与创新举措，来说明珠三角地区通信服务行业的发展现状。

2020年11月20日，中国移动在广州设立了创新研究院，该研究院明确围绕通信领域的行业专网、大视频和无线云网络技术等应用布局，旨在"立足广东、辐射全国"。2022年5月7日，中国移动广东公司、研究院携手其创新研究院共同发布了"星辰视界"行业大视频平台、工业AR等4项5G专网能力产品。而华为公司作为目前世界最大的通信设备商之一，为粤港澳大湾区信息服务业的发展作出了巨大的贡献。它和广东移动合作打造了全光城市群通信网，将绿色经济和数字经济相融合，通过持续的信息通信技术创新建设了全球规模最大的绿色全光交换枢纽网络，并基于新一代绿色高品质的全光基础设施助力各行各业的节能减排。2023年5月6日，中国电信粤港澳大湾区一体化数据中心一期项目在浈江产业园开工，该项目定位为中国电信集团和省级网络通信枢纽，旨在为相关企业提供上云用云和算力等服务[②]。此外，粤港澳大湾区还具备强大的产业和创新优势。该地区拥有的上市公司数量、国家高新技术企业数量均排名全国首位，在研发人数、高新技术企业数量等方面领跑全国，在技术研发和创新方面也有巨大的潜力。

（三）现存问题：国产芯片尚未成熟导致部分行业发展受限

目前，我国一些行业如半导体、汽车等支柱行业的关键零部件供应较

---

① 2022年中国移动通信行业市场现状及发展趋势预测分析. 中商情报网，中商产业研究院，2022 – 08 – 16.

② 总投资32亿元！中国电信粤港澳大湾区一体化数据中心一期项目开工. 羊城派，https：// baijiahao. baidu. com/s?id = 1765224660666151977&wfr = spider&for = pc.

为紧张，其问题根源在于成熟的国产芯片短缺，再加上一些客观因素导致处处受制于人。而国产芯片短缺的原因主要来自两个方面：首先是疫情因素阻碍了全球芯片产能扩张，在倡导接种新冠疫苗的同时，仍有些地区因疫苗短缺及病毒变异导致疫情出现不同程度的反复，进而导致的停工停产使芯片供应出现问题。而珠三角地区相关产业"优于设计而短于制造"的特点，决定了目前该地区的相关产业更依赖性能稳定可靠的进口芯片；其次是在芯片涨价的预期下，国内厂商对芯片的备货需求明显增长，这加剧了芯片供应较为紧缺的局面，于是在市场规律的作用下，芯片价格进一步提高，最终使相关企业的利润率受到影响，阻碍了企业的正常发展。

（四）发展建议：发展国产芯片刻不容缓，疫情防范仍需继续

解决芯片供应问题从根本上说，是要提升国产企业自身的科技创新能力。《中国制造2025》中指出，全球制造业格局正面临着深刻变革，信息技术和制造业的深度融合已是大势所趋，把握住关键技术领域的主动权才能把握住本国的未来。在此形势下，发展国产芯片刻不容缓。另外，面对新冠疫情仍然不可掉以轻心，防范工作应继续做好，防止因疫情反弹造成停工停产、破坏生产的连续性。

二、数字广告

（一）行业环境

2022年，市场监管总局发布《"十四五"广告产业发展规划》，立足新发展阶段，完整、准确、全面地贯彻新发展理念，提出了明确的发展目标，即广告产业向专业化和价值链高端延伸，产业发展环境进一步优化，产业创新能力、服务能力不断提高。其中的重点任务明确指出：要鼓励创新驱动，促进广告业产业升级；优化产业结构，提高专业水平；促进产业融合，提升服务能力。具体任务包括大数据、云计算、人工智能等现代信息技术在广告领域的广泛应用，形成广告服务的数字化、智能化、精准

化，将数字经济与传统媒体深度融合；鼓励业态创新和模式创新；科学布局广告产业集聚区；开展广告企业"大帮小"行动，为数字广告的广泛应用奠定坚实的基础。

该文件也为我国数字广告做了发展规划，指出要积极服务于新发展格局的构建。数字广告作为移动互联网时代的新型广告，要立足于服务数字经济，发挥好新型媒体的重要作用。数字广告中信息技术的体现主要集中在三个方面：首先是内容的数字化，即广告内容对于互动创意的注重；其次是形式的数字化，即数据化呈现广告效果；最后是服务的数字化，即用大数据等技术优化广告投放。①

（二）行业现状

珠三角地区所拥有的产业结构、社会文化特点，对于数字广告的研发与推广具有十分重要的意义。除了人口众多、基础设施建设齐全外，珠三角地区拥有许多工业设计企业、可为数字广告的投放等过程提供支持的创意园区，这就决定了无论从研发还是消费角度，数字广告在该地区都有非常优越的推广条件。

2021 年 11 月 18 日至 12 月 17 日，大学生广告节在广州举办，大会为参赛者提供了四个方向的主题，涵盖经济、社会、生活、文化 4 个角度。市场监管总局在上述规划中为企业提出专项任务，其中，明确要坚持广告领域"放管服"改革、坚持广告产业高质量发展引领工程、坚持广告产业服务能力提升行动，以及注重广告领域人才培养工作，而本次活动就深刻彰显了对广告人才培养工作的高度重视和具体落实。

（三）现存问题：广告产业数字化尚有发展空间

中国广告协会会长张国华曾在澳门国际广告节上发表演讲说："广告的传播是一个非常重要的塑造品牌的力量。先做了广告，后面才跟得上产品的出海。我们过去恰恰相反，东西卖了一大堆，但是基本见不到广告。"

---

① 国家市场监督管理总局．"十四五"广告产业发展规划．2022 - 04 - 22.

所以说，我们要更加重视广告宣传在产品销售过程中的重要作用，要提高广告设计和制作的质量，让广告先于产品走出国门，这样能进一步提升产品的市场竞争力。广告作为产品的名片，还应做到内容上注重创新，在推广过程中也要精准投放。

（四）发展建议：数字广告数字投放，丰富内容走出国门

企业利用大数据、云计算、物联网等现代科技手段进行广告升级与投放，这一点至关重要。例如，针对不同的客户群体，同一产品也可以采取差异化的投放策略，突出不同的侧重点，让大数据成为消费者的管家，促进消费者生活便利化水平进一步提高。同时要加强广告的互动体验，从而更好地吸引消费者进行消费购买，还要促推数字广告走出国门，并带动中国制造走出国门。

三、开源生态建设

（一）行业环境

2021 年《"十四五"软件和信息技术服务业发展规划》（以下简称《发展规划》）发布，其内容聚焦了开源社区建设的发展状况。其中提到要在关键软件领域取得重大进步，落实好国家软件发展战略，同时要着重建成一批高水平的软硬件适配中心，在关键基础软件方面如操作系统、开发支撑软件、数据库等领域补短板，通过财政支持、安全保障、国际合作与人才储备 4 个维度的支持，健全组织实施机制，提升我国软件和信息技术服务业的整体发展水平。在众多举措中，开源生态建设有较为突出的作用，"软件定义未来的世界，开源决定软件的未来"。目前，我国已成为全球开源生态的重要贡献力量[1]，一批国内开源基金会、本土开源项目正在积极筹备与建设中。就总体而言，我国开源生态建设还处在起步阶段，需

---

[1] 《"十四五"软件和信息技术服务业发展规划》解读. 工业和信息化部部门网站, 2021.

要克服的困难还有不少，社会各界的通力合作仍不可或缺。

（二）行业现状

开源建设即各种开源项目的建设活动，而开源项目指的是那些源代码或源设计可由公众使用，乃至能修改发行的软件包。目前人们熟悉的开源软件，除了安卓、苹果，还有 Linux、OpenStack、Hadoop、Spark 等。如果没有这些开源项目的建设，也就不会有移动互联网和那么多手机厂商的快速发展。这些开源项目属于底层技术，支撑着大数据、云计算等行业发展的生态环境。因此，我们把开源建设也称为开源生态建设。

在开源生态建设活动与发展进程中，开源社区能够发挥巨大的推动作用。开源社区是开放源代码社区的简称，它是根据开源软件许可证协议，由一些志趣相同的人共同搭建并公布软件源代码的网络平台，同时也为成员提供互相学习、自由交流的网络空间。因开源软件的开发者散布于全球各地，故开源社区就是他们必需的沟通平台。

目前，开源社区建设已有实际进展。2021 年初，开放原子开源基金会与华南技术转移中心正式建立了战略合作关系，双方共同商讨建设"国际开源技术人才培养基地"，为珠三角地区开源生态建设提供技术和人才保障，并致力于辐射全国，为我国的开源事业提供不竭动力。

（三）现存问题：开源生态建设文化氛围有待加强

Reagle 在其 2003 年发表的论文（*Socialization in Open Technical Communities*）中总结：开源社区应该具有 5 个特征：开放性、透明性、完整性、不歧视、不干涉。开放性指的是提供满足开放源代码定义的产品，透明性指所有的程序、规则和原理都具有可获得性，完整性指的是确保所有程序和参与者贡献的完整性[①]，这既是开源社区建设的特点，也是开源生态文化氛围的特点。要想真正让开源社区发展壮大，就一定要形成健康的开源文化氛围。然而我国开源建设尚处于起步阶段，其中一个阻力就在于开源

---

① 唐永忠．论开源文化（一）．2010．https：//blog．51cto．com/zhaisj/465512．

文化氛围不够浓厚，分享精神有所欠缺，企业参与开源建设的意愿不强，这就会阻碍我国整体范围内开源社区建设的发展脚步。

（四）发展建议：政府机构鼓励开源，有关企业争当模范

作为信息技术服务业发展条件最好的地区之一，粤港澳大湾区应扮演更为重要的角色。针对开源文化的改进，各地政府要积极鼓励企业参与开源，对这些企业给予一定的政策优惠，让企业获得实实在在的利益。随着时间的推移，开源社区的优势也一定会显而易见。此外，一些较为知名的企业如果能够主动参与开源、发挥示范作用，那么也能够鼓励和引导其他企业共同建设开源社区。就目前来说，华为、腾讯等企业做得比较出色，起到了一定的模范带头作用。

第五节　大珠三角信息服务业整体发展建议

第四节我们具体分析了通信服务、数字广告与开源建设三个较有代表性的信息服务业，分析其现状、存在问题并提出相应的对策建议。本节我们再对大珠三角整个信息服务业的发展，提出一些较有价值、有可操作性的发展建议。

一、明确信息服务业范围，建立具有针对性的、全面的信息服务业数据库

信息服务业范围界定的模糊，使目前研究界既缺乏衡量地区信息服务业整体发展水平的标准，又缺乏具有针对性的、覆盖全部信息服务业企业的、专门的数据统计和调查。这两个方面同时的缺失，导致现有许多研究反复集中于对指标体系和测量方法的研究，导致研究深度停滞不前。对此，大珠三角可以通过权威机构明确信息服务业的定义和涵盖范围，明确具体囊括哪些行业，以此为基础，建立信息服务业数据库，定期统计和调

查信息服务业研究常用的重要数据，方便日后研究的进行。

针对"大湾区"这一特定区域的数据库建设也同样重要，当前许多数据在统计时并没有直接以"粤港澳大湾区"为统计范围的数据，想要获得相关数据进行相关研究费时费力，这也导致相关实证研究文章的缺失，建立大湾区统一的数据库有利于日后的进一步研究。

二、金融业加大对大湾区产业的支持，打造全球领先的领军企业

当前，粤港澳大湾区与世界其他三大湾区相比技术创新能力有着明显的短板，领军企业如华为、中兴目前也存在各自的技术问题。领军企业足够强才能发挥好辐射带动作用，提升行业内和地区其他企业的整体质量。技术研发创新需要资金等要素的支持，大珠三角可以通过金融业进一步支持大中小企业的研发创新，例如，打造针对信息服务业的特色金融服务，或给予这方面的金融优惠等。

有重点性地支持和打造全球领先的领军企业同样重要，领军企业的出现能够吸引更多相关企业入驻，构建和完善信息服务业完整产业链，提升行业水平，打造信息服务业技术研发和创新高地。当然，领军企业需要有更强的辐射带动作用，能够通过自身的发展带动地区内更多大中小企业的发展。

三、区域协调发展能够最大化激发地区的创新活力

粤港澳大湾区面临的发展问题之一就是区域的协调发展问题，2022年，深圳地区生产总值超过 3 万亿元，同为大湾区城市的肇庆地区生产总值不到 3 000 亿元，排名第 5 的东莞市相比于排名第 6 的惠州市地区生产总值高出了一倍有余。相比较之下，浙江省台州市 2022 年地区生产总值超6 000 亿元，在长三角地区位于中等发展水平（2022 年地区生产总值在长三角地区 27 个城市中排名第 16 位），而在大珠三角 11 市中仅有深圳、广

州、香港、佛山、东莞5个城市地区生产总值高于台州市，说明区域发展十分不协调。大珠三角下一步的发展要给予地区发展差距以重视，区域协调发展能够充分发挥各地区的要素禀赋优势，是资源有效配置的合理方式，同时也能完善和更新区域内基础设施建设，提升大珠三角整体的经济社会发展水平，促进当地居民的消费能力的提高，为大珠三角信息服务业的发展提供动力和市场支持。

四、完善产业生态系统，建设产业园区，吸引国内外企业和人才入驻

产业生态系统包括产业在发展过程中所需要的和所供给的方方面面，从要素供应到产品销售，从研发创新到技术应用，从人才到政策无一不囊括在产业生态系统当中。粤港澳大湾区可以从产业生态系统的角度入手建设产业园区，从政策、环境、资源配置等各方面为信息服务业提供支持，形成完整而高级的产业链，进而吸引国内外优秀企业入驻，最终形成规模经济效应。定期组织企业的交流会以及设立行业协会也能够促进企业之间的相互学习、取长补短，大湾区政府可以定期对企业经营状况和遇到的问题进行访谈和调查，既可以更深入地了解地区信息服务业行业现状，也能够探索政府服务的新方式。针对企业的市场开拓，政府可以引导订单的签订，通过"搭线"的方式努力促成当地企业之间、当地企业与外地企业甚至是国外企业的交易合同。在人才教育和吸引方面，粤港澳大湾区可以在设立相关学科及专业学校、持续提高教育水平的同时，提高对信息服务业相关专业高质量人才的吸引力度，引导国内外人才服务湾区建设，为企业发展提供经验和技术支持。

五、加强粤港澳三地深层互动，充分发挥大湾区制度优势

粤港澳大湾区的特殊性在于其"两种社会制度、三种货币、三个法域、三个关税区"，粤港澳社会的种种不同也意味着在规则的衔接等层面

会出现未曾面对过的困难，但也同样意味着大湾区的兼容性和灵活性，大湾区的经济发展能够发挥不同制度的优势以及粤、港、澳三地各自的资源和区位优势，当前这三地的互动联系尚未达到最高水平，仍有进步的空间。香港金融业发达而资金丰富，澳门旅游业、博彩业发达，具有发展现代服务业的经验，大湾区可以探索跨制度、地区的管理模式，充分调动三地的优势资源，加快要素和人才的流动速度，推进更深层次的粤港澳合作，促进粤港澳大湾区信息服务业的进一步发展。

本章参考文献

［1］李晓峰．信息服务业演变及其对国民经济产业结构影响的研究［D］．北京：北京邮电大学博士论文，2021.

［2］哈进兵，陈双康．构建现代信息服务业发展水平指标体系的探讨［J］．情报理论与实践，2006.

［3］刘强，曾民族．构筑可持续发展的科技信息服务业［J］．情报理论与实践，2001.

［4］张志军．信息经济视角下的电信服务市场研究［D］．北京：北京邮电大学博士论文，2012.

［5］朱宗尧．上海现代信息服务业发展研究［D］．上海：东华大学博士论文，2012.

［6］匡佩远．我国信息服务业发展政策研究［J］．中国通信，2009.

［7］匡佩远．信息服务业：定义和统计框架［J］．统计教育，2009.

［8］韩宝国，李世奇．软件和信息技术服务业与中国经济增长［J］．数量经济技术经济研究，2018.

［9］朱幼平．论信息化对经济增长的影响［J］．情报理论与实践，1996.

［10］洪国彬，游小玲．信息含量最大的我国现代服务业发展水平评价指标体系构建及分析［J］．华侨大学学报（哲学社会科学版），2017.

[11] 李超. 我国各地区现代信息服务业综合评价研究 [J]. 图书情报工作, 2011, 55 (14): 49 - 53.

[12] 北京大学汇丰智库. 粤港澳大湾区四年经济发展回顾与展望. https: //thinktank. phbs. pku. edu. cn/2023/zhuantibaogao _ 0618/121. html, 2023 - 6 - 18.

[13] 南方日报. 粤港澳大湾区 (广州) 网络安全产业园授牌. https: //baijiahao. baidu. com/s? id = 1689364724638717440&wfr = spider&for = pc, 2021 - 1 - 20.

[14] 新浪科技. 广东电信 5G 分布式 M - MIMO 大幅提升用户体验, 助力千兆城市建设. https: //finance. sina. com. cn/tech/roll/2022 - 09 - 10/doc - imqmmtha6786957. shtml.

[15] 陈文玲. 粤港澳大湾区: 打造世界级战略性创新高地 [J]. 开放导报, 2022 (3): 40 - 47, 90.

[16] 符永寿, 单闫宇. 粤港澳大湾区数字新基建的内在逻辑与实现路径 [J]. 新经济, 2023 (1): 43 - 47.

[17] 新浪科技. 中信国际电讯 2021 年营收 94. 86 亿港元 已完成澳门 5G 覆盖. http: //finance. sina. com. cn/tech/2022 - 03 - 15/doc - imcwiwss6150608. shtml.

[18] 华为投资控股有限公司 2022 年年度报告. https: //www - file. huawei. com/ - /media/corp2020/pdf/sustainability/sustainability - report - 2022 - cn. pdf.

[19] 中兴通讯. 2022 年可持续发展报告. https: //baijiahao. baidu. com/s?id=17674020010163919582&wfr = spider&for = pc.

[20] 叶玉瑶, 王景诗, 吴康敏, 等. 粤港澳大湾区建设国际科技创新中心的战略思考 [J]. 热带地理, 2020, 40 (1): 27 - 39. DOI: 10. 13284/j. cnki. rddl. 003204.

[21] 王克群. 广府文化的特点及其影响 [J]. 广州社会主义学院学报, 2011, 9 (2): 80 - 82.

[22] 新华网. "大湾区创新发展专利指数报告" 发布. http: //

www. news. cn/2023 - 05/20/c_1129632781. htm.

［23］张振刚，户安涛，叶宝升，等．粤港澳大湾区建设国际科技创新中心的思考［J］．城市观察，2022（1）.

［24］新华社．粤港澳大湾区扬帆起航：为"一带一路"建设提供有力支撑，2019. https：//baijiahao. baidu. com/s?id = 162830438921827 3733& wfr = spider&for = pc.

［25］广东省人民政府．广东省国民经济和社会发展第十四个五年规划和 2035 年远景目标纲要，2021 - 04 - 06. https：//www. gdafc. edu. cn/cxqx/ 2. 3. 1 - 3guangdongshengguominjingjiheshehuifazhandishisigewunianguihuahe2035 nianyuanjingmubiao. pdf.

［26］2022 年中国移动通信行业市场现状及发展趋势预测分析．中商情报网，中商产业研究院．2022 - 08 - 16. https：//www. 163. com/dy/arti- cle/HET2D79U051481OF. html.

［27］张文，侯海霞，冯兆宇．总投资 32 亿元！中国电信粤港澳大湾区一体化数据中心一期项目开工．https：//baijiahao. baidu. com/s? id = 1765224660666151 977&wfr = spider&for = pc. 羊城派，2023 - 05 - 07.

［28］国家市场监督管理总局．"十四五"广告产业发展规划．2022 - 04 - 22. https：//www. samr. gov. cn/zw/zfxxgk/fdzdgknr/ggjgs/art/2023/art _ cb5cbd269425437084b67df54adccda8. html.

［29］工业和信息化部部门网站．"'十四五'软件和信息技术服务业发展规划"解读．https：//www. gov. cn/zhengce/2021 - 12/01/content _ 5655200. htm，2021 - 12 - 01.

［30］唐永忠．论开源文化（一）．https：//blog. 51cto. com/zhaisj/ 465512，2010.

第八章

珠三角信息流空间构建机制研究[*]

世界越来越受到"流"的主导。以"流"为突出特性的新空间形态，自 20 世纪末以来受到人们的重视。这种流空间作为信息时代新的现实以及作为一种社会科学新兴研究范式，对于日新月异的互联网时代具有很强的针对性和现实意义。基于流空间特别是信息流空间现象与理论，结合粤港澳大湾区所面临的机遇与挑战，归结出信息流的影响机制有待更深入研究、区域合作与融合发展的探索亟待更多实证研究两大问题。强化问题意识，对信息流空间做文献回顾和理论分析，并将理论观照于粤港澳大湾区现实，进行现象研究和对策思考。信息流主要从技术驱动、通道流动、节点带动、位势拉动 4 个方面对地域空间格局产生作用。粤港澳大湾区建设需要革新空间思维，强化协同治理机制，促进市场一体化，共建"数字湾区"，做强珠三角西岸的信息流优势，推进构建结构科学、集约高效新型空间网络格局。

---

* 本书系国家社科基金规划课题"粤港澳大湾区公共文化服务融合发展研究"（项目编号：22BT041）、广东省社会科学院党的二十大研究专项"'一国两制'实践的历史性成就、规律性认识与创新性发展研究"（项目编号：2022Y0036）的研究成果之一。

［作者简介］符永寿，男，广东省社会科学院港澳台研究中心副主任、情报学副研究员，研究方向为信息情报学、粤港澳交流与合作、数字治理。

第一节　引言与问题的提出

一、引言

马克思在《资本论》第 1 版序言中指出"社会不是坚实的结晶体，而是一个能够变化并且经常处于变化过程中的有机体。"空间是人类活动的基本范畴，由多种几何要素通过各种空间关系构成，受到多种复杂因素的综合影响。

自 20 世纪八九十年代以来，在全球化快速演化背景下，实体空间经历了快速工业化、城市化、信息化的共同作用，发生了显著变化、深刻变革，其中一大特征就是流动性大为增强。全球化实现世界范围内的要素流动和资源配置，叠加信息通信技术特别是互联网的迅猛发展，1994 年 4 月，中国全功能接入世界互联网，之后的 20 年时间先后进入了 web1.0、web2.0 和移动互联网、智能互联网时代。空间流动的物质、技术、社会条件全面具备，催生一种以流动为重要特征的新空间形态。世界日趋为"流"的影响，人流、物流、技术流、交通流、信息流等在组织网络、区域结构中的作用日益凸显，各种"流"进而嵌入式地编织着我们所生存发展的现实世界。研究"流"现象，应对和引导"流"影响，成为过去 30 年经济地理学、旅游经济学、信息情报学、区域发展、社会治理等诸多学科领域的一个课题主线和研究前沿。

二、问题的提出

"流动空间的空间网络是一种高级一体化的网络结构。这种高级网络以信息网络为基础架构"。在诸多"流"当中，信息流起着引导作用。信息流是新空间形态的决定性因素，在新空间构建中扮演着决定性角色。信息流的空间影响在理论与实践上均有了广泛的讨论和探索，特别是在区域、城市间空间关系的深入影响和创新构建方面，经济地理学等积累了丰富的研究发现。尽管如此，信息流空间的区域空间创新构建问题的研究，尚存在一些不足甚至空白点，有待重视和深入探讨。

信息流的影响机制有待更深入研究。信息流飘忽不定，踪影难寻。对其具体形态、种类的研究目前还是比较单薄。对其之于一个地域空间格局的错综复杂影响，尚待深入的实证性研究论证。随着信息通信技术特别是移动互联网、物联网、大数据技术的广泛应用，信息流对区域地理空间的重塑性影响有待理论上的分析评估。

区域合作与融合发展的探索亟待更多实证应用研究。在当今网络化、数字化时代，信息流网络是实现城市间信息快速流通、深化城市间联结与合作的必需条件。过往的研究大多局限在一个行政区域范围内，也有大量关于珠三角、长三角等传统成熟区域的城市群新网络空间结构的研讨，但跨境的信息流网络空间新格局研究很少，鲜有协同治理、融合发展视域下的相关成果。粤港澳大湾区由香港特别行政区、澳门特别行政区和广东省珠三角9市构成，涵盖总面积达5.6万平方公里的地域。在世界多极化、经济全球化、社会信息化、文化多样化深入发展的大背景下，具有"一个国家、两种制度、三个关税区、三种货币"独特性的大珠三角要打造成为一个世界级城市群、国际一流湾区，空间格局的塑造是个基础性的重大课题。信息流空间为大湾区网络化空间格局的构建提供了机遇，也带来挑战。正因如此，《粤港澳大湾区发展规划纲要》提出，要坚持极点带动、轴带支撑、辐射周边，形成主要城市间高效连接的网络化空间，构建结构科学、集约高效的大湾区发展格局。

第二节　文献综述与理论分析

信息流空间理论源于流空间的研究，流空间理论界定了三种基本的空间新形式，包括信息流空间、流动空间、网络社会。流空间理论将关注重点从物质实体转向流动要素，提供了一种观察、揭示当代社会系统的全新研究视角，解释信息社会生产生活变革机制的分析框架。自20世纪90年代信息社会研究专家曼纽尔·卡斯特（Manuel Castells）正式提出流空间后，我国学者快速跟进，广泛开展了大量研究探讨，信息流研究持续深化，学者们面向城市网络、区域结构、产业发展、社会治理等利用大数据、社会网络等方法开展大量富有新意的研究，推动流空间特别是信息流空间研究持续深化。围绕信息流新空间网络的创新构建，主要产生了信息流空间特性、空间形态类型、空间影响、空间构建等方面的学术成果和理论观点。

一、信息流空间特性

围绕信息流及其空间的概念、特征和规律，我国学者对信息流空间的特性开展了充分讨论。沈丽珍及其团队长期开展流空间研究，对信息社会流动空间的概念、属性与特征进行全面的解析，总结提出流动空间的"一属性""五特征"，即具有实体空间与虚拟空间的二元属性，流动性、共享性、高时效性、空间弹性、高级网络性五大特征。有学者将信息流的内在机理从用户需求、技术和经济效益三个方面加以揭示，分析了信息流动的行政命令下达、中心地到腹地、大城市之间、社会效益等主要路径。还有学者从社会地理学视角，利用社会网络分析法和重力模型研究了信息流空间的传播特征，总结出信息流具有地域性、分布不对称性、节点局限性特性。在诸多"流"要素中，信息流的引导作用尤为突出，物质流需要借助信息化、智能化实现高效配置，知识流、技术流等非物质流依附于信息流。

随着研究的深入，有学者从场所空间结构的形成机制入手，研究了流空间的结构性影响，将传统的场所空间形成机制归结为场所集聚、场所演化、场所均衡三种类型，认为流空间主要通过抑制弱化"场所均衡"，在不同的场所空间之间建立起新的联系，超越中心、等级、距离，对场所空间产生影响，促使空间结构从传统的树形结构转为树形。

二、信息流空间形态

尽管对信息流空间的形态、内涵观点各异。综合相关观点，我国学者一般认为信息流空间是信息流整合作用下的新空间形态，与传统的物理的静态的位空间相对应，流空间是动态网络化的空间。甄峰较早对信息时代空间新形态进行了研究，提出了实空间、虚空间、灰空间"三元空间"共存共生论，认为三种空间形态将长期共存。互联网是信息流空间的重要载体和缩影之一。进入互联网时代，大多数经济、社会、政治和文化活动转移到了网络化的流动空间中，人的存在和活动在网络上主要以信息形态呈现。21世纪之初，我国学者已经对互联网对空间的潜在影响、互联网信息流的空间开展研究论述。有学者阐述了互联网时代的社会经济空间组织变化，揭示互联网基于对市场的快速反应与配送的快捷性两大特性，在互联网时代社会经济空间组织的变化中产生潜在而又重要的影响。有学者从宏观上对世界互联网信息流空间分布进行了全局探讨，提出当今世界互联网信息流空间是以美国为单一中心，以欧盟、东亚为两翼，呈现"中心两翼"空间布局，并且主要受 ICANN、国家、国际大都市和跨国企业四种层面的力量主导影响，有五种相互作用的"流"态。

三、信息流空间测度

信息流有着丰富而复杂的载体和形态。研究者对与之密切相关的交通信息、物流数据、网络文本、互联网大数据、通话数据等进行研究。2011 年以后，基于大数据的流空间研究呈指数增长趋势。大数据为流空间研究提供了新的数据源、新的分析方法和新的研究视角。有学者通过"58 同城"网，对武汉 2 小时高铁圈覆盖城市进行公共信息提取和分析，对其区域网络空间结构展开研究，验证了互联网公共信息对于评估城市间关系所具有的较强客观性、易获性和实时性。通过对国外近几年关于"流空间"视角下区域空间结构研究的文献梳理，有学者发现不同类型的"流"数据在区域空间结构研究中起到了重要推动作用，尤其是手机信令数据、互联网数据、手机通话数据等大数据能更好地反映区域城市之间的空间相互作用。有学者基于互联网信息流要素，运用复杂网络分析、信息空间测度方法，探讨我国区域信息空间的格局和分布特征。有学者获取长三角、珠三角、京津冀经济区三个经济区代表性城市百度指数，特别是其中的用户关注度数据，测算其中的百度信息流，从中分析我国三大经济区的城市网络时空变化异同。还有学者基于城市间公路客运及百度指数大数据，对比研究了成渝城市群的城市网络。有人基于百度指数、谷歌趋势，对中国广西14个地级市和越南63个省市之间的信息流强度进行了定量测算。除了百度大数据，社交媒体数据也受到研究者的重视利用。分别有学者利用新浪微博LBS签到数据，对兰州市旅游流特征进行时空维度研究，利用社交媒体上的游记文本，分析甘肃省旅游流网络结构、空间布局特征。

四、信息流空间构建

在网络社会、数字经济背景下，信息流空间的优化构建在城市群空间结构领域成为一个研究热点和重要前沿。有学者研究了高速铁路的知识流作用、机制，提出了高铁在促进信息流、知识流中的鲜明作用，提出通过高速铁路枢纽开发影响人力资本流动，实现流空间与场空间的结合，改变区域间知识联系强度的对策思考。信息社会背景下，粤港澳协同治理、融合发展所面对的流空间问题引起一些学者的关注，就粤港澳大湾区信息流内容、形态及其内在的机制等开展研讨探讨。有学者基于人流、物流、资金流和信息流数据信息，对珠三角城市群9个城市所形成的城市群空间结构进行研判，也有学者运用上市公司数据、人口迁徙数据、搜索引擎大数据，定性定量分析描述珠三角城市的空间联系特征、演进趋势，还有学者结合利用信息流、交通流，辨析粤港澳大湾区空间网络结构的特征，研究没有留在现象和现状层面，学者们多数对实践层面如何促进现实空间的优化提出对策思考。

第三节　珠三角信息流空间的构建机制

以粤港澳大湾区为研究对象，基于信息流空间的技术变革和模式创新分析，发现信息流空间对现实空间主要有 3 个方面的影响，并主要从技术驱动、通道流动、节点带动、位势拉动 4 个方面对地域空间格局产生作用。

一、信息流新空间的重大影响

（一）渗透冲击传统时空边界

信息流基于信息通信技术的影响，对"地方"主导的场空间①、传统区域格局、等级城市关系、体制社会"边界屏蔽"等形成冲击。虚拟与现实、中心与边缘、距离与触达之间原本对立关系被弱化。地理"区位中心论"让位"网络空间论"，粤港澳大湾区复合新空间形态取代静态位空间。数字化生存成为普遍现象。以现代互联网络平台为基础，通过电子通信终端设备、远程通信通道等高科技手段与数字化技术建立起来的信息交互系统具有了网络空间、社会形态的特性，网络虚拟空间社会化，成为"由数字符号、通信技术、计算机技术等一系列电子技术所构建""借助并由'人—机—人'界面互动而产生的一种新型的社会存在"。

（二）优化重塑地区空间格局

在历史与现实、距离与联结、差异与共识等多重张力的共同作用下，地域网络空间格局的重塑构建，需要新的动能。信息流的区域空间的网络化构建产生一系列效应，显著促进区域内的圈层式合作、廊道式联系、门户式中转、枢纽式辐，粤港澳大湾区网络空间面临优化重塑新机遇。

---

① 场空间：指地域实体间的联系场，类比于物理学中的场概念，随着空间距离的增加，实体间的联系强度会减少，呈反比关系。

（三）整合影响地域社会治理

物联网、大数据、元宇宙、量子计算等信息技术和应用不断革新，新一代互联网、新基建建设持续深化，信息流空间技术日新月异，潜在的颠覆性技术一旦取得突破和快速应用，对一个区域的信息流空间影响将是巨大的，现有的空间治理规则和技术将面临挑战。技术革新深入影响粤港澳社会组织和个体，大湾区公共治理对象、机制、技术需不断调整适应。

二、信息流空间的构建机制

（一）技术驱动机制

粤港澳大湾区信息流的基础动力主要来自通信技术。从书信、电报、广播、电视到互联网、移动互联网、物联网，以及走向未来的量子通信，信息流的每一步跨越，伴随的是通信技术的革命性进步。在信息技术的支持下，信息流使物质流动更加快捷、精准。传输介质、信道模式等的理论和技术创新，带来了人类社会信息流动规模、质量翻天覆地的变化。通信技术的进步推动信息社会的到来，使信息流超越和超脱于人流、货物流、资金流等，成为当今社会的主导性的流通形态。快递物流的基础是信息流，一个快件从发出到接收的全过程，是在快递信息系统主导下完成的。如果将地球上每一天产生的快递活动绘制成线图，应当是极为壮观的场景，难以想象如果没有现代通信技术的支撑，这种人类奇观是不可能出现的。当今社会，线上支付日益普遍，银行网点的主要功能已经不是存取款。网络支付、数字货币正在取代现金支付，资金的信息流已经超越了现金流。信息通信技术是影响粤港澳大湾区信息流空间的形成以及空间网络的形态、布局的基础动因。

（二）通道流动机制

信息通道是信息流动的基础设施、基本依托。首先是替代和增强效应。信息流的虚拟流动替代了部分现实流动，"信息多跑路"，人流、物流少流动，各种中间环节得以减少、优化，信息流削弱了节点间物质流动的空间摩擦，提高了物质循环的效率和速度。其次是优化作用。信息流通过点对点、点对多、多对多的通道形式流通，形成网状结构，扩展、优化信息的传递。其中，点对点的信息通道具有很强的外溢效应、规模效应，通过扩展规模、打通堵点，信息流的通道流动效应形成的累进式增长、产生递进性效应对大湾区信息流空间网络格局产生影响。粤港澳大湾区城市间信息通道的建设与完善，直接影响着城市间的信息流通效率与形态，不同的城市间所形成的信息流差异，产生了弱联系、强联结，综合起来为大湾区信息流空间格局的形成奠定了基础。因此，大湾区信息流空间网络格局在很大程度上是由城市间和大湾区总体上的信息流动基础设施状况所决定的，广州与佛山、深圳与香港、珠海与澳门等城市之间的信息通道发展水平、信息通道的宽度和流畅质量，决定了这些城市之间的信息流强弱。

（三）节点带动机制

信息的流动是有节点的，不同的节点连接形式提供了不同的信息流动形态，而信息流也通过其特有的流动性将各个节点串联起来。信息流的节点有大有小，粤港澳大湾区 11 个城市是 11 个大节点，节点之间形成网状结构。粤港澳大湾区各城市是信息流网络空间的节点，信息流在区内外流动，作为关键性的整合要素，以其特有的复杂机制将 11 个城市节点有机串联起来，形成信息流空间网络。一个的稳定网络结构会将其网络中的所有节点进一步强化，也会加强节点与节点之间的联系强度。以节点之间的强联系，赋能整个大湾区区域要素流动的速率。

（四）位势拉动机制

节点当中有枢纽节点，这样的节点具有涓滴效应，通过自身的优先发展以某些间接方式带动弱势节点成长，其内在的机制是"位势"。位势本身作为一种物理概念提出，是由质点产生的一种势能，其大小跟质点的特性有关。从信息流网络的角度看位势，这种势能可以转换为一种影响力，节点的影响力越大，竞争力、资源支配力越强，自身发展水平以及对周围节点发展的拉动效应越强。信息流空间网络各个节点不同的发展规模、发展素质和发展潜力共同决定其位势水平。信息流空间网络中具有较高位势的节点通过创新人才、前沿技术以及建设经验、创新经验的规模溢出，营造出共享、开放、协同、高效的发展环境，从而实现对周边低势节点的拉动效应。

第四节　展望与建议

信息流对区域空间形态和格局产生重要影响，地理空间、网络空间、地理网络空间之间相互影响、融合，流空间在信息社会等一些层面上甚至超越了传统的空间形态，处于支配地位。推进粤港澳大湾区建设，传统的地理时空逻辑受到冲击，城市间高效连接的网络化空间，需要新的空间思维和构建策略。

一、粤港澳大湾区信息流空间格局展望

城市是流动空间节点的主要载体。信息的流动，对信息通道、信息节点、信息网络产生影响，显著地塑造区域节点城市之间的空间布局、网络关系。空间的连接性弱化了物流邻近性，关系论更新了传统的区位论。未来城市在流动空间中以联结关系、集聚能级取胜。流动空间改变粤港澳大湾区区域空间结构的影响因素，对区域内 11 个城市关系重新进行整合。

（一）整体呈"弧形"轴线

粤港澳大湾区信息流空间网络格局以广州、香港为主要核心，随着经济技术发展，逐渐呈现出以佛、广、莞、港、澳、中等城市为主导的"弧

形"环珠江口网络轴线。区域一体化建设正逐渐展开，发生了从"聚集拓展"到"区域扩散"的阶段性转化，产生了多样化、差异化、多核心化的新型布局。

（二）极核主导多中心并存

广州、深圳、香港凸显信息核地位。珠、中、莞、佛、澳是重要的综合性网络节点。香港的主导性地位突出，特别是大湾区外部网络联系指标上，香港的信息流网络中心度、联系影响度、主导性指数遥遥领先于其他城市，但其辐射范围在外围地区较弱，不如广州、深圳，反映了行政体制差异对其向内信息辐射的约束。珠海（中山）、东莞、佛山分别在大湾区的西南、东北、西北片区等次区域形成相对强大的聚合中转效应，在大湾区信息流的次位联系流中地位突出。澳门尽管内部网络指标靠后，处于边缘地位，但凭借其独特的文化背景和地缘关系，在融入全球信息联系网络上表现突出，是大湾区仅次于香港、深圳、广州排位第4的重要外部联系节点。

（三）核心—边缘、内部—外部分异

粤港澳大湾区区内城市，存在"超级连接点"①。研究表明，广深港等信息流高势能城市贡献了全区域内约50%的信息联系，信息流高势能城市约占区域城市总数的27%。港澳之间联系紧密，"广—莞—深—港""广—佛—中"等信息通道比较成熟稳定。香港、澳门的对外联系显著强于对内，广、深、莞则内外联系较为均衡。

二、对策思考

"伴随场空间向流空间的变迁，行政流需与流空间内在逻辑相适应，破除传统行政梗阻，使行政流成为区域流空间一体化的加速器。"建设粤

---

① 超级连接点：指的是区域间（尤其城市间）联系的超级节点。这种联系既包括国内、国际两个方面的联系，又包含快速连接、频繁交互两个方面的内容。

港澳大湾世界级城市群、国际一流湾区，空间格局的塑造是个基础性的重要课题。应信息流新型空间的兴起和深化影响，粤港澳大湾区建设需要革新空间思维，创新推进《粤港澳大湾区发展规划纲要》提出的极点带动、轴带支撑、辐射周边的网络化空间构建思路。

（一）强化协同治理机制，破除区域壁垒

粤港澳大湾区作为次国家尺度、跨制度的城市群区域，其具有"一国两制三关"的特殊属性。这使"统一机制、打破边界"成为大湾区空间网络格局建设中不可忽视的重要因素。建设逻辑不仅涉及跨制度对话，还涉及跨境区域治理等基本理论问题。

（二）强化市场一体化，促进要素流动

粤港澳大湾区经济的蓬勃发展源于珠三角与港澳成功的战略耦合。大湾区信息流空间网络建设更离不开一体化的市场发展，各类创新要素例如人才、资本、信息等，都需要依托于大湾区市场的进一步一体化，实现从局部聚集到跨境自由流动的转变，从而产生高效全面的粤港澳网络结构，使各个区域协同促进大湾区经济发展。

（三）共建共享基础设施，建设"数字湾区"

粤港澳大湾区数字新基建方兴未艾，进入了全面发展的新阶段，一系列新网络、新设施、新平台逐步建成，"数字湾区"的信息化、数字化、智慧化基础设施体系已初具形态。落实国际互联网绿色通道建设。对内，需要增强大湾区城际间信息网络基础设施的可达性与连通性，实现内部高水平的共建共享。对外，需要提升经济技术开放程度，打造与国际接轨的开放高地，积极衔接国际互联网建设进程，实现大湾区与国际信息流网络对接畅通无阻。

（四）做强珠西信息流优势，实现东西优势互补

粤港澳大湾区区域内各城市信息流空间发展水平差异明显，珠江口两

岸东强西弱，深圳东莞技术创新、产业发展居强势地位，拉动珠江口东岸地区信息流长期强劲，珠江口西岸相对较弱，造成城市间的功能耦合和协调能力不足。要发挥澳门、珠海、中山城市开放度、城市区位、信息制造业、文旅产业等优势，以区域重要节点城市拉升珠江口西岸的信息流势能。构建广佛中珠澳信息流骨干，做强横琴、翠亨、南沙信息流强点。

本章参考文献

[1] 马克思，恩格斯．马克思恩格斯选集（第二卷）［M］．北京：人民出版社，1995：102．

[2] 沈丽珍．流动空间［M］．南京：东南大学出版社，2010：131 - 132．

[3] 沈丽珍，甄峰，席广亮．解析信息社会流动空间的概念、属性与特征［J］．人文地理，2012（4）：14 - 18．

[4] 梁辉．省际信息流动空间格局与机制分析［J］．情报杂志，2009（7）：24 - 28．

[5] 毕硕本，黄铜，赵爱，等．基于社会网络分析法对信息流空间传播特征的研究［J］．计算机科学，2018（12）：279 - 287．

[6] 晏龙旭．流空间结构性影响的理论分析［J］．城市规划学刊，2021（5）：93 - 99．

[7] 甄峰．信息时代新空间形态研究［J］．地理科学进展，2004（3）：16 - 26．

[8] 刘卫东．论我国互联网的发展及其潜在空间影响［J］．地理研究，2002（3）：347 - 356．

[9] 孙中伟，路紫，贺军亮．世界互联网信息流的空间格局及其组织机理［J］．人文地理，2009（4）：43 - 49．

[10] 姚文萃，周婕，陈虹桔，等．基于互联网公共信息流的区域网络空间结构研究［J］．经济地理，2017（10）：10 - 16．

[11] 王垚，钮心毅，宋小冬．"流空间"视角下区域空间结构研究进展 [J]．国际城市规划，2017（6）：27-33．

[12] 王宁宁，陈锐，赵宇．基于信息流的互联网信息空间网络分析 [J]．地理研究，2016（1）：137-147．

[13] 熊丽芳，甄峰，席广亮，等．我国三大经济区城市网络变化特征——基于百度信息流的实证研究 [J]．热带地理，2014（1）：34-43．

[14] 李峥荣，徐邓耀，文玉钊．流空间视角下城市网络结构特征及组织模式分析——基于成渝城市群交通流和信息流的对比 [J]．经济论坛，2018（8）：143-149．

[15] 胡雪峰，郑铄．跨境城市信息流空间特征及规划策略研究——基于中国广西与越南的分析，面向高质量发展的空间治理——2020中国城市规划年会论文集，2021：480-486．

[16] 王录仓，严翠霞，李巍．基于新浪微博大数据的旅游流时空特征研究——以兰州市为例 [J]．旅游学刊，2017（5）：94-105．

[17] 吴江，魏玲玲，周年兴，等．基于网络游记的甘肃省旅游流空间分布格局研究 [J]．西北师范大学学报（自然科学版），2018（6）：75-81．

[18] 林晓言，罗桑．知识流空间与高速铁路 [J]．吉首大学学报（社会科学版），2017（3）：51-58．

[19] 王少剑，高爽，王宇渠．基于流空间视角的城市群空间结构研究——以珠三角城市群为例 [J]．地理研究，2019（8）：1849-1861．

[20] 黄沣爵，杨滔．珠三角城市空间联系及社会网络——基于"流空间"的分析 [J]．热带地理，2022（3）：422-430．

[21] 邱坚坚，刘毅华，陈浩然，等．流空间视角下的粤港澳大湾区空间网络格局——基于信息流与交通流的对比分析 [J]．经济地理，2019（6）：7-15．

[22] 符永寿，刘飚．网络虚拟社会的管理模式创新 [J]．广东社会科学，2012（6）：213-219．

[23] 吴士锋，陈兴鹏，周宾，等．基于信息流导引作用的循环经济

研究［J］. 情报杂志，2010（5）：192－195，191.

［24］沈丽珍. 流动空间［M］. 南京：东南大学出版社，2010：131－132.

［25］景涛. 空间视角下粤港澳大湾区发展演变研究［D］. 广州：华南理工大学博士学位论文，2021.

［26］汪波，赵丹. 新型城镇化背景下苏南区域治理探析——基于"流空间"视角［J］. 新视野，2015（1）：85－90.

［27］张虹鸥，吴康敏，王洋，等. 粤港澳大湾区创新驱动发展的科学问题与重点研究方向［J］. 经济地理，2021（10）：135－142.

［28］刘毅，王云，杨宇，等. 粤港澳大湾区区域一体化及其互动关系［J］. 地理学报，2019（12）：2455－2466.

［29］符永寿，单闫宇. 粤港澳大湾区数字新基建的内在逻辑与实现路径［J］. 新经济，2023（1）：43－47.

［30］符永寿，刘国雄. 粤港澳大湾区数字新基建发展报告［R］.// 郭跃文，王廷惠. 粤港澳大湾区建设报告（2022）. 社会科学文献出版社，2022：53－66.

第九章

珠三角元宇宙及相关产业初探

元宇宙作为一种新兴技术和产业形态，近年来在全球范围内备受关注，其相关各领域研究也较为广泛。本书先介绍元宇宙的由来、基本概念及其应用，探讨元宇宙和实体、虚拟经济的内在联系，再研析国家层面与全国各地已经颁布的元宇宙相关政策，以及在这些政策引导下粤港澳三地（尤其是大珠三角）元宇宙产业发展概况，然后为将来元宇宙产业的进一步发展提出政策建议。

第一节 元宇宙的由来与基本概念

元宇宙的英文名称为 Metaverse，其中 Meta 表示超出、变化之后的意思，而 verse 源自宇宙 universe 的后五个字母。所以元宇宙的意思，就是指超出真实宇宙的虚拟宇宙。

一、元宇宙的出现和技术特征

元宇宙即虚拟宇宙的意思，和原本存在的真实宇宙相对应。它是信息技术、数字技术高度发展的产物，也可以说是信息社会、数字经济的一种表达方式，或者说是新型的组成部分。

（一）信息社会的诞生和演变

在我国古代，信息直接就是指的消息。现代社会出现了传播及通信系统，这些系统传输和处理的内容，都应被归入信息范畴中。但当今社会所谓的信息，应该是能够用数字、文字来表达的内容。

实际上早在原始社会，人类就已开始传递信息了，例如，哪个地方食物丰富，哪儿有植物可供采摘、有动物可供狩猎。到农业社会，也有传递信息的需要、传递方法及工具，例如烽火台、驿站和驿马、飞鸽传书等。工业社会使人类文明到达一个崭新的顶峰，需要传递的信息内容也越来越丰富，传递方法及工具自然也越来越发达、越来越先进。

信息在人类社会（尤其工业社会）中的重要性越来越明显，以致信息也成为一种重要的经济要素、生产要素，甚至某些时候、某些方面及某些场合，比原材料、土地及其他生产资料，以及资金和劳动力等要素都显得更为关键。信息成为人类社会中最为关键的要素和组成部分，于是乎信息社会就诞生了，并且还在进一步演变及发展中。

（二）数字经济的产生与发展

信息社会的长足发展，又催生了数字技术和数字经济。随着计算机技术的产生与发展，所有信息就都能用数字来描述、计算或者进行其他处理。现代计算机采用二进制的表达方法，即所有事物皆可用 0 和 1 这两个数字来表达。这种表达方法的诞生，极大地推动了数字技术的进步和应用。这不仅提高了信息处理的速度和精度，还为各种数字应用（包括数字经济）的创新和发展提供了可能性。

通过将复杂的信息转化为简单的数字代码，计算机可以快速、高效地处理大量信息，并输出一些更有价值、更有参考作用的信息，这些信息也可以称之为数据，可为数字经济、数字产业的发展提供必要依据。

数字经济无疑是信息社会的产物，同时它也反过来推动了信息社会的演变。在数字经济中，所有事物包括各种商品、各种经济要素，都可以用数字来表达。数字化的技术使信息处理更加高效，数据传输更加迅速，从而推动了商业模式的创新和产业结构的升级。而数字本身作为一种经济要素，也能够广泛应用于经济发展的进程中。

（三）元宇宙的技术特征

数字经济和数字技术的进一步发展与成熟，又催生了元宇宙这一新生事物。元宇宙是人类运用数字技术构建的，由现实世界映射或超越现实世界，可与现实世界交互的虚拟世界，具备新型社会体系的、建筑于数字技术基础之上的、虚拟的宇宙空间。这是一个虚拟的数字空间，可整合各种数字平台与相关应用，让人们在其中进行互动与创造性活动。

有人说"元宇宙"这个词只是个商业符号，它本身并没有什么新的技术，而是集成了一大批现有技术。但我们并不这么看，元宇宙集成现有技术的过程中，实际上也产生了一些新技术，而集成技术本身也可说是一种新技术。更为重要的是，元宇宙构建了一个全新的虚拟世界，这个世界为人们提供了前所未有的感受和新颖的文化体验。在这个虚拟世界中，人们可以跨越时空限制，以数字化的身份参与各种活动，无论是娱乐、学习、社交还是工作，都能体验到与现实世界截然不同的生活方式。

这个虚拟世界并非孤立存在的，而是与现实世界相互交融的。通过虚拟现实、增强现实等技术，元宇宙能够把虚拟元素叠加到现实世界中，或者将现实世界的事物映射到虚拟空间中，创造出一种全新的混合现实体验。这种交融不仅改变了人们对世界的认知，也为创新和创造活动提供了无限的可能。

二、元宇宙的基本概念和应用

"元宇宙"（metaverse）一词最早见于 1992 年尼尔·史蒂芬森（Neal Stephenson）的科幻小说《雪崩》（*Snow Crash*）之中，该书以天马行空的想象力构建了一套现实人类和虚拟空间并存的系统。

（一）元宇宙的基本概念

从那时候开始，人类就开始进行与元宇宙相关的理论探讨和实验项目。随着相关技术如互联网、移动通信、人机交互、人工智能、区块链等的不断发展和成熟，元宇宙逐渐开拓出应用场景，越来越多企业（平台）加入研发与应用，各种虚拟空间互相联系，形成越来越复杂的虚拟世界。人们可在此虚拟世界中进行各种活动，包括社交、娱乐（尤其是游戏）和购物等。

为提供更好的用户体验，开发者致力于改进交互方式和性能，例如，更好地模拟真实世界的感官体验，如视觉、听觉、嗅觉与触觉等。今天，元宇宙已可应用于医疗、教育和艺术等领域，乃至能够独立进行艺术创作。人们不仅能参与虚拟经济的建设与管理，还能从虚拟经济中获取产业利润。

2021 年 10 月 28 日，美国脸书公司宣布了战略转型。扎克伯格宣称，脸书将不再只是一个社交平台，而是成为一家元宇宙公司，其未来目标，是想更为彻底地将全人类连接在一起。从此，脸书公司改名为 Meta（即元宇宙中的"元"），我国则根据其英文发音，把它近似地音译成"买它"公司，这倒真是融入一点商人做买卖的味道了。

到 2022 年 9 月 13 日，全国科学技术名词审定委员会举行元宇宙及核心术语概念研讨会，与会专家学者经过深入研讨，对"元宇宙"等 3 个核心概念的名称及其含义达成共识。从此，我国就把元宇宙 Metaverse 释义为"人类运用数字技术构建的，由现实世界映射或超越现实世界，可与现实世界交互的虚拟世界"。

（二）元宇宙的广泛应用

元宇宙融合了虚拟现实、增强现实、人工智能、区块链等多种前沿技术，为用户提供了一个全新的、沉浸式的数字体验空间，它的发展将深刻影响我们的生活方式、工作方式和社会交往方式，元宇宙不仅为人们提供了更多的选择性及可能性，也为企业、政府等机构提供了新的发展机遇和挑战，并将给人类社会带来巨大的变革。

元宇宙是近年出现的新生事物，但在经济文化、社会生活各领域中，已有不少应用。它既能应用于各大产业、各种行业中，本身又能形成一个新产业；它既是一种新的技术形态，也是一种新的产业形态。

元宇宙的经济模式、产业形态已初具雏形，法律和安全问题也逐渐凸显出来。相关法规和安全措施有必要逐步完善，以保护用户之合法权益。随着科技进步和应用场景拓展，元宇宙将对人类社会产生深远的影响，成为人类生活的重要组成部分，给人们带来越来越多便利和创造性的发展机会。这个虚拟的数字世界，甚至被称为拥有无限可能性。

第二节　元宇宙和虚拟经济、实体经济的关系探讨

元宇宙产业作为数字经济的重要组成部分，其发展前景广阔。元宇宙产业涉及虚拟现实、增强现实、人工智能、区块链等多个领域，其发展将带动相关产业链的升级和拓展，形成新的经济增长点。作为一种新型的信息技术和产业形态，元宇宙既和虚拟经济有着密不可分的内在联系，又和实体经济之间存在一些无法忽视的有机联系。

一、虚拟经济和实体经济的基本界定

虚拟经济与实体经济是两个完全不同的概念，在现代经济体系中两者缺一不可，已成为互相依赖、互相促推，共同发展、共同繁荣的两种基本经济形式。

实体经济是指以生产和交换货物和服务为主的经济活动，主要包括制造业、农业、建筑业、交通运输业、零售业等传统行业。很显然，实体经济乃是人们生存与发展的物质基础。或许可以这样说，自从有了人类社会，实体经济也就开始萌芽与逐渐生长了。实体经济直接关系国计民生，是人类社会经济发展的基础和主体，也是虚拟经济存在与发展的前提。虚拟经济最早出现在 20 世纪五六十年代[①]，因此说虚拟经济的诞生时间远远

[①]　成思危. 资本［M］. 北京：中国友谊出版公司，2009.

地晚于实体经济。

虚拟经济乃市场经济高度发达的产物，原本为实体经济服务而产生，但不断发展壮大，已成为能够和实体经济并驾齐驱的、一种新的经济形态。虚拟经济是从虚拟资本发展衍生而来的，所谓虚拟资本，原本是金融市场上的债券和股票，后来又发展到楼花、票据等。它们本身没什么价值，但因其代表的实际资本已经投入生产领域或消费过程，故可作为特殊商品来进行买卖，甚至能够资本符号而得到增值。早期的虚拟经济，主要指金融与房地产等产业，后来延伸到体育、博彩及收藏等产业。

今天的虚拟经济，除了能够买卖股票、楼花等价值符号，还能够买卖信息，故而包括基于数字技术（尤其是互联网技术）所进行的经济活动。虚拟经济不以物理形态的货物生产、交换及消费为主要特征，而是以信息、数据、知识等无形资产的加工生产、买卖流通、消费使用为核心。虚拟经济包括电子商务、在线金融服务、数字货币交易、网络营销与在线娱乐等多个领域。虚拟经济的价值创造与流转运营，在很大程度上依赖于网络平台与信息技术，具有跨时空、高效率和低成本等特点。

实体经济和虚拟经济之间存在清晰的界限，然而两者之间的关系并不是完全对立的，而是相互联系、相互渗透的。随着信息技术的不断发展，实体经济越来越多地借助于虚拟经济的手段和方法来降低成本、提高效率和拓宽市场。反过来说，虚拟经济的发展更加离不开实体经济的支撑，两者相互依存、相互促进，共同构成与描绘出现代经济的整体大观和具体样貌。

在未来的人类社会发展进程中，虚拟经济与实体经济之间的融合将会趋向于更为广泛和深入。虚拟经济与实体经济的相互融合，不仅是技术进步的必然结果，也是经济发展到一定阶段的客观要求。两者的进一步融合，不仅会持续更新传统的商业模式，还可能创造出新的产业形态，从而推动经济和产业、人类社会的全面发展。两者的进一步融合，有望推动经济结构的调整优化、各种产业的转型升级，从而创造出更多的新发展机遇，为我国经济社会的全面发展提供强大的新动力。

二、元宇宙和虚拟经济的内在联系

元宇宙和虚拟经济之间，存在着既有区别、又有交叉重叠的内在联系。元宇宙属于一种崭新的虚拟技术、一个崭新的虚拟空间；但虚拟经济属于一种新经济形态，这应是两者之间的根本区别。而元宇宙产业可能属于虚拟经济的范畴，虚拟经济则可能用到元宇宙的虚拟技术和虚拟空间，这应为两者之间的交叉重叠之处。

从本质上说，元宇宙是一个融合了多种技术和功能的网络空间，它通过虚拟现实、增强现实、人工智能、区块链等技术，构建了一个全新的数字世界，或者说是一个虚拟空间。而虚拟经济，本质上是一种经济活动，它主要涉及数字商品（或服务）的生产和买卖等活动。虚拟经济则可在实体空间（例如银行、证券公司、交易所）中开展，亦可在虚拟空间（尤其是网络空间）中开展活动。它不受地域限制，可以跨越国界，实现全球范围内的交易。虚拟经济所涉及的数字商品（或服务）包括虚拟货币、数字资产、在线游戏物品、虚拟土地等，这些都是通过网络空间进行交易、实现流通的。

两者之间的联系在于：一方面，虚拟经济所包括的内容广泛，能够将元宇宙产业、产业元宇宙都包含在内，元宇宙产业、产业元宇宙可算是虚拟经济的一种新形态，或者说新的组成部分。在元宇宙的虚拟世界中，所有交易和商业活动都属于虚拟经济的范畴。另一方面，元宇宙为人们提供了一种全新的价值创造方式，这为虚拟经济带来了更多的交易机会及可能性。而且，元宇宙技术和空间能为虚拟经济活动提供新式的支持和平台。元宇宙所依赖的技术如区块链、人工智能等，也同样为虚拟经济的发展提供了技术支持。例如区块链技术的去中心化、安全性与透明性等特点，为虚拟经济的交易活动提供了便捷性及可靠的保障，使虚拟经济活动更加智能化、高效化，使参与虚拟经济的用户体验更加趋向完美。

三、元宇宙和实体经济的有机联系

元宇宙与实体经济之间的联系，与元宇宙同虚拟经济的关系有所不同。实体经济主要涉及实物商品的生产、交换与消费行为，以及提供各种服务，这些都是现实世界中的人类活动。传统实体经济（包括三大产业）的运营与价值实现，并不依赖于元宇宙的理论观念与实用科技。

随着技术的不断进步，尤其是信息技术的飞速发展，元宇宙与实体经济之间的互动乃至融合也变得越来越频繁、越来越紧密。元宇宙作为一个由数字技术所构建的虚拟世界，为实体经济带来了新的发展机遇和挑战。

通过提供沉浸式的体验与全新的交互方式，元宇宙改变了消费者对商品（或服务）的认知和体验。在元宇宙的虚拟世界中，企业可以通过虚拟现实、增强现实等技术，为消费者提供更加丰富及个性化的购物体验，从而吸引更多显性与潜在的客户，提升销售额与利润额、提升运营效率和经济效益。

同时，元宇宙的出现和应用也改变了实体经济传统的商业模式。企业不再局限于传统的市场或实体店面，而是可以在元宇宙中建立虚拟商店或展厅，向全球范围内的消费者展示和销售商品（或服务）。这种方式不仅帮助企业突破了地域的限制，还大大地减少了运营环节、降低了运营成本，从而提高了企业的效率和效益。

此外，元宇宙还为实体经济提供了新的营销和广告平台。企业可以通过元宇宙中的虚拟活动、游戏或其他互动形式，与消费者建立更紧密的联系，提高品牌的知名度，甚至可能创造出新的需求、实现更多的附加值。

第三节　我国元宇宙产业政策研析

元宇宙作为新一代信息技术的前沿方向，已成为数字经济的重要依托和关键赛道。自 2022 年以来，我国从国家层面到各省市、区县密集发布元宇宙行动计划，旨在通过政策引导元宇宙产业集聚，推动元宇宙产业乃至区域经济发展。这些政策的出台，不仅为元宇宙产业提供了明确的发展方向，也为企业、投资者和创业者提供了信心和动力。在政策引导和市场推动下，我国元宇宙产业有望实现高质量发展，助力我国在全球元宇宙竞争中占据有利地位。

一、国家层面元宇宙行动计划

2022年10月28日，我国工业和信息化部等5部门联合印发《虚拟现实与行业应用融合发展行动计划（2022—2026年)》，该计划聚焦虚拟现实技术，对其与各大产业、各行业融合的具体方向作出说明与指引，催生了"虚拟现实＋工业制造""虚拟现实＋文体旅游"等业态。但随着科技日新月异的进步，除虚拟现实之外的元宇宙技术也在和产业进行越来越多的融合，使"元宇宙＋工业制造""元宇宙＋文体旅游"等新业态也应运而生。

2023年8月29日，工业和信息化部、教育部、文化和旅游部、国务院国资委、国家广播电视总局5部门联合印发《元宇宙产业创新发展三年行动计划（2023～2025年)》，该行动计划对元宇宙作出如下定义：元宇宙是数字与物理世界融通作用的沉浸式互联空间，是新一代信息技术集成创新和应用的未来产业，是数字经济与实体经济融合的高级形态，有望通过虚实互促引领下一代互联网发展，加速制造业高端化、智能化与绿色化升级，支撑建设现代化产业体系。并对我国2023～2025年元宇宙探索的主要任务（包括核心技术攻关、构建产业体系、培育工业元宇宙、创新应用场景、完善治理体系）给予明确指导，为各省市、区县进入元宇宙赛道提供了纲领性文件。

二、全国各地元宇宙行动计划

从全国各省市、区县元宇宙行动计划中，本书选取36份产业政策文件（见表9-1)，针对其主要内容进行一些研究分析。

表9-1　　　　　　　　各地元宇宙产业发展政策

地区	文件1
浙江省	浙江省元宇宙产业发展行动计划（2023～2025年）

续表

地区	文件1
河南省	河南省元宇宙产业发展行动计划（2022～2025年）
山东省	山东省加快元宇宙产业创新发展的指导意见
江苏省	元宇宙产业发展行动计划（2024～2026年）
四川省	四川省元宇宙产业发展行动计划（2023～2025年）
江西省	江西省元宇宙产业发展指导意见
上海市	上海市培育"元宇宙"新赛道行动方案（2022～2025年）
重庆市	重庆市元宇宙产业发展行动计划（2023～2025年）
北京市	北京互联网3.0产业创新发展的工作方案（2023～2025年）
厦门市	厦门市元宇宙产业发展三年行动计划（2022～2024年）
成都市	成都市元宇宙产业发展行动方案（2022～2025年）
济南市	济南市促进元宇宙产业创新发展行动计划（2022～2025年）
潍坊市	关于加快推动元宇宙创新发展的若干政策
武汉市	关于印发武汉市促进元宇宙产业创新发展实施方案（2022～2025年）的通知
苏州市	苏州市培育元宇宙产业创新发展指导意见
南京市	南京市加快元宇宙产业发展行动计划（2023～2025年）
无锡市	无锡市元宇宙创新发展三年行动计划（2023～2025年）
开封市	开封市元宇宙产业发展行动计划（2023～2025年）
郑州市	郑州市元宇宙产业发展若干政策
北京市东城区	东城区加快元宇宙产业高质量发展行动计划（2023～2025年）
上海市虹口区	虹口区促进元宇宙产业发展的试行办法
重庆市永川区	重庆市永川区元宇宙产业发展三年行动计划（2023～2025年）
青岛市市南区	青岛市市南区关于促进元宇宙产业高质量发展的若干政策措施
潍坊市奎文区	奎文区元宇宙产业创新发展行动计划（2023～2026年）
杭州市西湖区	西湖区打造元宇宙产业高地的扶持意见（试行）
杭州市上城区	上城区关于加快元宇宙产业发展的若干措施
丽水市青田县	关于加快元宇宙产业发展的若干意见
武汉市汉阳区	关于加快元宇宙创新发展扶持政策（试行）的通知
苏州市昆山市	昆山市元宇宙产业创新发展行动计划（2022～2025年）

地区	文件 1
湘江新区	湖南湘江新区促进元宇宙产业发展的实施意见（试行）
江宁高新区	江宁高新区关于加快发展元宇宙产业的若干政策
济南新旧动能转换起步区	关于支持元宇宙产业发展的八条政策（试行）
北京城市副中心	北京城市副中心元宇宙创新发展行动计划（2022～2024 年）
横琴	支持元宇宙产业发展十方面税收措施
广州市黄埔区	广州市黄埔区、广州开发区促进元宇宙创新发展办法
广州市南沙区	广州南沙新区（自贸片区）推动元宇宙生态发展九条措施实施细则

三、元宇宙产业政策研析

基于对 36 份文件的分析，本书将元宇宙产业政策的内容划分成配套设施建设、创新技术研发、产业高地打造、消费场景提升、实体经济赋能、数字空间治理和风险防范共 7 个方面，各地区的政策文件之侧重点各有不同。

配套设施建设，自然是元宇宙相关基础设施的建设与完善；而创新技术研发，包括核心技术攻关与创新载体建设。这两个方面主要体现元宇宙的基础环境，在很大程度上决定该地区元宇宙产业能够达到的高度。在这 36 份产业政策中，几乎所有文件均以这两点作为行动计划的起点。其中，有关技术研发的计划比配套设施建设更受重视。一方面各地区以现有技术储备为基础，选取符合自身发展特色的技术进行攻关，另一方面鼓励企业、科研机构及高等院校打造实验室，建设元宇宙创新载体。

产业高地的打造，主要包括培养或引进人才、领军企业及中小企业，成立行业组织和公共服务平台，塑造品牌与提供金融支持等方面，侧重于营造良好的产业环境，为企业提供良好服务。打造产业高地是各地吸引元宇宙产业集聚的重要手段之一，这方面计划较为完整的有江苏、上海、重庆、北京与成都。

消费场景提升、实体经济赋能这两个方面，主要侧重于元宇宙与传统

经济融合形成新业态。通过对比分析，较为共性的融合方式有"元宇宙 +
零售""元宇宙 + 文体娱旅""元宇宙 + 会展""元宇宙 + 教育""元宇
宙 + 医疗""元宇宙 + 办公""元宇宙 + 城市治理"以及工业元宇宙，这些
融合方式成为众多地区的共识。此外还有些地区提出新的融合方式，例如
《虚拟现实与行业应用融合发展行动计划（2022 ~ 2026 年）》中提到的
"虚拟现实 + 安全应急"和"虚拟现实 + 残障辅助"、河南省的"能源元宇
宙"、江西省的"元宇宙 + 乡村振兴"以及无锡市的"元宇宙 + 养老"等，
为元宇宙产业提供了较为丰富的发展思路。

元宇宙作为一种新事物，在发展过程中难免出现一些弊端，所以各地
区在制定政策时还需考虑数字空间治理和风险防范两个方面。

数字空间治理主要是构建元宇宙治理体系，包括行业标准规范的制
定、数字身份认证与管理、数字资产确权与交易，以及容错机制和监督机
制、数字消费评价机制的建立。《北京互联网 3.0 产业创新发展的工作方
案（2023 ~ 2025 年）》《成都市元宇宙产业发展行动方案（2022 ~ 2025
年）》和《东城区加快元宇宙产业高质量发展行动计划（2023 ~ 2025 年）》
在构建治理体系方面相对来说较全面，为数字空间治理体系提供了模板。

元宇宙的风险防范，主要防范数字内容风险、知识产权风险、隐私安
全风险、伦理风险、沉迷风险和金融风险。在这方面，各地普遍都涵盖到
知识产权和隐私安全，而河南与上海涵盖范围更广，北京与成都次之。

四、广东（珠三角）元宇宙产业政策

广东省政府重视且积极推动、扶持元宇宙领域发展，使广东在元宇宙
产业方面展现出强大的促推动力和发展潜力。其中，广州市元宇宙产业发
展较为领先，2022 年粤港澳元宇宙智库暨广州市数字经济协会元宇宙专委
会成立大会在广州（国际）科技成果转化天河基地成功举办。同时，粤港
澳大湾区首个区域性元宇宙产业智库也在广州天河成立。此外，广州元宇
宙产业布局和落地场景都在全国领先，广州在元宇宙领域布局的企业实力
雄厚，有关技术、产品和整个元宇宙产业发展趋势深度契合。

2023 年 7 月，《2023 胡润中国元宇宙潜力企业榜》在广州南沙发布。该报告指出以广州、深圳和东莞为主，广东拥有"元宇宙领域最具发展潜力的中国企业 200 强"中的 46 个企业，元宇宙产业发展充满活力。许多高科技企业和新兴创业公司都积极开拓虚拟现实、元宇宙游戏、元宇宙演出、数字展览等新兴领域的推广应用。广东元宇宙产业链已逐渐成熟，覆盖了从硬件生产、软件研发到内容创新等多个关键环节，为整个行业稳健成长、持续进步打下坚实基础。①

在此基础上，广东继续探索与元宇宙相关的全新领域。2024 年 4 月印发的《广东省开展国家标准化创新发展试点工作方案》，聚焦先进标准（包括元宇宙产业标准）制定。可以期待的是，针对元宇宙产业标准化的研究和创新，将有力提高我国元宇宙领域整体发展水平，其框架构建和标准化经验能够给其他地区提供广泛的、有益的借鉴。

广东省元宇宙产业发展政策主要包括：《广州市黄埔区、广州开发区促进元宇宙创新发展办法》《广州南沙新区（自贸片区）推动元宇宙生态发展九条措施实施细则》与横琴《支持元宇宙产业发展十方面税收措施》三份文件。不同于其他地区的元宇宙行动计划，这三份文件的主要内容集中于关键技术攻关、产业高地打造。《支持元宇宙产业发展十方面税收措施》包括了实体经济赋能、治理体系构建，因此覆盖范围更广。《广州南沙新区（自贸片区）推动元宇宙生态发展九条措施实施细则》在产业高地方面有更为具体的细节描述，《广州市黄埔区、广州开发区促进元宇宙创新发展办法》则多了知识产权保护的相关内容。所以说相比之下，三者各有优势。很显然，三份文件都集中在珠三角，两份在广州，一份在珠海（横琴）。

第四节　大珠三角元宇宙产业现状与发展建议

在大珠三角地区（亦即目前的粤港澳大湾区），元宇宙产业发展整体

---

① 元力社. 广东：开展基于元宇宙的标准化研究，标准研究成果比率达 55%，2024. https：//baijiahao. baidu. com/s?id=1797390360979702418&wfr=spider&for=pc.

呈积极态势，各地充分发挥自身优势及特点，共同打造元宇宙产业高地。

一、大珠三角元宇宙产业发展情况概览

广东省在我国元宇宙行业的发展中处于领先地位，元宇宙行业相关企业众多，数量位居全国前列①，其中，华为技术有限公司与腾讯控股有限公司具有较强的行业竞争力，行业整体发展呈积极态势。广东省元宇宙产业主要集中在东部沿海地区，广东省强大的科技创新能力、完善的基础设施、政府的大力支持以及开放包容的地区文化都为元宇宙在广东省的生根、发芽创造了巨大的优势条件。广东省元宇宙产业发展以广州、深圳为龙头，这两个城市的发展特点则有所不同，广州侧重于实际应用，已成功落地大量场景，而深圳却凭借其技术领先地位，引领着整个行业的发展，可以说两者彼此互补、相辅相成且合作共赢。

香港以其独特的优势和特点致力于元宇宙产业的探索与发展，正在积极利用元宇宙技术推动着金融创新和科技突破，同时也在积极探索互联网3.0 相关金融创新。特区政府持续重点关注虚拟资产监管，为元宇宙产业提供政策护航②。香港独特的金融与科技优势，正好能够和广东省的元宇宙产业相互支撑，共同推进粤港澳大湾区打造元宇宙产业高地。

澳门也在积极参与粤港澳大湾区的元宇宙产业布局，澳门强大的文旅产业基础、优质的教育资源都可以作为发展优势。2022 年横琴粤港澳深度合作区决定，在合作区内打造元宇宙技术创新和产品应用的"超级试验场"，并逐步建成元宇宙产业发展新高地，从而推动粤澳两地元宇宙产业的快速发展。③

然而作为一种新型业态，粤港澳大湾区元宇宙产业的发展目前存在一些问题。一是元宇宙相关技术层面的突破亟须实现。这需要依托区域强大

---

① 2023 年中国元宇宙产业全景图谱. 前瞻产业研究院，2023 – 01 – 03.
② 元宇宙看大湾区：金融创新科技突破，香港以元宇宙撬动历史机遇. 元宇宙新声，https://mp. weixin. qq. com/s/NjEbCSho2E62NdO77FApCw.
③ 横琴打造元宇宙应用产业基地. 新华社，http：//www. zlb. gov. cn/2022 – 07/27/c_121167 0989. htm.

的科技创新能力，特别是对于区块链、虚拟现实、人工智能、云计算等关键技术的研发和应用能力。广东省在这些领域已经具备了一定的基础，但仍需加大投入和创新力度，以推动元宇宙技术的突破和发展。二是伴随着元宇宙的发展，各种未知的风险也随之而来，如何规避这些风险是目前需要解决的一个重要问题。元宇宙作为一个全新的领域，涉及知识产权、隐私保护、数据安全等多个方面，需要建立起相应的风险防范机制和监管措施，以确保元宇宙产业的健康发展。三是元宇宙产业的监管体系也需要进一步地搭建与完善。由于元宇宙产业的特殊性和创新性，传统的监管体系可能无法完全适应其发展需求。因此，需要探索建立适合元宇宙产业特点的监管机制，以实现元宇宙产业内部的资源高效配置和协同发展。如何实现元宇宙产业内部的资源高效配置等问题，还需要在实践中逐渐积累经验，而且制定相关政策，形成完整的产业体系。这里涉及的措施建议可包括：促进产业链上下游的合作与交流，推动技术创新与产业应用的深度融合，以及加强人才培养和引进，提升整个产业的竞争力和创新能力。[①]

二、粤港澳大湾区元宇宙发展建议

通过以上分析研究，我们为元宇宙相关技术、产业的未来发展提出 4 项建议：

（一）加强产业政策制定及标准化研究工作

相对其他地区而言，珠三角及港澳元宇宙领域的产业政策还较单薄，且涉及范围较小，缺少省级、市县的宏观规划。如前所述，粤港澳大湾区现已出台的元宇宙相关政策，仍仅限于广州的两份与横琴的一份。目前我国元宇宙产业处于起步阶段，产业规划主要由省、市牵头，围绕宏观规划再做进一步的微观布局。广东作为元宇宙领域走在前列的省份之一，在标准化研究和标准实施方面也应与时俱进、先行先试。可参考其他地区已颁

---

① 李利，康立文. 广东省元宇宙创新发展分析及对策建议 [J]. 自动化与信息工程，2023，44（1）：1-5，21.

布文件，再结合自身资源禀赋和区域特色，制定合适的产业政策，从而带动广东全省以及粤港澳大湾区元宇宙产业的健康发展。

（二）探索建立完善的元宇宙数字空间治理体系

数字空间治理体系的构建乃各地元宇宙产业政策的重要组成部分，对于确保隐私安全、促进市场公平竞争、维护数字空间法规和运行秩序、推动技术创新、实现元宇宙跨领域协同发展、提升国际竞争力和话语权都有着十分重要的意义。广东已颁布的三份产业政策文件中对此都很少涉及，只是《支持元宇宙产业发展十方面税收措施》提到容错机制的建立，《广州南沙新区（自贸片区）推动元宇宙生态发展九条措施实施细则》提到行业标准规范。但比较完善的治理体系，还需要囊括行业监管机制、数字身份认证管理、数字资产确权、数字消费评价机制、数据资产交易规范等方面。而且在后续的不断发展过程中，还需要建立起动态更新机制。

（三）做好元宇宙相关风险研究与防范工作

作为一种全新的产业形态，元宇宙产生与发展一定伴随着许多未知的风险和挑战，而产业政策及规划应当尽可能全面地涵盖这些风险。广东三份产业政策文件中，仅《广州市黄埔区、广州开发区促进元宇宙创新发展办法》提及知识产权保护，其他如数据和隐私安全、数字内容风险、伦理风险、沉迷风险、金融风险等都没有涉及。未来制定与实施的产业政策，有必要充分研究和考虑可能存在的风险，以及应对风险的具体措施，才能保障元宇宙（产业）的健康可持续发展。

另外，虚拟经济一向有变成"泡沫经济"的风险，元宇宙产业作为虚拟经济的新组成部分，也有必要提前做好预备工作，以防患风险于未然。

（四）加强地区间元宇宙产业相关合作

元宇宙产业的发展需要各地充分发挥自身的资源禀赋优势，从而达到合作共赢的目标。例如，广东珠三角地区能为元宇宙应用场景的落地提供机会，香港具有金融探索方面的优势，而澳门又具备独特的文旅资源，因此，粤港澳可积极探索元宇宙相关合作，调动与整合各种优势资源，进而实现优势互补，提高元宇宙研究和发展效率，共同打造元宇宙产业高地，进而吸引更多元宇宙企业来大湾区安家落户，形成良性循环的发展态势。

本章参考文献

［1］任瀚，张俊杰，宋雪梅，等．我国元宇宙产业政策的量化评价研究［J］．科技与经济，2023，36（6）：11 – 15．

［2］边鹏，伍春昀．我国元宇宙产业政策的金融抑制与缓解［J］．工程经济，2023，33（2）：4 – 13．

［3］李勇坚．元宇宙：各国产业政策竞争的新疆域［J］．科技中国，2022（9）：53 – 58．

［4］郑世林，陈志辉，王祥树．从互联网到元宇宙：产业发展机遇、挑战与政策建议［J］．产业经济评论，2022（6）：105 – 118．

［5］苟尤钊，吕琳媛．元宇宙价值链与产业政策研究［J］．财经问题研究，2022（7）：48 – 56．

［6］叶堂林，刘哲伟，张京亮．数字产业空间集聚影响因素探析［J］．科技进步与对策，2023，40（15）：75 – 82．

［7］霍海涛，赵轩维，夏恩君，等．中国信息服务业集聚及其影响因素［J］．北京理工大学学报（社会科学版），2017，19（3）：83 – 91．

第十章

珠三角低空经济和相关产业探究

低空经济作为我国和广东省重点发展的战略性新兴产业，已经具备一定的产业基础，例如，全国相关产业的政策配套和法律法规体系已经初具体系性，产业规模和配套能力不断完备，市场需求也进入高速发展期。但我国与以珠三角为核心的广东省在低空经济领域的产业发展生态远非完善。对照和借鉴发达经济体和先行地区在低空经济发展的历程和经验，我们可以扬长避短，强链补链，不断完善和夯实产业发展基础，培育出具备强大竞争力和产业配套力的低空经济产业发展生态。

第一节 低空经济的基本概念及其重要价值

低空经济的发展为国民经济提供了新的增长点。通用航空和无人机产业的快速增长，为经济发展注入新动力，引领产业融合发展，能够极大增强我国产业的国际竞争力，也有助于提升社会服务品质。近年来，低空经济在全球范围内崛起为一个快速发展的领域，呈现创新驱动、高效性、低成本、灵活性、安全性增强与全球化发展趋势。

一、低空经济的基本概念

低空经济已被列为我国重点发展的战略性新兴产业。所谓低空经济，是以各种有人驾驶和无人驾驶航空器的各类低空飞行活动为牵引，辐射带动相关领域融合发展的综合性经济形态。① 低空经济可以理解为新通航，有三大特征：垂直起降、新能源、智能驾驶。低空经济的主要产品包括无人机（消费级、工业级）、直升机、传统固定翼飞机以及备受关注的eVTOL（电动垂直起降飞行器）等。应用场景则广泛涵盖城市空中交通、偏远地区的作业飞行、医疗救援、抢险救灾、气象探测、海洋监测等多个领域。低空经济主要由低空制造产业、低空飞行产业、低空保障产业和综合服务产业构成，在一、二、三产业中均有体现，其在推动经济进步、提升社会保障能力以及为国防建设服务等方面都扮演着越来越重要的角色。

低空经济的主要特征：一是立体性，主要表现在其活动空间上。低空经济以低空空域为活动空间，这使经济活动从地面扩展到了空中，实现了从"平面经济"到"立体经济"的变革，这是人们经由城市从二维走向三维的现实需要所决定的。二是区域性，主要体现在其作用范围上。与航空运输经济、高铁经济等大规模、大范围的经济形式不同，低空经济主要基于小型飞机、短途航线和小型企业，具有小规模、小范围、分散性的特点，对地区经济发展有带动作用，但同时也受当地环境条件的制约。三是融合性，主要表现在其运营模式上。与其他交通运输经济不同，低空经济除了交通运输功能外，更多的是为各行业提供服务，例如，"农林＋航空""电力＋航空"等，以提升工作效率和降低成本。此外，空域使用、飞行保障以及有人机与无人机的融合运行，都体现了低空经济的融合性。四是广泛性，主要体现在其服务对象上。低空经济不仅服务于通用航空、警用、海关等多个领域，还涵盖了企事业单位、政府部门、个人等各类主体。同时，它涉及的航空器种类繁多，如固定翼、旋翼机等，并广泛应用于农林牧渔、制造、电力等多个行业。

---

① 新华社．范恒山：把发展低空经济作为构建新发展格局的重要抓手．搜狗百科，2022 – 02 – 21，https：//baike. sogou. com/appeal/snapshot? link = VHlJ1aqmYG9ftRMTICwTIuWxgS5SS10YdTt A6T1Hdp2AdToz7zjnWmUh5Wihd8ghd1igd1s6z8s_4WQidprWHz3D&originRef = https% 3A% 2F% 2Fm. gmw. cn% 2Fbaijia% 2F2022 – 02% 2F21% 2F35533899. html&lid = 216323564&title = % 5Bobject% 20HTMLHeadingElement% 5D，最后检索时间，2024 – 06 – 10.

二、低空经济的经济价值

低空经济并不是一个新概念，传统的通航产业已在国内外发展多年。然而，在国内，低空经济的经济价值长期被低估，且此领域的专业投资者相对匮乏。低空经济之所以被认为具有巨大的商业前景，源于其能将新开放的空域资源有效转化为经济资源。随着低空经济产业的持续发展，那些依赖规模化和人力密集的应用场景将逐步被低空飞行技术所替代。低空经济具有高效性、低成本、安全性和灵活性等特点，无论是城市内的低空交通、物流运输、文化旅游，还是农村地区的农林植保、应急救援和电力巡检等领域，低空飞行器均可得到广泛应用，进而显著降低人力成本。

（1）新动力推动国民经济增长。低空经济的发展为国民经济提供了新的增长点。通用航空和无人机产业的快速增长，为经济发展注入新动力。从经济发展规模上看，预测到"十四五"末，中国低空经济对国民经济的综合贡献值将达到 3 万亿至 5 万亿元，[1] 显示出巨大的市场潜力。中商产业研究院报告指出，2022 年低空经济对国民经济的综合贡献值约为 4 000 亿元，预计 2024 年这一数字将达到 5 035 亿元，展现出稳健的增长趋势，该报告进一步揭示了低空经济对中国国民经济的显著贡献。[2]

（2）新引擎助力区域经济腾飞。在区域协调方面，低空经济推动了区域经济由"平面"向"立体"模式转变，打造了区域经济新的增长极。如华东地区通过发展低空旅游和短途货运，提升了交通便利性，吸引了游客和投资，使经济增长提速 3 个百分点，成为新的增长极。在产业融合方面，低空经济的发展促进了航空物流、公务航空等产业的融合发展，对区域经

---

① 人民网．范恒山：发展低空经济对我国经济社会产生积极影响．人民网网站，2022 – 02 – 21，http：//finance. people. com. cn/n1/2022/0221/c1004 – 32356313. html，最后检索时间，2024 – 06 – 10.

② 资产信息网．2024 年中国低空经济研究报告．资产信息网的雪球专栏，2024 – 03 – 24，https：//xueqiu. com/4052944443/283287751，最后检索时间，2024 – 06 – 10.

济一体化发展产生了积极影响。

（3）强链条引领产业融合发展。低空经济作为综合性经济形态，其产业链长、带动性强。低空经济产业链涵盖了从基础设施建设、航空器研发制造到应用服务等各个环节，形成了从上游原材料和零部件供应到中游装备制造及配套服务，再到下游应用市场的完整产业链。这种长产业链不仅能直接产生经济效益，还具有显著的辐射效应，带动相关产业的发展。例如，航空航天制造、电子信息、新材料等，这种跨行业的融合发展有助于提升整体产业结构的层次和水平。

（4）新领域激发巨大市场潜能。随着技术的不断进步和政策的逐步放开，低空经济市场规模有望持续增长。以无人机为例，全球无人机市场快速增长，投资规模逐年攀升。在中国，根据相关数据，到2035年，国家对于低空经济的产业规模预期达6万多亿元，显示出巨大的市场潜力。截至2023年底，中国无人机设计制造单位约2 000家，运营企业近2万家，现有实名登记的无人驾驶航空器126.7万架，同比2022年增加32.2%；持无人机操控员执照19.4万人，有巨大市场潜力。[①]

（5）智创新促进就业与人才培养。低空经济的发展将推动技术创新和人才培养。随着低空飞行技术的不断进步和应用场景的拓展，对相关领域的人才需求将不断增加。这将促进教育、科研等领域的发展，同时为社会创造更多的就业机会。

（6）高效能提升社会服务品质。低空经济在促进经济发展的同时，也能加强社会保障和服务。例如，无人机在医疗、气象、农业等领域的应用，能够提高服务效率和质量，为社会带来更多的便利和福祉。

（7）领风骚展现国际竞争优势。中国无人机产业尤其是无人机制造业在全球市场中已经占据领先地位，极大增强了我国产业的国际竞争力。[②]此外，中国低空经济产业的全球市场影响力不断增强，释放了外溢效应，

---

① 物流指闻. 五个问题：看懂火热的低空经济. 出行一客，2024 – 06 – 03，https：//mp.weixin. qq. com/s/ – ZebNSmgctqMI8wBd36fHg，最后检索时间，2024 – 06 – 10.

② 新华网. 范恒山：我国低空经济发展现状、重点和趋势. 低空经济观察，2022 – 06 – 14，http：//www. xinhuanet. com/fortune/2022 – 06/14/c_1211656589. htm，最后检索时间，2024 – 06 – 10.

提升了国家形象。①

第二节　世界低空经济发展与经验借鉴

欧美日等发达经济体技术发展水平在全球产业技术分工中居于前列，在全球低空经济的产业发展格局中也居于领先地位，奠定了先发基础。这些发达经济体在低空经济发展方面技术创新能力强，产业基础厚实，产业人才储备比较充分，从研发创新、制造、金融孵化和支持到配套行业法律法规的制定，其产业生态已经构建完成，并在产业合作中形成互通有无的水平分工格局。借鉴其发展经验，对于中国和以珠三角为核心的广东在低空经济发展中发挥后发优势具有积极意义。

一、现 状

近年来，低空经济已在全球范围内迅速崛起，成为一个快速发展的领域。从全球来看，美国、加拿大、法国、巴西、德国、英国、澳大利亚等国家通航产业发展处于领先地位，产业规模占全球比例近80%，其中，美国独占半壁江山。据美国通用航空制造业协会（GAMA）测算，2019年通航产业为美国创造约2 470亿美元的经济贡献，约占美国GDP的1%，提供了约120万个就业岗位。

1. 市场规模快速增长

全球低空经济市场规模正在持续增长。根据权威机构发布的数据，2022年全球低空经济市场规模约为10万亿元，显示出该领域的巨大潜力和增长空间。中国低空经济发展尤为迅猛。2023年中国低空经济规模超过

---

① 新华网. 从"创新之城"到"天空之城"——来自深圳的低空经济"近观察". 经济参考报，2024 – 06 – 03，http://www.news.cn/fortune/20240603/e51484eac62740de9bb77962048441e5/c.html，最后检索时间，2024 – 06 – 10.

5 000 亿元，预计到 2026 年有望突破万亿元大关，年增速达 33.8%。①

2. 产业生态链布局不断完善

低空经济产业生态涉及装备制造、飞行应用、低空保障和基础设施四大板块，各板块之间相互关联、协同发展。地方政府通过制定相关策略和政策来推动低空经济的发展，抢滩低空经济市场。

从产业链角度来看，低空经济包含从设备制造到基础设施运营保障，再到广泛渗透各个领域的低空服务产业。

3. 技术创新不断进步 应用持续拓宽

随着技术的不断进步，无人机、电动垂直起降航空器（eVTOL）等新型低空飞行器正在快速发展。2023 年，多家 eVTOL 厂商如 Joby、Archer、Beta、Volocopter、Lilium 等完成了全尺寸验证机型的首次飞行测试。电池厂商如中国的宁德时代、美国 Amprius 和德国 Ionblox 开始布局适用于电动飞机的高能量密度电池等。这些都标志着该领域正在经历一场革命性的变革，为低空经济提供了更多可能性。

低空经济的应用场景也在不断拓宽。低空经济广泛涉及第一、第二、第三产业，与航空制造、航空运输、航空旅游等多个领域密切相关。这种跨行业、全链条的发展格局促进了多领域的深度融合。例如，航空航天一级供应商霍尼韦尔（Honeywell）在迪拜航展宣布已获 100 亿美元未来空中交通业务订单；像无人机配送服务、城市空中交通、农业无人机应用等多元化的应用场景使低空经济的发展更加全面和深入，这些创新应用也正在改变人们的生活方式。

4. 政策与资本支持力度呈加大趋势

政府对低空经济的发展给予了高度重视和支持。各国政府纷纷出台相关政策，为低空经济的发展提供有力的政策保障和引导。例如，美国航空航天局（NASA）承担了先进城市空中交通（AAM）体系的主要探索研究任务，推动了多个相关项目；德国政府将低空经济视作综合交通体系的一部分，发展无人机配送系统，并且在法律框架内进行规范；中国政府将低

---

① 工信部赛迪研究院. 中国低空经济发展研究报告（2024）. 2024 – 04 – 01. 最后检索时间 2024 – 06 – 10.

空经济列为新质生产力，并在《国家综合立体交通网规划纲要》等文件中明确提出发展低空经济的战略意图。

资本市场也对低空经济领域表现出浓厚的兴趣，投融资活动频繁。例如，2023 年最受瞩目的 eVTOL 行业投资事件是飞机制造商巨头波音全资收购无人驾驶 eVTOL 制造商 Wisk，这有可能加速 Wisk 在无人驾驶 eVTOL 的研发和适航进展，这为低空经济的发展提供了强大的资金支持。

由此可见，世界低空经济发展呈现出市场规模不断扩大、产业生态日益完善、技术创新应用加速以及政策与资本支持力度加大的趋势。随着技术的持续进步和应用场景的进一步拓宽，低空经济有望成为未来全球经济增长的重要引擎之一。

二、特点

世界低空经济具有创新驱动、高效性、低成本、灵活性、安全性增强与全球化发展趋势的特点：

（1）创新驱动：低空经济的发展离不开创新。无人机、5G、大数据、物联网、人工智能等创新技术的应用为低空经济的发展提供了强大的技术支撑，推动了行业的持续进步。

（2）高效性、低成本与灵活性：以无人机为代表的低空交通工具可以在低空快速飞行，高效完成各种任务，例如，物流、测绘、环境监测等。同时，相比传统的航空器和人工作业，无人机等低空交通工具的使用成本更低，降低了生产和服务成本。此外，这些工具还可以根据需要进行定制化设计和配置，展现出极高的灵活性。

（3）安全性增强：低空飞行在一定程度上避免了传统航空器的安全隐患，减少了人员的风险。特别是在紧急救援等场景中，低空交通工具能够快速到达灾害现场，进行人员搜救、物资投送等工作，提高了救援效率和安全性。

（4）全球化的发展趋势：随着全球化的深入发展，低空经济也呈现出全球化的发展趋势。各国在低空经济领域的合作与交流日益频繁，共同推动低空经济的繁荣发展。例如，第八届世界无人机大会低空经济与产业集群峰会的成功举办，为全球低空经济的发展搭建了一个重要的交流与合作平台。

三、趋势

世界低空经济发展正呈现出蓬勃的趋势。随着科技的飞速进步和全球交通方式的革新，低空经济作为新兴的产业领域，其市场规模持续扩大，技术创新不断涌现，并受到各国政府政策的积极扶持。从产业链的完善到国际合作与交流的加强，低空经济正逐步成为全球经济增长的新引擎，引领着未来交通与经济发展的新方向。

1. 市场规模持续扩大

以中国为例，低空经济市场规模在近年来快速增长，2023 年已超过5 000 亿元，预计到 2030 年有望达到 2 万亿元。这种增长趋势预示着低空经济将成为全球经济增长的新动力。全球范围内，随着地面交通拥堵问题的加剧和无人机技术的成熟，各国都在积极探索培育低空经济产业，市场规模有望进一步扩大。

2. 技术创新推动发展

低空经济的发展离不开技术创新的支持。例如，电动垂直起降飞行器（eVTOL）等新型航空器的研发和应用，为低空经济带来了新的增长点。无人机技术、轻量化材料、智能飞行控制系统等领域的持续进步，将进一步提升低空经济的运行效率和安全性。

3. 政策环境逐步完善

各国政府正逐步完善低空经济的政策环境，为产业发展提供有力支持。例如，美国政府通过顶层设计与政策支持，积极推动低空经济的发展；中国政府也将低空经济列为战略性新兴产业，并在多个政策文件中明确提出支持其发展。随着政策的逐步落地和实施，低空经济的发展将迎来更加有利的环境。

4. 产业链日益完善

低空经济涉及装备制造、飞行应用、低空保障和基础设施等多个领域，随着产业的发展，这些领域的产业链将日益完善。装备制造领域将不断涌现出新型航空器和核心零部件；飞行应用领域将拓展到更多场景，例如空中旅游、医疗救援等；低空保障和基础设施领域也将得到进一步加强。

5. 国际合作与交流加强

随着全球化的深入发展，各国在低空经济领域的合作与交流将更加频繁。通过共享技术、市场和资源，共同推动低空经济的繁荣发展。国际性的低空经济论坛、展览等活动也将逐步增多，为产业内外的交流与合作提供更多平台。

四、发展经验借鉴

1. 重视技术创新与研发投入

发达国家在低空经济的发展过程中，普遍重视技术创新和研发投入。例如，英国和德国政府调整产业结构，建设示范低碳发电站，并加大资助发展清洁煤技术、收集并存储碳分子技术等研究项目。美国则是世界上低碳经济研发投入最多的国家，联邦政府曾向国会提交预算中对清洁燃煤技术的研究提供巨额拨款。这些经验表明，持续的技术创新和研发投入是推动低空经济发展的关键。

2. 构建完善的产业相关法律法规体系

发达国家在发展低空经济时，注重构建完善的法律法规体系。以英国为例，它不仅是世界上第一个拥有气候变化法的国家，还是第一个立法约束"碳预算"的国家，并发布了《英国低碳转换计划》等政策文件。这些法律法规为低空经济的发展提供了有力的政策保障和指引。

3. 金融机构的深度参与

在欧、美、日等发达国家，金融机构在低碳经济中的参与度较高。银行、基金、证券公司等金融机构成为碳金融市场的重要参与者，为低空经济提供了多元化的融资渠道。这种金融机构的深度参与，有效地推动了低空经济的快速发展。

4. 拓展低空应用场景

低空经济的发展需要不断拓展应用场景。以深圳为例,作为低空经济产业聚集度最高的城市之一,它积极拓展低空飞行在风光游览、城市安防、医疗救护等多个领域的应用。这种多元化的应用场景不仅提高了低空经济的市场规模,还推动了相关产业的协同发展。

5. 加强国际合作与交流

随着全球化的深入发展,国际合作与交流在低空经济领域变得越来越重要。各国通过共享技术、市场和资源,共同推动低空经济的繁荣发展。例如,国际性的低空经济论坛、展览等活动为产业内外的交流与合作提供了重要平台。

在探索世界低空经济的发展过程中,各国积累了丰富的经验和成功案例。从技术创新与研发投入的重视,到法律法规体系的完善,再到金融机构的深度参与,以及低空应用场景的拓展和国际合作的加强,这些经验共同构成了推动低空经济快速发展的关键因素。通过借鉴这些宝贵的经验,我们可以更好地把握低空经济的发展脉络,为未来的产业升级和经济增长提供有力的指导和支持。

第三节 中国低空经济及相关产业发展现状

中国在低空经济发展方面,起步较晚,但近年来呈快速发展态势。推进低空产业发展的政策配套不断完善,市场需求呈快速发展态势,无人机等产业发展领域已经建立强大的国际竞争力,粤港澳三地的低空经济产业基础、技术实力和政策支持力度更是居于全国前列。但全国其他地区和粤港澳三地低空经济发展的不均衡性和产业生态软肋同样需要在今后的发展中加以解决。

一、全国低空经济发展概况

低空经济作为新质生产力的代表,其辐射带动的相关领域融合发展,不仅体现在第一、第二产业，更在第三产业中发挥着越来越重要的作用。近年来，在市场和政策的双轮驱动下，我国的低空经济已经成为国家经济发展的新动力。随着技术的进步，我国低空经济得到快速发展，特别是民用无人机产业发展迅猛，并处于全球领先地位，但同时也面临着一些挑战和问题。

1. 从中央到地方，低空政策一步步推进

据不完全统计，截至 2023 年底，国家发改委、工信部、民航局等部门共发布超过 60 个涉及低空经济产业相关政策文件；全年有 16 个省份将低空经济、通用航空等相关内容写入政府工作报告，累计已发布 20 多个市级产业规划、指导意见、行动计划、实施方案等。低空空域协同管理等改革措施不断出台和完善，促进政策支撑体系、运行机制快速适应产业发展需求。

从 2020 年中央空管委办公室设立"国家低空经济融合创新研究中心"作为经济研究智库和决策咨询机构，到 2021 年 2 月，中共中央、国务院发布的《国家综合立体交通网规划纲要》首次明确提出发展低空经济，再到 2023 年 12 月，中央经济工作会议将低空经济列为战略性新兴产业，低空经济在国家层面得到了越来越多的重视。2024 年"低空经济"首次被写入政府工作报告，提升至战略发展高度，其在国家经济布局中的地位日益凸显。这种自上而下的政策推动，不仅为低空经济的发展指明了方向，也为各省市积极响应和布局提供了明确的指导。

事实上，全国各地已经纷纷行动起来，结合本地实际出台了具体的低空经济发展政策和措施。例如，2023 年 9 月，安徽芜湖市发布《芜湖低空经济高质量发展行动方案（2023—2025）》；2023 年 12 月 27 日，深圳市《深圳市支持低空经济高质量发展的若干措施》发布；2024 年 3 月 10 日，无锡丁蜀低空经济产业园项目签约。此外，在 2024 年 3 月，《2024 年度安徽省低空空域航线划设方案》获批，这意味着安徽的低空航线较 2022 年又增加 3 条。据统计，截至 2024 年 5 月底，已有 29 个省份将"低空经济"有关内容写入 2024 年政府工作报告，包括北京、广东、安徽、四川、湖南、江西、江苏、陕西、重庆、云南、海南、山东、河南、山西、内蒙古、辽宁、福建等。① 这一系列地方政策的出台和实施，正是对中央低空经济政策的积极响应和具体落实，展现出低空经济在全国范围内的发展热潮和广阔前景（见表10-1）。

表10-1 　　　　　　　　　　　低空经济部分政策

时间	政策	政策简况
2021年2月	中共中央、国务院印发《国家综合立体交通网规划纲要》	发展交通运输平台经济、枢纽经济、通道经济、低空经济
2021年12月	中国民用航空局、国家发改委、交通运输部联合印发《"十四五"民用航空发展规划》	减少中低空管制区数量；通过推动低空空域改革、完善机场配套设施、探索通用航空短途运输等方式，促进低空经济的快速发展
2022年1月	国务院印发《"十四五"现代综合交通运输体系发展规划》	深化低空经济领域改革，支持低空经济发展，以推动交通运输行业的创新和多元化
2023年6月	国务院、中央军委公布《无人驾驶航空器飞行管理暂行条例》	加强对民用无人驾驶航空器及操控人员的管理；规范空域划设和飞行活动；强化监督管理和应急处置
2023年6月	市场监管总局（标准委）发布《民用无人驾驶航空器系统安全要求》强制性国家标准	该标准是我国民用无人机领域首项强制性国家标准，适用于除航模之外的微型、轻型和小型民用无人机，提出17个方面的强制性技术要求及相应的试验方法
2023年9月	安徽芜湖市发布《芜湖低空经济高质量发展行动方案（2023—2025）》	通过系统推进、协同高效、创新引领、融合发展的原则，推动低空经济生态体系建设，目标是到2025年低空经济相关企业数量突破300家，产业产值达到500亿元，成为全国低空经济发展先行区、集聚区和示范区
2023年10月	工业和信息化部、科学技术部、财政部、中国民用航空局联合印发《绿色航空制造业发展纲要（2023—2035年）》	坚持市场主导，政府引导、创新引领；到2025年，电动通航飞机投入商业应用，电动垂直起降航空器（eVTOL）实现试点运行，氢能源飞机关键技术完成可行性验证；到2035年新能源航空器成为发展主流
2023年11月	国家空管委发布《中华人民共和国空域管理条例（征求意见稿）》	遵循集中统管、军民融合、管用分离、安全高效的基本原则

---

① 物流指闻. 五个问题：看懂火热的低空经济. 出行一客，2024-06-03，https：//mp. weixin. qq. com/s/-ZebNSmgctqMI8wBd36fHg，最后检索时间，2024-06-10.

续表

时间	政策	政策简况
2023 年 12 月	中央经济工作会议	将低空经济列为战略性新兴产业
2023 年 12 月	中国民用航空局发布《国家空域基础分类方法》	依据《中华人民共和国飞行基本规则》及其补充规定，空域被划分为 A、B、C、D、E、G、W 7 类。其中，A、B、C、D、E 类为管制空域，而 G、W 类为非管制空域
2023 年 12 月	工业和信息化部发布《民用无人驾驶航空器生产管理若干规定》	民用无人驾驶航空器生产者应当在民用无人驾驶航空器投放市场前，将唯一产品识别码信息报工业和信息化部备案
2023 年 12 月	深圳市发布《深圳经济特区低空经济产业促进条例》	全国首部低空经济产业促进专项法规
2023 年 12 月	深圳市发布《深圳市支持低空经济高质量发展的若干措施》	通过吸引企业落户、支持增资扩产、鼓励技术创新和扩大低空飞行应用场景等 20 项具体措施，推动低空经济产业集群的高质量发展
2024 年 1 月	中国民用航空局发布《民用无人驾驶航空器运行安全管理规则》	对民用无人驾驶航空器运行进行分类；对操控员、等级、适航、空中交通提出管理措施
2024 年 3 月	2024 年政府工作报告	实施产业创新工程，完善产业生态，拓展应用场景，促进战略性新兴产业融合集群发展。积极打造商业航天、低空经济等新增长引擎
2024 年 3 月	工业和信息化部、科学技术部、财政部、中国民用航空局联合发布《通用航空装备创新应用实施方案（2024—2030 年）》	到 2027 年，我国通用航空装备供给能力、产业创新能力显著提升；到 2030 年，通用航空装备全面融入人民生产生活各领域，成为低空经济增长的强大推动力，形成万亿级市场规模

资料来源：中央人民政府、民航局官网、交通运输部、司法部、深圳市政府。

2. 发展成效

近年来，中国低空经济发展取得了显著的成效，具体如下：

（1）低空经济规模持续扩大。根据工信部赛迪研究院发布的《中国低空经济发展研究报告（2024）》，2020 年全球无人机产业规模为 94 亿美元，中国无人机产业规模为 75.8 亿美元，在全球无人机产业区域结构中占比超过 80%。其中，大疆在全球无人机产业规模占比超 40%，位居第一；2023 年中国低空经济规模达到了 5 059.5 亿元，增速高达 33.8%。这一数据充分说明了中国低空经济的活力和潜力。随着低空飞行活动的日益增多，低空基础设施投资的拉动效应也逐步显现。预计在未来几年内，低空经济规模有望实现更大的突破。

（2）在电动垂直起降飞行器（eVTOL）领域，中国的发展尤为突出。欧洲科学院院士、世界无人机大会主席、深圳市无人机行业协会会长杨金才表示，目前，中国低空经济包括85%的无人机与15%的通用航空，拥有着广泛的应用领域和作业场景，产业生态包含制造、飞行、保障、综合服务等行业。2023年中国eVTOL产业规模达到9.8亿元，同比增长77.3%。这一增速远超其他低空经济领域，显示出中国在电动垂直起降技术方面的强大研发能力和市场潜力。预计到2026年，中国eVTOL产业规模将达到95亿元，成为低空经济中的重要增长点。

（3）通用航空作为低空经济的主体产业，也取得了显著的发展。截至2021年底，全国可兼顾通用航空服务的运输机场超过200个、通用机场368个、其他起降场地约200个，通用航空有人机运营企业近600家，2021年有人机飞行118.2万小时；无人机运营企业1.27万家，实名登记无人机83万架，2021年无人机实时飞行约3.86亿架次、飞行时长约1 668.9万小时；在公安系统中，警用直升机已发展到近百架，警用无人机超过1万架。通过天眼查得出，截至2021年底，全国共有通用航空相关企业超过9 000家，无人机相关企业超过5万家。2011～2021年通用航空相关企业注册资本总金额约为6 300亿元，2016年以来全国新增无人机企业注册资本总金额约为4 300亿元。截至2023年底，全国通航企业达689家，在册通用航空器3 173架，通用机场451个，全年作业飞行135.7万小时。据测算，2023年全国低空经济规模超5 000亿元，2030年有望达到2万亿元。① 这些数据均较之前有了大幅增长，通用航空的发展不仅促进了相关产业链的完善，也为低空经济提供了更多的应用场景和市场空间。

（4）在无人机领域，中国同样取得了令人瞩目的成就。中国在无人机制造方面有完整产业链和明显成本优势，主导多项国际标准制定。无人机作为低空经济的主导产业之一，已经在农业、电力、环保等多个领域得到

---

① 沈映春.低空经济："飞"出新赛道［J］.人民论坛，2024（8）：74－79.

了广泛应用。截至 2023 年底，国内注册无人机数量达到 126.7 万架，同比增长 32.2%，运营无人机的企业也增至 1.9 万家。无人机的快速发展不仅提升了相关行业的生产效率和质量，也为低空经济注入了新的活力。

3. 存在问题

尽管中国低空经济发展取得了显著的成效，但是与其他国家相比，中国低空经济的发展仍处于起步阶段，还存在一些问题亟待解决。

首先，法律法规不健全是当前面临的主要问题之一。以无人机"黑飞"事件为例，由于缺乏明确的法律法规指导，一些无人机未经许可擅自飞行，不仅扰乱了正常的航空秩序，也给航空安全带来了严重威胁。这一问题暴露出我国在低空经济产业法律法规方面的严重缺失。

其次，空域资源有限也是制约低空经济发展的重要因素。由于土地、环境等因素的影响，通用航空机场建设进度缓慢，无法满足日益增长的市场需求。截至 2023 年底，中国在册通用航空器 3 173 架，同期美国超过 20 万架，是中国的 60 倍。直升机制造就像民航客机一样，大多由欧美垄断，中国的国际影响力较弱。同时，空域管理严格，通用航空器的飞行时间和航线也受到较大限制。

再次，技术创新能力不足也制约了低空经济的发展。虽然我国在航空器制造领域取得了一定进步，但在航空发动机、航电系统等核心技术方面仍依赖进口。这导致我国低空经济产业在关键技术、核心设备等方面对外依存度较高，难以形成竞争优势。据航空产业网，全球已研发或正在研发适航阶段产品、取得实质性进展的企业约 50 家，目前仅有亿航智能一家企业获得由中国民航局颁发的标准适航证，小鹏汇天、沃飞长空等少数企业获得特飞许可证。[①]

最后，产业融合发展不足和市场需求培育不足也是当前面临的问题。无人机与农业等行业的融合发展还存在较大问题，农业领域对无人机的应用需求尚未得到充分释放。同时，低空旅游市场尚处于起步阶段，市场需求尚未得到充分培育。

---

① 微信公众号. 中国低空经济产业发展现状. 思玛特 SMART，2024 − 04 − 05，https：//mp. weixin. qq. com/s/MHkAjfcc2xeE5w0GPHHxdA，最后检索时间，2024 − 06 − 10.

二、广东全省低空经济发展概况

1. 产业规模与增长

近年来广东省积极推动低空经济的发展，并取得了显著成效。根据《广东省推动低空经济高质量发展行动方案（2024～2026年）》，到2026年，广东低空经济规模预计超过3 000亿元。此外，广东已经形成了广州、深圳、珠海三核联动、多点支撑、成片发展的低空经济产业格局，培育了一批龙头企业和专精特新企业。

2. 创新能力与技术进步

广东省在低空经济领域不断创新，布局了一批省级创新平台，并计划争创国家级创新平台1～2家。通过技术攻关，广东省在低空领域取得了一批关键技术的突破，基本实现了低空产业链自主可控。

3. 应用场景与业务拓展

广东省积极拓展低空经济的应用场景，包括城市空中交通、低空物流、航空应急救援等。例如，支持广州、深圳、珠海等城市开通市内和城际低空客运航线，打造覆盖粤港澳大湾区主要区域的低空空中交通走廊。同时，广东省还积极培育低空新兴消费业态，例如，低空观光、飞行体验等多元化低空旅游产品。

4. 政策支持与保障措施

广东省政府办公厅印发了《广东省推动低空经济高质量发展行动方案（2024—2026年）》，为低空经济的发展提供了有力的政策支持和保障。该方案提出了8项共29条具体措施，旨在加快推进低空空域管理改革、适度超前布局低空基础设施、积极拓展低空应用场景、提升低空产业创新能力等。

三、珠三角9市低空经济发展概况

在国家"低空经济"产业布局中，珠三角地区是引领者。

1. 整体发展态势

珠三角地区作为中国经济发展的重要引擎，其低空经济发展也呈现出蓬勃态势。各市政府积极推动低空产业的发展，通过制定相关政策和规划，为低空经济提供了良好的发展环境。例如，广东层面已经出台相关政策支持深圳、广州、珠海建设通用航空产业综合示范区，打造大湾区低空经济产业高地。

2. 核心城市发展情况

（1）广州。广州是珠三角地区的经济中心之一，也是低空经济的先行者。当前，广州正在积极抢滩低空经济产业风口，不断完善低空经济顶层设计，并全力支持低空经济高质量发展。扎根广州开发区的亿航智能拿下"全球第一证"并开启全球商业首飞，目前广州开发区内低空产业链企业达45家，年营业收入规模约125亿元。预计到2027年，广州低空经济产业总规模将达到2 100亿元。此外，广州开发区发布的"低空10条"，是目前大湾区"低空经济"综合力度最大、产业链条覆盖范围最广的专项政策。[①]

（2）深圳。依靠良好的产业基础与旺盛的市场需求，深圳发展低空经济产业有着先发优势。作为全球闻名的"无人机之都"，深圳集聚了大疆、丰翼科技、天鹰装备等无人机行业头部企业，深圳的消费级无人机占据全球70%的市场份额，工业级无人机在全球占比超过50%。2023年深圳无人机及产业链企业达1 730家，年产值960亿元，覆盖了从生产制造、技术研发、软件开发等上下游全环节。[②] 经过多年发展，深圳低空经济年产值已超过一定规模，并呈现出快速增长的态势。

在政策布局方面，深圳也尽显前瞻性。2022年底，深圳公布了《深圳市低空经济产业创新发展实施方案（2022—2025年）》。2023年，深圳又在政府工作报告中首次提及"低空经济"，并提出了构建低空经济中心的设想。2024年，深圳更是推出了国内首部关于低空经济的法规，即《深圳经济特区低空经济产业促进条例》。目前，深圳已有7个行政区制定了与低空经济相关的政策，且这些区域在产业发展上具有良好的互补性。

---

① 微信公众号. 珠三角观察｜"低空经济"万亿赛道,大湾区何以领先一步？. 飞行汽车动力, 2024 – 03 – 04, https：//mp. weixin. qq. com/s/ViSQp3kbB4tH3Fz6S241SQ, 最后检索时间, 2024 – 06 – 10.

② 微信公众号. 中国低空经济产业发展现状. 思玛特SMART, 2024 – 04 – 05, https：//mp. weixin. qq. com/s/MHkAjfcc2xeE5w0GPHHxdA, 最后检索时间, 2024 – 06 – 10.

（3）珠海。珠海市明确提出打造"天空之城"的战略目标，并依托珠海莲洲机场等低空试飞场地优势，积极推动无人机等低空经济产业的发展。此外，斗门区更是以珠海莲洲机场为载体，举办中国航展无人装备展示区系列活动，加快布局无人机产业新赛道。

3. 其他城市发展情况

除了广州、深圳和珠海这三个核心城市外，珠三角地区的其他城市如佛山、惠州等也在积极发展低空经济。佛山在有条件地区开展"一江两岸"低空游览观光，并推动开通跨省文旅航线，如郴州—韶关—佛山的航线。惠州市发布了《惠州市推动低空经济高质量发展行动方案（2024—2026年)》，明确了未来三年低空经济发展的总体目标和重点任务，大力发展低空制造业，聚焦低空飞行器整机和关键零部件的研发制造，推动跨产业融合发展，例如，支持新能源汽车动力电池向无人机大功率电池拓展等。这些城市依托自身的制造业基础和地理优势，不断探索低空经济的新模式和新应用。

4. 政策支持与产业合作

珠三角地区各级政府出台了一系列政策支持和引导低空经济的发展。例如，《广东省推动低空经济高质量发展行动方案（2024—2026年)》等政策的实施为低空经济提供了有力的政策保障。同时，各城市之间也在加强产业合作与协同创新，共同推动珠三角地区低空经济的蓬勃发展。

四、港澳低空经济发展概况

港澳两地积极探索低空经济的发展机遇。香港在低空经济领域已经取得了一定的进展并在多个领域开始应用；而澳门则凭借其独特的旅游资源优势开始涉足这一新兴领域。随着技术的不断进步和政策的逐步完善港澳两地的低空经济有望迎来更加广阔的发展空间。

1. 香港

（1）发展趋势。香港作为国际金融中心和航运中心，近年来对低空经济的关注度逐渐提升。随着无人机技术的成熟和应用场景的拓展，香港的低空经济呈现出快速增长的态势。

（2）政策支持。香港特区政府已经认识到低空经济的发展潜力，并出台了一系列政策来支持和引导该产业的发展。例如，鼓励物流业善用科技，并更广泛应用智慧物流解决方案，以提升竞争力。

（3）应用场景。香港在物流、消防、旅游等多个领域开始尝试低空经济的应用。特别是无人机在紧急救援方面的应用，例如，消防处已建立的无人机系统，在提升服务效率方面发挥了积极作用。

（4）技术创新。香港具备良好的电动垂直起降飞行器（eVTOL）技术基础，并在机械人技术、人工智能技术及互联技术方面拥有研发实力。本地大学也在进行相关的研发工作。

2. 澳门

（1）经济地位与增长潜力。澳门作为中国的特别行政区之一，其经济发展一直备受关注。近年来，随着低空经济的兴起，澳门也开始积极探索这一新兴领域的发展机遇。低空经济有望为澳门带来新的经济增长点。

（2）旅游与低空经济的结合。澳门作为一个旅游胜地，拥有丰富的旅游资源。通过结合低空经济，例如，开展空中观光、无人机表演等活动，可以进一步提升澳门的旅游吸引力。

（3）政策与规划。虽然具体政策细节尚未详尽披露，但可以预见的是澳门特区政府将会出台相关政策来支持和引导低空经济的发展。

第四节　珠三角低空经济未来愿景和发展建议

低空经济发达经济体在内外产业资源的合作与交流中加强金融和市场支持，构建完善的产业相关法律法规支撑体系，促进技术创新与研发，这些都是可以借鉴的经验。近年来，我国与粤港澳大湾区低空经济快速发展，但也存在一些问题。借鉴国外经验，珠三角低空经济发展需要携手港澳，加强区域协调，引导资本投入，推动技术创新，促进产业融合。

未来珠三角低空经济的发展愿景应聚焦于构建安全、高效、绿色的低空交通体系，推动低空旅游、物流、农业等产业的创新发展；应着眼于构建区域内高效便捷的低空交通网络，促进产业升级和经济结构的优化；致力于打造国际化的低空交通枢纽，推动低空经济的多元化发展，并成为全国低空经济创新的引领者。借鉴国外经验，珠三角低空经济发展需要携手港澳，加强区域协调，引导资本投入，推动技术创新，促进产业融合。

一、携手港澳，加强区域协调

加强区域协调：制定统一的低空经济发展规划，实现珠三角9市低空资源的共享和互补；建立区域低空经济发展协调机制，共同规划和管理低空飞行活动；推动城市间低空交通互联互通，打造高效便捷的低空交通网络；依托各自产业优势，协同发展低空经济相关产业链，形成区域产业集群效应。

利用港澳丰富的国际航线资源，为低空经济提供便捷的全球连通性，吸引国际低空业务合作与交流；发挥港澳在国际航空运输中的枢纽作用，为低空经济活动提供高效的物流中转服务，促进低空产业链的全球布局。共同开发跨境低空旅游和运输项目；共同开发跨境低空旅游、物流等项目，促进区域经济一体化；利用港澳的金融、法律等专业服务优势，为珠三角低空经济企业提供国际化的支持和服务，推动产业全球化发展。

共同推动大湾区低空经济的一体化发展，打造国际一流的低空经济圈；与港澳共同规划低空飞行路线，打造跨区域的低空交通网络；利用港澳的金融优势，吸引投资，促进广东低空经济的资本运作；开展技术合作与人才交流，提升广东在低空经济领域的创新能力。

依托广东的地理位置优势，打造覆盖粤港澳大湾区的低空空中交通走廊；利用低纬度带来的丰富太阳能资源，探索低空飞行器在新能源领域的应用；建设一批低空机场和起降点，形成覆盖全省的低空交通网络；结合广东的海洋资源，发展低空海域监测与救援等服务。

二、促进产业融合

推动低空经济与旅游、物流、农业等产业的深度融合，拓展低空经济的服务范围和应用场景。在低空经济产业链中，低空应用是重中之重。低空经济的下游应用主要体现在与各行业的结合上，例如，在物流、娱乐、出行、消防等领域，我们可以看到，如快递配送、消防救援、基础设施检查、农业林业保护以及娱乐摄影等实际应用。展望未来，低空经济有望在生产作业、公共服务、航空消费等多个方面进一步扩展其应用场景，如牧业飞行、电力作业、医疗急救、警务飞行以及娱乐飞行等。

三、加强人才培养，推动技术创新

鼓励高校开设低空经济相关专业课程，培养专业人才；支持职业培训机构提供无人机操作、数据处理等技能培训；通过实习实训等方式，提升人才的实践能力和综合素质。

加强粤港澳三地及国际高校、研究机构的合作，共同培养低空经济领域的专业人才；设立奖学金和培训计划，鼓励本地人才参与低空经济相关的研究和项目实践；定期举办低空经济领域的学术研讨会和技术交流活动，促进粤港澳与内地以及国际上的知识和经验共享。

鼓励企业研发更安全、环保的低空飞行器，提升低空交通的效率和安全性；加大技术研发投入，支持无人机技术、智能导航系统等的创新；鼓励企业建立产业联盟，共同进行技术攻关和成果转化。

四、强化安全管理，培育市场需求

严格落实低空安全法律法规，加强飞行活动的监管和审批流程，确保飞行任务的安全可控；建立健全低空飞行安全管理体系，包括飞行前的安全检查、飞行中的实时监控以及飞行后的数据分析，全方位保障低空飞行的安全性。

通过政策引导，激发企业和公众对低空经济服务的需求；加强市场宣传，提高公众对低空飞行服务的认知和接受度，同时开发多样化的低空飞行产品和服务，以满足不同消费群体的需求，从而刺激市场增长。

五、引导资本投入，优化基础设施

鼓励私营企业和外资企业参与低空经济的建设和运营，提高服务质量和运营效率；通过政府投资基金等方式支持低空产业发展；探索组建专项基金，吸引更多资金流向低空经济重点领域；支持企业通过资本市场进行股权和债券融资，助力行业整合升级。

加快通用机场和起降场、起降点的建设，完善地面基础设施网络，以提高低空飞行的起降能力和覆盖范围；构建安全高效、互联互通的低空智联基础设施，以满足低空飞行器在导航、通信、监控等方面的需求，确保飞行活动的顺畅与安全。

本章参考文献

［1］沈映春．低空经济："飞"出新赛道［J］．人民论坛，2024（8）：74－79．

［2］樊邦奎，李云，张瑞雨．浅析低空智联网与无人机产业应用［J］．地理科学进展，2021，40（9）：1441－1450．

［3］欧阳亮．低空经济"起飞"　万亿产业在望［J］．大飞机，2024（5）：19－23．

［4］刘启强，潘慧．广东省低空经济发展动态［J］．广东科技，2024，33（3）：15－18．

［5］戚耀琪．为低空经济积极护航　深圳立法实践值得点赞［J］．人民之声，2024（5）：62．

［6］张人尹．创新沃土育出发展"繁花"——深圳低空经济解读［J］．大飞机，2024（5）：24－28．

［7］周思雨．低空经济：创新与机遇的交汇点［J］．中国工业和信息化，2024（5）：6－11．

［8］雷童尧.我国低空经济发展现状、制约因素及对策建议［J］.新西部，2024（5）：87－90.

［9］李艳华，周志青.发展低空经济体制机制优化思考［J］.大飞机，2024（5）：14－18.

［10］刘一煊.发展低空经济，让通航先飞起来 通用航空及其产业链发展调研［J］.经济，2021（7）：100－103.

［11］覃睿.再论低空经济：概念定义与构成解析［J］.中国民航大学学报，2023，41（6）：59－64.

［12］潘慧，林世爵.乘势"高飞" 打造粤港澳大湾区低空经济产业高地［J］.广东科技，2024，33（3）：8－10.

［13］Watson T. Maximizing the Value of America's Newest Resource, Low－Altitude Airspace：An Economic Analysis of Aerial Trespass and Drones. *Ind. LJ*，2020，95（4）：1399.

［14］Jiang Y, Li X, Zhu G, Li H, Deng J and Shi Q. 6G Non－Terrestrial networks enabled low-altitude economy：Opportunities and challenges，2023.

第十一章

珠三角创新产业的雏形与运营建议

《粤港澳大湾区发展规划纲要》对于湾区建设提出了两个重要目标：一是"瞄准世界科技和产业发展前沿，加强创新平台建设，大力发展新技术、新产业、新业态、新模式，加快形成以创新为主要动力和支撑的经济体系"，将粤港澳大湾区建设成为有全球影响力的国际科技创新中心；二是"加快发展现代制造业和培育壮大战略性新兴产业"，在湾区内构建具有国际竞争力的现代产业体系①。这必然要求大湾区在加速技术变革，汇聚全球创新资源，推动粤港澳三地创新规则衔接，提高区域创新能力的同时，也要提高科技创新与产业发展的关联程度，推动创新链与产业链的深度融合，持续拓展大珠三角产业的成长和发展空间，加强湾区产业的独特性、创新性、多样性和不可替代性。目前，粤港澳大湾区建设进入新阶段，正在全力向国际一流湾区、世界级城市群的方向迈进。在新一轮科技革命和产业革命持续进行的时代背景下，科学技术更新迭代的速度不断加快，新兴产业层出不穷，粤港澳大湾区更须注重创新产业的发展，既应汇聚人才、资金和大型科研院所等创新要素，也要激发各种相关主体的创新活力，在提高基础研究能力的基础上，继续提高科技研发及转化能力，强化科技创新对产业的支撑作用。

第一节 创新产业的基本概念

大湾区建设推进了粤港澳三地在科技创新方面通力合作，鼓励香港、

---

① 新华社. 中共中央，国务院印发. 粤港澳大湾区发展规划纲要. 中国政府网，https：//www. gov. cn/zhengce/2019 – 02/18/content_5366593. htm#1.

澳门的高校到广东办学，促进科研资金、人才、设备等创新要素跨境流动，在提升区域创新能力的同时，为传统制造业和新兴产业注入创新动力，产生"城市群＋创新群＋产业群"的叠加效应，推动区域内产业的转型升级与结构优化。在这样的背景下，创新产业应运而生且蓬勃发展。

在整个创新链条中，科学研究是源头，具有重大突破性、创新性的研究成果推动技术能力的不断进步，由此产生的新技术又催生新产业、塑造新业态与新模式。技术创新与产业发展协调互动且深度融合，一方面赋能传统制造业，提高技术含量和产业附加值，增强创新性与独特性，促进传统制造业的转型升级，形成技术含量高、创新能力强的创新制造业；另一方面为了优化创新成果产业化的环境，还推动了包含科技服务业、信息服务业在内的创新服务业的发展。创新制造业和创新服务业共同构成了创新产业的现有主体，这是本章的研究范畴。

创新制造业主要是指创新链、产业链深度融合背景下，瞄准世界科技前沿，以创新能力和技术进步为基础支撑和主要动力的制造业，主要以先进制造业、高新技术制造业为代表。而创新服务业则有两个类型的特征，一个是本身的发展需要技术力量作支撑，创新含量较高，如依托通信设备与电子计算机的信息传输服务业、软件和信息技术服务业；另一个是服务于创新成果产业化，为创新链和产业链深度融合提供便捷化服务的产业，此种类型以科学研究和技术服务业为代表。

除了创新制造业、创新服务业，本来创新产业还应包括创新农业等，但由于创新农业的占比很小，故本章不予讨论，待将来再做进一步的研究探讨。另外因统计口径和统计方法不同，我们将对粤港澳大湾区的香港、澳门两座城市和广东珠三角 9 市的情况分别阐述，特此说明。

第二节　珠三角创新产业的发展现状

基于第一节对于创新产业概念的阐述，本节将分别从两大部分着手，分析粤港澳大湾区创新产业的发展现状：一是以先进制造业和高技术制造业为代表的创新制造业，二是以软件服务、信息技术服务、信息传输服务和科技服务业为代表的创新服务业。

一、创新制造业

在国家和粤港澳大湾区不断推出的产业政策的支持下，大珠三角包括先进制造业、高技术制造业在内的创新产业在近十年内快速发展，生产规模持续扩大，研发能力不断提升，形成了更为完整、全面、颇具创新性的产业体系。

根据《广东省统计年鉴》的数据，2011～2021 这十年间广东珠三角 9 市的先进制造业增加值从 9 371.42 亿元增长到 18 624.24 亿元，增长率高达 98.7%①。除 2019 年受新冠疫情的冲击增加值有小幅下滑之外，其余年份均呈正增长。尤其是 2017 年提出建设粤港澳大湾区以来，2017 年、2018 年连续两年的增加值较上一年的增加值均突破了 1 000 亿元，较上一年的增长率分别高达 10% 和 8%②。经历 2019 年、2020 年两年的调整期之后，2021 年先进制造业的增加值比上一年提高了 2 266.3 亿元，再创新高（见图 11 - 1）。

高技术制造业的发展历程与先进制造业类似，虽然产业规模略微逊色，但是十年来的增长速度却高于先进制造业。2011～2021 年这十年广东珠三角 9 市的高技术制造业增加值从 4 612.89 亿元增长到 11 184.47 亿元，仅为先进制造业的 60%，但是增长率高达 142.5%③，远高于先进制造业。同样是受到疫情冲击，高技术制造业也经历了 2019 年、2020 年这两年的调整期，在 2019 年经历了近 10 年来唯一的一次负增长。自 2016 年提出建设粤港澳大湾区以来，2017 年、2018 年和 2021 年的增加值较上一年分别增长了 1 032.4 亿元、855.26 亿元和 1 208.45 亿元，较上一年的增长率分

---

① 十二、工业. 广东统计年鉴［M］. 北京：中国统计出版社，2022：339 - 410.
② 十二、工业. 12 - 34 各市现代产业增加值及比重（2018 年）. 广东统计年鉴［M］. 北京：中国统计出版社，2019：394.
③ 相关数据根据珠三角 9 市统计局官网数据计算得出。

别高达11.4%、8.6%和10.8%。① 具体情况如图11-2所示。

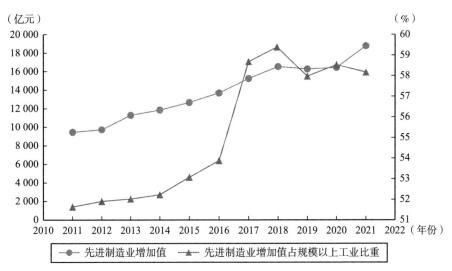

图11-1 广东珠三角9市先进制造业发展情况

资料来源：广东省统计年鉴（2010～2022年）。

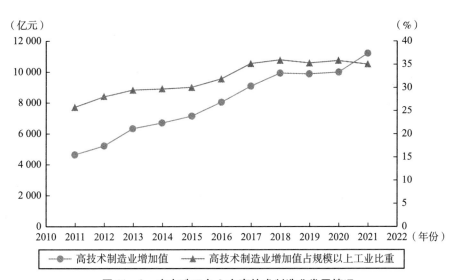

图11-2 广东珠三角9市高技术制造业发展情况

资料来源：广东省统计年鉴（2010～2022年）。

---

① 资料来源根据《广东省统计年鉴》中的数据计算得出。

基于本章对于创新制造业的定义，紧抓创新性和技术性两个重要特征，结合先进制造业、高技术制造业的传统定义和当前《广东省统计年鉴》对于制造业具体的行业分类，兼顾研究的准确性、全面性和数据可得性，本章选择了医药制造业、通用设备制造业、专用设备制造业、汽车制造业、铁路、船舶、航空航天和其他运输设备制造业、电气机械和器材制造业、计算机、通信和其他电子设备制造业、仪器仪表制造业等更为具体的先进制造业和高技术制造业来更深入地探讨粤港澳大湾区创新产业的发展情况。

从营业收入来看，这八大行业中排名前三的是计算机、通信和其他电子设备制造业，电气机械和器材制造业，以及汽车制造业。2021 年这三类行业的营业收入在八大行业中营业收入的占比分别为 50.9%、21.7% 和 10.7%，总占比高达 83.4%①。这说明粤港澳大湾区在新一代信息技术领域颇具优势，具有良好的产业基础，同时在传统的电气领域和汽车行业也保持稳定增长，有望在新一轮的产业革命和技术革命中抓住先机。从利润总额来看，计算机、通信和其他电子设备制造业，电气机械和器材制造业，以及汽车制造业依然是排名前三，2021 年三个行业的利润总额分别为 3 129.35 亿元、1 320.02 亿元和 613.4 亿元，在八大行业利润总额中的占比分别为 49.6%、20.9% 和 9.7%，总占比高达 80.2%②。但是 2021 年在这八大行业中，销售利润率排名在前三的是医药制造业、专用设备制造业、仪器仪表制造业，分别为 19.2%、9.7% 和 9.4%。这三类行业的盈利能力比较强，但是在广东珠三角 9 市这三类产业的规模都比较小，营业收入总占比才 9%，从业年平均人数也只有 13.2%，因此，广东珠三角 9 市的创新制造业的产业结构还有进一步优化的空间，未来应在医药、医疗设备、专用设备和精密仪器方面持续发力，补齐短板，提高产业链韧性，形成多样化的产业集群（见表 11 - 1）。

---

① 十二、工业 . 12 - 4 规模以上分行业工业增加值和增长速度 . 广东统计年鉴 ［M］. 北京：中国统计出版社，2022：344.

② 相关数据根据《广东省统计年鉴》中的数据计算得出。

表 11 - 1　2021 年珠三角 9 市创新制造业细分行业的规模及盈利情况

珠江三角洲	营业收入 （亿元）	利润总额 （亿元）	全部从业人员年平均 人数（万人）
医药制造业	1 618. 33	311. 17	12. 38
通用设备制造业	5 334. 42	307. 9	53. 3
专用设备制造业	4 802. 22	468. 17	60. 03
汽车制造业	9 418. 81	613. 4	39. 54
铁路、船舶、航空航天和其他 运输设备制造业	1 425. 93	25. 34	11. 41
电气机械和器材制造业	19 133. 04	1 320. 02	174. 41
计算机、通信和其他电子设备制造业	44 866. 41	3 129. 35	322. 45
仪器仪表制造业	1 484. 37	139. 01	19. 31

资料来源：《广东省统计年鉴》（2022）。

由于管理制度上的差异，香港、澳门的统计与广东省内各城市的数据统计口径不同，港澳并没有将先进制造业、高技术制造业作为独立的统计类别，也缺乏对相关细分行业的统计，所以本书选择先进制造业工业品的出口货值来具体分析港澳创新产业的发展情况。

香港先进制造业工业品的出口规模连年增长，尤其是 2017 年首次提出建设粤港澳大湾区之后，2017 年、2018 年出口货值总额均突破了 2 000 亿元，在 2018 年甚至逼近 3 000 亿元①。具体到细分行业，香港在信息技术、通信设备等方面的制造业具有绝对的竞争优势，2021 年香港通信设备和办公设备的出口货值占先进制造工业品出口总货值的占比高达 90% 以上（见表 11 - 2）。此外，香港在电子仪器、航天设备和机械设备等方面的制造能力也持续提升，近年来的出口规模不断扩大，先进制造业的产业结构呈现出多样化、全面化的发展趋势。但是香港地区先进制造业的短板也非常明显，那就是医学医药、新材料领域的技术创新能力有限，产业化进程缓慢，还未出现颇具竞争优势的领军企业，产业发展也还未成体系，难以形

---

① 资料来源于香港特别行政区政府统计处官网。

成规模化聚集。

澳门的产业优势主要体现在博彩业和休闲旅游业，制造业的产业基础比较薄弱，从表 11-3 中的数据看出，澳门先进制造业和高技术制造业的产业规模无论是与香港还是与广东珠三角 9 市相比，都有较大差距。

表 11-2　　　　　　　　2021 年香港部分工业品的出口货值

类目	出口货值（百万元）
电信及声音收录及重播器具及设备	2 580 842
办公室机器及自动资料处理机	514 750
科学仪器	96 387
航天设备	76 734
电动机械设备	79 756
医疗及药用产品	2 379
化学材料及产品	2 570
非电动机械设备	2 167

资料来源：香港特别行政区政府统计处官网。

表 11-3　　　　　　　　2021 年澳门部分工业品的出口货值

类目	出口货值（百万澳门元）
光学仪器	187
电子元器件	476
机器及机械用具；零件及附件	2 396
医药及有机化学产品	407

资料来源：澳门特别行政区政府统计暨普查局官网。

二、创新服务业

本书所述的创新服务业是指运用科学知识和现代技术手段，围绕社会创新各环节提供专业化、社会化服务的新兴产业，具有人才智力密集、创新含量高、产业附加值大等特征，主要以信息传输、软件和信息技术服务业，以及科学研究和技术服务业为代表。创新服务业最核心的特征就是创新性，信息传输、软件和信息技术服务业的创新性特征主要体现在该产业的技术创新含量高，该产业的发展需要电子信息技术方面的不断创新作支撑；而科技服务业的创新性则体现于能够推动产学研合作，在技术研发、成果转化和市场化之间架起桥梁，提高研发主体、研发成果应用主体的合作程度与合作质量，形成推动创新链和产业链深度融合的动力。创新服务业向专业化、规模化和网络化发展，能推动粤港澳大湾区创新驱动发展战略的贯彻落实，进一步优化区域内的产业结构，助力经济提质增效，形成湾区经济创新发展的新引擎。

在粤港澳合力共同建设科技湾区的大背景下，湾区内的地方政府非常重视创新服务业的发展，出台了多项支持性的政策并予以落实，吸引越来越多的市场主体加入到创新服务业中来，推动该行业朝着规模化和网络化的方向深入发展。近十年来，广东珠三角9市创新服务业的规模持续扩张，从事该产业的主体数量不断增长。从2011年到2021年，信息传输、软件和信息技术服务业的法人单位数从1.9万个增长到17.2万个，增长率高达806%，科学研究和技术服务业法人单位数从2.4万个增长到19.7万个，增长率高达724%[1]。尤其是在2017年提出建设粤港澳大湾区之后，两个行业的法人单位数都迎来了十年内最高速的增长，2018年信息传输、软件和信息技术服务业、科学研究和技术服务业的法人单位数一年内的增长量分别达到9.7万个和11.2万个，较上一年的增长率分别为170%和168%。就算是在疫情后的几年里，也保持了稳定增长的趋势。

在创新服务业的盈利能力和产业结构方面，缺乏以广东珠三角9市为对象的相关数据统计，既没有以珠三角9市为整体的相关数据统计，也没有市一级层面的相关数据统计。但是通过对于创新服务业法人单位数的分析发现，珠三角9市的创新服务业法人单位数在整个广东省的占比超过90%，所以广东省的创新服务业主要还是集中于大湾区范围内的珠三角9

---

① 根据《广东省国民经济和社会发展统计公报》的数据计算得出。

市，本书在该部分也将运用广东省的创新服务业的数据来分析湾区内该产业的发展情况。

目前，广东珠三角 9 市创新服务业初具规模，而且保持着良好的增长态势，对于整个服务业的利润贡献率位于较高水平。根据《广东省统计年鉴》的统计，2021 年从事创新服务业的规模以上服务业企业有 9 000 余家，实现的营业收入逼近 19 000 亿元，创造了 2 000 多亿元的利润额，对于广东省服务业总体的利润贡献率高达 43.7%[①]。但湾区内创新服务业的产业结构发展不平衡，相较于信息传输、软件和信息技术服务业，科技服务业的企业多，但规模小，盈利能力弱，产业基础薄弱。从规模以上服务业企业的数量来看，2021 年从事信息传输、软件和信息技术服务业的有 5 300 多家，从事科技服务业的有 3 900 多家，差距并不大。但是从营业收入和利润总额来看，2021 年信息服务业和科技服务业的营业收入分别为 15 000 多亿元和 3 800 多亿元，利润总额分别为 2 010 亿元和 314 亿元。由此可知，无论是在产业规模还是在盈利能力上，科技服务业都与信息服务业存在较大差距。

具体到细分行业，在信息服务业中，互联网服务业和软件信息技术服务优势明显，发展迅速，推动湾区内互联网赋能各行各业，提高多行业的创新含量，催生新模式和新业态，推动产业转型升级。2021 年，互联网服务业的营业收入为 5 134 亿元，较上一年上涨了 19.4%，创造的利润总额为 648 亿元；软件信息技术服务业的营业收入为 7 710 亿元，较上一年上涨了 21.1%，创造的利润总额为 882 亿元。总体而言，信息服务业中的两大细分行业发展势头都很迅猛，而且行业规模比较平衡，没有明显的薄弱环节。

但在科技服务业中，整个行业规模较小，细分行业的营业收入和利润总额差距较大，总体发展不平衡，专业技术服务业占有绝对的优势，而研究和试验发展服务业、科技推广和应用服务业的规模有限，亟须增长动力。2021 年，专业技术服务业的营业收入和利润总额分别为 3 061 亿元和 244 亿元，在整个科技服务业中的占比分别高达 80% 和 78%，而研究和试

---

① 十四、规模以上服务业. 广东统计年鉴［M］. 北京：中国统计出版社，2022：425 – 444.

验发展服务业、科技推广和应用服务业的营业收入仅为354亿元、426亿元，利润总额仅为61亿元、9亿元（见表11-4）。

表11-4　　　　2021年广东省创新服务业的规模及盈利情况

行业	规模以上企业单位数（个）	营业收入（亿元）	较上年增长（%）	利润总额（亿元）
信息传输、软件和信息技术服务业	5 338	15 107.78	18.5	2 010.22
电信、广播电视和卫星传输服务	306	2 263.66	8.3	480.16
互联网和相关服务	819	5 134.33	19.4	647.71
软件和信息技术服务业	4 213	7 709.79	21.1	882.35
信息系统集成和物联网技术服务	576	818.31	20.0	52.83
信息技术咨询服务	417	742.23	24.1	54.86
科学研究和技术服务业	3 940	3 840.64	15.1	314.12
研究和试验发展	403	353.54	5	61.33
专业技术服务业	3 012	3 061.08	14.4	243.95
科技推广和应用服务业	525	426.01	31.3	8.84

资料来源：《广东省统计年鉴》（2022）。

香港汇聚了丰富的创新资源，在研发能力、科技基础设施、法律制度和知识产权保护等各方面都颇具优势，目前随着粤港澳大湾区的持续建设，香港的原有优势显示出更为广阔的发展空间，有望与深圳、广州共建科技创新产业集群。在固有优势和新兴机遇的共同加持下，香港的科技服务业在近十年里蓬勃发展，规模持续扩张，盈利能力也不断提升。

香港的统计口径与内地差别较大，其创新服务业主要分专业及科技服务、电脑及资讯服务两个类别进行统计。根据香港统计处的数据，近十年里除了极个别年份，香港的专业服务、科技服务的业务收益指数逐年攀升，尤其是近两年，随着粤港澳大湾区建设进程的逐步加快，业务收益指数的上涨幅度也进一步扩大。电脑及资讯服务业的业务收益指数则波动较大，但从2020年以来上升趋势比较明显，该行业的盈利能力近年有较大幅度的提升。

澳门的服务业主要以博彩和旅游业为主，对科技服务业尚未做出相关统计，所以在此暂不分析。

第三节 大珠三角创新产业存在的问题

大珠三角（亦即目前的粤港澳大湾区）的创新产业面临着整体发展水平不高，区域发展不平衡，产业结构有待优化，创新能力有待加强等现实问题[①]，具体阐述如下：

一、资源约束：创新资源未充分汇聚，创新能力不强，难以对创新产业实现有效支撑

创新产业同时具备技术密集型产业、知识密集型产业和资本密集型产业的特征，从技术突破到研发成果再到市场化应用，创新产业的产品研发周期长，前期需要大量的资本和人才投入，对于人才、科研平台和资金等相关资源的依赖度远高于其他行业。但是，粤港澳大湾区尤其是广东对科技创新尤其是基础研究的投入不足，高端科研人才或重大科研平台稀缺，整体科研水平不高，难以对创新产业的发展形成有效支撑。在资金投入方面，2021年广东省全社会研究与试验发展（R&D）投入活动经费约4 002亿元，占地区生产总值的比重为3.22%，虽然高于全国平均水平，但是低于北京（6.53%）、上海（4.21%）和天津（3.66%），在全国排名第四位[②]。广东省在基础研究投入约为274亿元，占R&D经费比重约为6.85%，较上一年的5.87%有所提升，但是同样低于北京（16.07%）、天津（10.24%）和上海（9.77%）[③]。

---

① 刘璟. 粤港澳大湾区产业创新生态重构：一个新的理论分析框架［J］. 河南社会科学，2022，30（1）：99-111.

② 一、综合. 1-8 各地区研究与试验发展（R&D）经费投入强度. 中国科技统计年鉴［M］. 北京：中国统计出版社，2022：8.

③ 一、综合. 1-7 各地区研究与试验发展（R&D）经费内部支出（2021年）. 中国科技统计年鉴［M］. 北京：中国统计出版社，2022：7.

在人才方面，2021 年广东省研究与试验发展（R&D）人员的全时当量[1]为 88.5 万人，但其中从事基础研究的仅为 5 万人，从事基础研究的人员在 R&D 人员中的占比为 5.7%，与北京（22.3%）、上海（15%）甚至是天津（9.9）相比还有较大差距[2]。在研究平台方面，广东省高等院校数量多，但世界知名的高水平院校却非常有限。据统计，截至 2021 年，广东省高等院校的数量为 160 所，仅次于江苏（167 所），但是其中"双一流"高校仅有 2 所，双一流学科仅有 21 个，建设数量不仅低于北京、上海和江苏，还低于湖北。[3]

相对而言，港澳地区还是具备丰富的创新资源，科研实力较强。大珠三角内 50 家国家重点实验室中，即有 20 家位于港澳地区。世界 QS 排名前 100 强的高校中，香港地区就有 5 所[4]，高于上海和北京。因此，随着湾区建设的不断推进，在创新方面也更加注重发挥香港地区的辐射效应。为此，粤港澳大湾区一方面加强实验室和科研平台建设，鼓励香港大学、香港科技大学、香港中文大学等多家港澳高校参与广东省实验室建设中，构建"两廊+两点"的科技创新体系。另一方面给予税收优惠，减少科研设备和资金在湾区内的流通限制，推进内地与港澳科技资源融通和创新要素自由流动，支持区域内的创新资源共用共享，实现粤港澳三地的联合创新。

二、创新不足：竞争优势仍集中于传统领域，新兴产业发展动力不足，尚未实现产业结构的合理化、高端化

在创新制造业方面，大珠三角的优势主要集中于新一代电子信息、通

---

① R&D 人员全时当量：是国际上通用的、用于比较科技人力投入的指标。指 R&D 全时人员（全年从事 R&D 活动累积工作时间占全部工作时间的 90% 及以上人员）工作量与非全时人员按实际工作时间折算的工作量之和。

② 一、综合. 1 - 4 各地区研究与试验发展（R&D）人员全时当量（2021 年）. 中国科技统计年鉴［M］. 北京：中国统计出版社，2022：5.

③ 四、高等学校. 中国科技统计年鉴［M］. 北京：中国统计出版社，2022：89 - 101.

④ 2024 年 QS 世界大学排名公布：中国内地 71 所高校上榜，北大排名第 17 位. 腾讯网，https：//new. qq. com/rain/a/20230628A027BV00，2023 - 06 - 28.

信和汽车等领域①，而人工智能、高端装备制造、生物医药、仪器仪表制造等战略性新兴产业则缺乏原始创新能力和竞争力，依然处于价值链的中低端。广东珠三角的创新制造业中，规模最小、实力最弱的是仪器仪表制造业，2021 年其营业收入仅为 1 484 亿元，从业人员 19 万人，在珠三角 9 市创新型产业的总营业收入和全部从业人员中的占比分别为 1.7% 和 2.8%。大湾区内的仪器仪表行业主要以中小企业为主，缺少像纽约的丹纳赫集团、东京的日立高新技术集团那样的龙头企业。而中小企业往往没有强大的经济实力支持自主研发，导致行业的研发能力、技术水平和市场认可度与国际先进水平还有相当大的差距。目前湾区在基因测序仪、质谱仪等高端科学仪器制造方面已处于国内领先水平，但是在国外的认可度不高，在其他高端科研仪器上也仍处于空白②。

生物医药、航空航天等领域也是湾区创新产业发展的短板，广东珠三角两个行业 2021 年的营业收入分别为 1 618 亿元和 1 426 亿元，从业人员分别为 11 万人和 12 万人，整体规模与仪器仪表制造业相近。在生物医药领域，粤港澳大湾区创新药的研发能力较弱，无论是与国际领先地区还是国内的长三角地区相比，都存在较大差距③。2022 年，国内批准的创新药共计 49 款，其中进口的有 30 款，国产的有 19 款。在国产的创新药中，有 10 款左右都是来自长三角地区，与粤港澳大湾区相关的只有 3 款，分别是康方生物的卡杜尼利单抗、兆科药业的盐酸丙卡巴肼胶囊和苏庇医药的依马利尤单抗。

在创新服务业方面，创新服务业最重要的功能就是整合创新资源，推动科技成果的转化和市场化应用，使知识和技术真正转化为生产力。目前粤港澳大湾区创新服务业的发展动力还是以政策支持为主，主要采用科技企业孵化、众创空间等发展模式，盈利能力不强，难以吸引市场力

① 王云，杨宇，刘毅．粤港澳大湾区科学研究与产业创新协调发展研究 [J]．中国科学院院刊，2022，37（12）：1796－1806.

② 陈茂清，余全民，林瑞清．粤港澳大湾区科学仪器产业创新发展态势分析 [J]．科技管理研究，2021，41（16）：138－144.

③ 梁云，岳霄霄，邵蓉．粤港澳大湾区生物医药产业发展分析及建议 [J]．中国药房，2021，32（21）：2566－2574.

量的汇入①。而且，官方的科技服务单位数量虽少，却拥有更多的人才资源，实力更强，在一定程度上挤压了私营企业的生存空间。例如，广东省提供企业孵化服务的众创空间，大部分收入来源于财政补贴。2021年，广东省对众创空间的财政补贴高达1.57亿元，占众创空间总收入的6.8%，而众创空间的服务收入只占众创空间总收入的40.7%②，房租及物业收入占众创空间总收入44.2%，投资收入占众创空间总收入2.3%。同时，大珠三角没采取具体有效的措施，来充分整合与利用骨干龙头企业、金融机构、重点高校实验室、科研机构等多方力量，导致科技服务业的发展缺乏市场化、规模化的活力和土壤。但随着湾区体制机制的不断更新，创新服务业也呈现出领域细分化、内容专业化、业务外包化、服务集成化等新趋势，发展动力和发展模式的改变催生出研发外包、互联网众筹、专利运营公司、创客空间等一批新业态，使创新服务业朝着更健康的方向发展。

三、区域失衡：原始创新资源禀赋的差异性使创新产业集中在大珠三角的技术密集地区，呈现出区域不平衡的状态，并且难以较好地发挥辐射效应

改革开放初期，广东珠三角与港澳合作所采用的"前店后厂"发展模式在助推珠三角崛起的同时，也使其陷入"路径依赖"的陷阱中，长期被锁定在全球价值链的低端。虽然随着粤港澳大湾区的建设，广东珠三角与港澳的合作模式持续调整升级，但是却依然无法打破区域发展不平衡的困境，在这种情况下，需要强大技术和资源支撑的创新产业领域尤为明显。随着广深港澳科技走廊的深入建设，湾区内的四个核心城市自然也成为该走廊的核心节点，汇聚了区域内最前沿、最核心的科技资源，拥有众多发明专利，为创新产业的发展提供了强大支撑。原本技术基础、产业基础和

---

① 张寒旭，邓媚．广东省科技服务业发展环境分析与战略研究［J］．科技管理研究，2018，38（3）：134－141.

② 资料来源于《中国科技统计年鉴》＞＞九、科技服务＞＞9－14各地区众创空间主要指标（2021年），2022：229.

知识结构更为精密复杂的城市，自然更容易在创新产业的发展中占领先机。这就导致粤港澳大湾区的创新产业在空间分布上非常不均衡，集中分布在珠江的东西两岸，尤其是港澳和广州、深圳等核心城市。大珠三角的创新产业在朝着多样化发展的同时，并没有在整个区域内形成梯度式或者差异化的发展格局，反而是不同类型的创新产业都倾向于布局在港澳广深等市，中心化趋势愈发明显。

在创新制造业方面，广东珠三角9市的创新制造业有一半以上都分布在广州和深圳。根据2021年的数据，广深两市的先进制造业和高技术制造业的增加值分别为9 637亿元和7 169亿元，在珠三角9市总值中的占比高达52%和64%[①]。在行业的细分领域，新一代电子信息、生物医药、高端制造、新能源等行业的大部分企业都集中在广州和深圳，而其他7市主要还是原有产业的创新化，例如惠州的智能家电、东莞的绿色石化和新材料、中山和珠海小规模分布的新能源。

创新服务业区域不均衡的情况更加严重，广东珠三角9市创新服务业中有近70%的经营单位都分布在广州和深圳。根据2021年的数据，广州和深圳信息传输、软件和信息技术服务业的法人单位数分别为6.4万家和6.8万家，在珠三角9市总值中的占比为76.8%，广州和深圳科学研究和技术服务业的法人单位数分别为7.3万家和6.04万家，在珠三角9市总值中的占比为67.6%。但是随着大珠三角不断构建高效、完善的交通网络，打造"一小时生活圈"和"一小时交通圈"，破除粤港澳三地要素流动、资源共享的体制机制障碍，现有的高密度集聚的创新产业有望发挥更强的辐射效应和溢出效应，带动周边城市的发展，改善区域发展不平衡的情况。

第四节 大珠三角创新产业运营与发展建议

随着科学技术的不断革新，创新产业需要朝着专业化、高端化、品质

---

① 资料根据《2021广州市统计年鉴》和《2021深圳市统计年鉴》中的统计数据计算得出。

化、市场化、国际化等多个方向不断发展。对于大珠三角地区创新产业的运营与未来愿景，建议从以下三个方面考虑。

一、多渠道汇聚创新资源，推进关键核心技术攻关

创新产业最有别于其他产业的一点，就是需要强大的技术力量作支撑。为此，粤港澳大湾区必须充分利用现有的创新资源，重视基础科学研究与核心技术研究，创造更多突破性的研究成果，支持创新产业发展。一是充分发挥大珠三角在电子信息产业上的优势，借助互联网、区块链、大数据和云计算等先进技术，联合粤港澳三地打造共建共享的数字化协同创新平台，实现线上线下双联动，使关键性的创新资源如科研经费、科研数据等能跨区域联网申请传输，于促进资源共享、提高资源利用效率的同时，又能够确保关键数据传输的安全性和保密性。二是抓住粤港科技创新走廊、深港创新圈的建设机遇①，依托香港高校、实验室和科研机构在科技创新方面的独特优势，鼓励香港到广东高质量地办学、设立分校，建设联合实验室。鼓励科研资金跨境流通，开展更广泛、更深入地科技合作，取得更多的原创性科研成果。三是加强基础研究，从科技创新的源头出发为创新产业的发展注入力量，大珠三角发展比较弱的创新产业，例如仪器仪表、生物医药等，都是由于在基础理论和颠覆性技术突破上缺乏研究成果，未来应完善激励机制，充分利用现有科研平台、重大科学装置，进一步推动原始创新。

二、全链条促进产业升级，增强新兴产业硬实力

大珠三角政府应为创新产业内的企业提供更为精准化、专业化和多样化的服务，强化企业在创新产业中的主体地位。对于像生物医药、仪器仪表和航空航天等比较薄弱的行业，一是帮助这些行业内的企业对接实验室、高校和科研院所等创新力量，打造高水平的产学研创新合作平台，在

---

① 韩永辉，麦炜坤，沈晓楠. 粤港澳大湾区打造高质量发展典范的实现路径研究［J］. 城市观察，2023（1）：4－18，155.

较短的时间内实现技术能力的提升，研发出具有独特性和竞争力的产品；二是应建立产业扶持基金，直接对接市场需求，支持高校、科研院所在该行业领域的课题研究，并叠加产学研合作机制为行业内的企业提供技术支持，由此较好地解决创新产业前期研发需要大量的资金投入，而且投资回报周期较长的问题。三是培育和形成新质生产力，帮助湾区内具有国际竞争力的创新产业成长为未来产业。2023 年 9 月 9 日，习近平总书记在推动东北全面振兴座谈会上提出要"积极培育新能源、新材料、先进制造、电子信息等战略性新兴产业，积极培育未来产业，加快形成新质生产力，增强发展新动能"①。对于大珠三角发展比较成熟且颇具优势的创新产业，应完善多层次的资本市场，支持有关行业中的大企业进行联合、兼并与重组，向规模化、品牌化和集团化的方向发展，培育出一批在国际市场上都颇具影响力的龙头企业。

三、多方位优化产业布局，推动各区域均衡发展

根据大珠三角各城市的区位条件和资源禀赋优势，围绕主导产业发展及科技创新需求，推动广东省和港澳之间协同发展，利用各方优势推动创新产业发展。一是引导创新产业向不同城市的重点园区形成专业化聚集，避免多个行业都集中扎堆于核心地区，互相恶意竞争抢占资金、人才与政策等科创资源。核心地区应该坚持攻坚克难，在重大核心技术突破的基础上，将有限的资源集中到最前沿的产业中，培育一批特色鲜明、高度专业化、具有国际竞争力的创新产业聚集区。二是鼓励创新产业尤其是处于非核心地带的创新产业抓住粤港澳大湾区的建设契机，深入挖掘湾区内各城市的独特优势，面向区域差异化发展需求，在借鉴核心城市如香港、澳门、广州和深圳的成功经验，承接来自这些都市产业转移的同时，整合科学研究、创业支持、技术转化、科技金融等领域中具有比较优势的创新产业发展资源，立足原有的产业优势，形成外生驱动和内生增长相结合的发

---

① 中国科协. 习近平总书记首次提到"新质生产力". 新华社，2023 – 09 – 12.

展路径。三是加强粤港澳大湾区在创新产业领域的合作交流，充分发挥核心城市的辐射带动效应。粤港澳三地可以定期合作召开一些企业的座谈会，加强行业从业人员与高级管理人员的互访对话，增强知识溢出，推动创新产业呈现出更为均衡的发展态势。

本章参考文献

［1］余仙梅，谭晓丽．粤港澳大湾区战略性新兴产业高质量发展水平测度［J］．技术与创新管理，2023，44（3）：255－261．

［2］刘璟．粤港澳大湾区产业创新生态重构：一个新的理论分析框架［J］．河南社会科学，2022，30（1）：99－111．

［3］王云，杨宇，刘毅．粤港澳大湾区科学研究与产业创新协调发展研究［J］．中国科学院院刊，2022，37（12）：1796－1806．

［4］陈茂清，余全民，林瑞清．粤港澳大湾区科学仪器产业创新发展态势分析［J］．科技管理研究，2021，41（16）：138－144．

［5］梁云，岳霄霄，邵蓉．粤港澳大湾区生物医药产业发展分析及建议［J］．中国药房，2021，32（21）：2566－2574．

［6］张寒旭，邓媚．广东省科技服务业发展环境分析与战略研究［J］．科技管理研究，2018，38（3）：134－141．

［7］韩永辉，麦炜坤，沈晓楠．粤港澳大湾区打造高质量发展典范的实现路径研究［J］．城市观察，2023（1）：4－18，155．

［8］胡起源．筑牢粤港澳大湾区创新高地，助推产业高质量发展［J］．智慧中国，2023（11）：24－27．

［9］宋洋，王志刚．粤港澳大湾区城市群产业协同创新发展研究［J］．科技创业月刊，2023，36（5）：78－81．

［10］尚毛毛，李世泽．广西与粤港澳大湾区协同创新发展水平评价与提升对策——基于复合系统协同度模型［J］．创新，2023，17（3）：94－108．

第十二章

广东（珠三角）人工智能
领军企业实证分析

本章基于 DEA – Malmquist 模型，选取广东人工智能产业的 31 家领军企业（实际上，这些企业都位于广东珠三角，因此全部属于珠三角企业），对其技术创新效率进行实证分析。对于企业的技术创新效率，本章用 Malmquist 技术生产率指标来表示。Malmquist 技术生产率指标是技术效率和技术进步的乘积，技术效率则又是规模效率和纯技术效率的乘积。然后再根据静态和动态两个方面的实证分析结果，提出广东人工智能产业未来发展的若干建议。

第一节　研究背景和意义

当今世界上，人工智能的发展突飞猛进。我国中央和地方政府出台相关扶持政策，广东省的人工智能产业也发展得比较快速。有鉴于此，我们认为有必要及可能性，对广东省人工智能产业展开深入研究，本章以人工智能领军企业为切入口，以合适的计量方法进行分析计算和实证研究，希望能为后来者相关研究及广东智能产业未来发展提供有益的借鉴。

一、研究背景及相关政策概述

在新的一轮科技革命中，人工智能扮演着极为重要的角色，各国纷纷制定人工智能的发展规划，以追赶本轮技术革命的浪潮。为了促进人工智能产业的发展和壮大，我国自2016年起做出了顶层设计，也出台了发展规划及相关政策文件。其中2017年发布的《新一代人工智能发展规划》（以下简称《发展规划》）对我国的人工智能产业发展有十分重要的意义，此规划明确了人工智能是引领未来的战略性技术，可作为新一轮产业变革的核心驱动力，甚至能作为整个社会经济发展的新引擎。在充分认识到发展人工智能刻不容缓的同时，为我国人工智能发展制定了具体的战略目标：到2020年人工智能总体技术和应用与世界先进水平同步；到2025年人工智能基础理论实现重大突破，部分技术与应用达到世界领先水平；到2030年人工智能理论、技术与应用总体达到世界领先水平，成为世界主要人工智能创新中心。到了2020年10月，《国家新一代人工智能创新发展试验区建设工作指引（修订版）》发布，一批聚焦于各个细分领域的人工智能创新发展试验区如雨后春笋般涌现。

广东对人工智能的发展给予了充分的重视。2018年发布的《广东省新一代人工智能发展规划》对全省人工智能的发展目标、产业布局等方面作出了规划，并参照前述《发展规划》提出广东人工智能领域的"三步走"战略，到2025年要实现基础理论的重大突破，部分技术和应用达到世界先进水平，到2030年要实现人工智能基础层、技术层与应用层的全链条重大突破，总体创新能力有极大提升，人工智能产业进入全球价值链高端环节，在相关法律法规、伦理规范和政策体系等方面也取得进展。

广东作为我国开放程度最高、经济活力最强的区域之一，积极推进人工智能产业发展，不断探索人工智能在社会治理领域的应用，响应国家号召开展人工智能社会实验工作。在2021年中央网信网公布的"国家职能社会治理实验基地名单"中，广州市、深圳市与佛山市禅城区分别针对教育、环境治理、城市管理、养老及社区治理建设了特色基地。同时，广东省还致力于构建开放协同的创新平台体系：打造若干人工智能开放创新平台（医学影像、智能语音、智能无人系统、智能家居和智能海工制造）、推进深度学习计算服务平台建设、推进开源软硬件基础平台建设以及推进行业公共服务平台建设。

广东省对人工智能产业发展给予了重大的支持，因此拥有许多参与人工智能技术创新的优秀企业，乃至领军企业。本章从广东人工智能领军企业的技术创新效率出发，探索广东发展人工智能产业的现状与潜力，并结合实证结果给出自己的建议。

二、研究意义和本章的创新点

通过基于 BCC 模型的静态分析，看到广东人工智能企业的技术创新现状。此种现状的形成原因，既包括历史因素又包括国际、国内的现实因素。这方面的分析研究，为广东省今后制定发展规划、相关产业政策提供支持，也便于企业和社会认识到产业内部现存的机遇和挑战。而基于 Malmquist 模型的动态分析更多地体现出 2016 年以来人工智能行业的发展成就及问题，以 7 年的数据为基础考察过往的规划与政策的实施效果，并根据这种实际产生的效果来确定今后政策实施中需要改进的地方。

本章的创新点主要包括：（1）采用企业层面而不是地区或产业层面的数据。目前已有的基于 DEA – Malmquist 模型的论文大多聚焦于地区或产业层面，企业层面的研究数量极少。以往学者们所研究的、涉及技术创新效率的研究指标，可能有些数据只存在于地区或产业层面，因此不能完全用于企业研究。（2）聚焦广东省而不是全国的人工智能领域，由此来分析研究企业的技术创新效率。在过往的研究中，凌飞和胡登峰（2020）的研究也是基于 DEA – Malmquist 模型，研究人工智能企业的技术创新效率，但其论文使用全国的企业数据，而本章所研究的人工智能企业均来自广东，政策背景、产业发展环境均以广东省为研究范围。（3）关于人工智能企业的技术创新效率，不仅研究论文的总量极少，而且在具体的实证分析中，本书使用的具体指标也与之不同。凌飞和胡登峰的论文使用了研究人员、研究金额的数量和占比作为投入指标，在产出指标方面使用的是专利申请数量、营业收入这两个数据，而本书在投入指标的选取上仅保留研究人员、研究金额这两个数据，在产出指标的选取上则使用主营业务收入、净利润及专利授权数量这三个数据。（4）在涉及时间的选取范围上，凌飞和胡登峰的论文"中国人工智能产业技术创新效率评价分析——基于 DEA 和 Malmquist 指数模型"使用的数据从 2014 年至 2018 年，本章则采用 2016 年至 2022 年的数据，既扩大了时间跨度，又能较好地说明《发展规划》发布之后的新情况与政策效果。

第二节　相关文献综述

基于对以往研究指标的统计和总结，本章选取研发人员数量、研发资金投入作为静态分析和动态分析的主要投入指标。另外，选取专利授权数量、主营业务收入和净利润作为产出指标，由此来衡量企业的创新效率。

一、关于 DEA – Malmquist 指数

数据包络分析（Data Envelopment Analysis，DEA），最早由查恩斯等（Charnes et al.）于 1978 年提出，其原理是使用数学规划模型，根据研究对象的输入、输出指标确定研究对象的生产前沿面，再根据实际产出与生产前沿面的距离状况，来判断各研究对象是否为相对有效（DEA 有效）。目前 DEA 方法已被广泛应用于测量融资效率、Malmquist 生产率指数等多个领域。DEA 方法的优势在于：无须考虑研究对象投入与产出之间的具体函数关系，能够摆脱主观因素对此的影响，也不需要对数据进行无量纲化处理。但由于该方法对指标的非负性有所要求，故本书对于含有负数的指标数据进行了处理。DEA 方法包括许多具体类型，其中较为常见的两个是查恩斯等于 1978 年提出的 CCR 模型和班克（Banker）等于 1984 年提出的 BCC 模型，两者主要被应用于截面数据的静态分析，其中不同点在于规模效益的可变性。至于数据包络分析的其他方法，魏权龄（2000）在其文章

中给出了十分详细的叙述。[①]

　　Malmquist 指数最早由 Malmquist 在 1953 年提出的，直到 1982 年卡弗斯等（Caves et al.）才把该指数用于生产率变化的测算。在后续的研究活动中，研究者大多使用 Fare 等构建的基于 DEA 的 Malmquist 指数进行相关测算。该指数能对测算对象的面板数据进行动态分析，对只能进行单年度静态分析的 CCR 模型、BCC 模型而言是一个很好的补充。基于 DEA 的 Malmquist 模型能够进一步将研究对象的效率变化进行分解，即把技术效率变化分为纯技术效率变化和规模效率变化，便于研究者的进一步分析。有鉴于此，本章使用 DEAP 2.1 软件，对 31 家上市公司的技术创新效率进行测算。

　　在 Malmquist 指数的具体分解中，Malmquist 技术生产率指数是技术效率与技术进步的乘积。当指数数值大于 1 时，表示技术现状对企业的生产率有促进作用；当数值小于 1 时，表示技术现状对企业的生产率有阻碍作用。其中技术进步代表技术的更迭，或者叫更新换代。而技术效率代表应用现有技术的效率，它又可进一步分解为规模效率、纯技术效率的乘积。也就是说，对现有技术的应用效率，既包含技术装备水准、管理经验等纯技术效率，又有企业规模所促成的生产效率提升因素。

二、企业技术创新效率评价指标体系

　　使用 DEA – Malmquist 模型进行效率测算的相关研究有很多，所研究的具体效率包括创新效率、融资效率、企业绩效等多个角度，研究对象包括地区、行业、企业多种行为主体，最为常见的是针对地区和行业的研究。随着研究经验的积累，有些评价指标已得到广泛的认可，涉及企业层面的创新效率评价指标较为少见，但是也能够从以往的论文中寻找到认可度较高的指标。

　　最为常见的投入指标是研发人员数量和研发资金投入，曹阳、项莹、

---

① 魏权龄 . 数据包络分析（DEA）［J］. 科学通报，2000（17）：1793 – 1808.

茅宁莹（2013）在评价我国医药制造业的技术创新效率时采用了研发人员和资金作为投入指标，同时又使用技术购买费用、消化吸收费用、技术引进费用和技术改造费用作为投入指标的补充，不过这类指标对于企业层面的研究来说较难获得；凌飞和胡登峰（2020）不仅使用了研发人员和资金作为投入数据，还使用了研发人员占比、研发经费占比（研发经费额在年营业收入中的占比）作为投入变量[①]。李延青和武建章（2022）[②]、刘进和孙苏璐（2022）[③]、杜跃平和常文娜（2022）[④] 等的论文，也都在指标中使用了研发人员和资金作为投入变量。其他较为常见的投入指标还有营业成本和固定资产总额，杨豆豆（2020）在论文中使用营业成本、支付给职工及为职工支付的现金作为投入指标来研究创业板高新技术企业的创新效率[⑤]。基于对以往研究指标的统计和总结，本章选取研发人员数量、研发资金投入作为静态分析和动态分析的主要投入指标。

在产出指标方面，以往研究中最为常用的衡量企业创新产出的是专利申请数量、专利授权数量、主营业务收入和净利润。薛健和郭万山（2020）在针对行业层面的研究中使用了专利申请数量、有效发明专利作为产出指标，又使用新产品销售收入、技术市场成交额作为补充指标，不过后两项数据在企业层面难以获得[⑥]。凌飞和胡登峰（2020）、刘进和孙苏璐（2022）等的论文，也都使用了专利申请数量作为产出指标。考虑到专利申请数量与专利授权数量在内涵上的差异，本章选取更能代表企业创新

①　凌飞，胡登峰. 中国人工智能产业技术创新效率评价分析——基于 DEA 和 Malmquist 指数模型 [J]. 湖北文理学院学报，2020，41（8）：47－52.

②　李延青，武建章. 基于 DEA－Malmquist 模型的浙江省区域创新效率评价 [J]. 生产力研究，2022（10）：46－51.

③　刘进，孙苏璐. "一带一路" 倡议下江苏省先进制造业上市公司创新效率研究——基于 DEA－Malmquist 指数方法 [J]. 经营与管理，2022（7）：164－170.

④　杜跃平，常文娜. 基于 DEA－Malmquist 指数法的我国电子及通信设备制造业创新效率评价 [J]. 科技创业月刊，2022，35（6）：88－93.

⑤　杨豆豆. 基于 DEA－Malmquist 指数的创业板高新技术企业创新效率研究 [J]. 现代盐化工，2020，47（4）：121－122.

⑥　薛健，郭万山. 新常态 "创新驱动发展战略" 实施前后规模以上工业企业研发创新效率比较研究——基于 DEA－Malmquist 指数方法的实证分析 [J]. 工业技术经济，2020，39（5）：65－73.

水平的专利授权数量作为一个产出指标。根据以往的研究，企业的创新成果主要体现在直接成果和间接成果两个方面，除了能够直接展现企业创新成果的专利授权数量之外，还有能间接展现创新成果的经济方面的指标，如主营业务收入、净利润等。在针对地区或行业的研究中，新产品销售收入作为产出指标之一得到了广泛的认可，但是在企业研究中该数据难以获得。综上所述，本章选取了专利授权数量、主营业务收入和净利润作为产出指标，由此来衡量企业的创新效率。

第三节　数学模型和指标设计

本章将动态分析和静态分析结合起来，一方面能得到现阶段广东人工智能企业技术效率的行业宏观现状，另一方面也能借此机会，从微观角度探究哪些企业在人工智能领域具有相对优势和发展潜力。

一、模型概述

本书选取 2016～2022 年共 7 年的人工智能领域上市公司数据，通过 DEA - Malmquist 模型测量此类公司的技术创新效率，探究其研发人工智能的能力与潜力。本章的实证分析包括静态分析、动态分析两个部分：静态分析部分采取 BCC 模型，使用 2022 年的截面数据，动态分析部分使用 2016～2022 年的面板数据。无论是静态分析还是动态分析，本章均以研发人员数量、研发资金投入为投入指标，以专利授权数量、主营业务收入、净利润为产出指标。

传统 DEA 模型应用运筹学的方法来计算各 DMU 的效率值[1]，其数学表达式如下：

---

[1]　伍景琼，董志庆，张雨秋，等. 基于 DEA - Malmquist 的云南省航空物流基础设施供给效率评价及提升对策研究 [J]. 中国市场，2022（27）：158 - 161.

$$\min \beta$$

$$
\begin{cases}
\sum\limits_{j=1}^{n} a_j x_{ij} + s_- = \beta x_i \\[2mm]
\sum\limits_{j=1}^{n} a_j y_{ij} - s_+ = y_i \\[2mm]
\sum\limits_{j=1}^{n} a_j = 1 \\[2mm]
a_j \geqslant 0,\ s_- \geqslant 0,\ s_+ \geqslant 0,\ j = 1,\ 2,\ 3,\ \cdots,\ n
\end{cases}
$$

s. t.

其中，x 和 y 分别代表投入和产出变量，x_{ij} 表示公司 j 的第 i 个投入变量，α 为规划决策变量，s_+ 和 s_- 表示松弛变量，β 代表企业技术创新的效率值，效率值小于 1，DEA 无效，等于 1 则 DEA 有效。

在动态分析方面，若假设规模报酬可变，则 Malmquist 指数中的技术效率可以进一步分解为纯技术效率和规模效率（即技术效率 = 纯技术效率 × 规模效率），Malmquist 指数的计算公式由两个部分构成：[①]

$$
M_0 = \frac{D_s(X_s,\ Y_s)}{D_t(X_t,\ Y_t)} \times \sqrt{\frac{D_t(X_s,\ Y_s)}{D_s(X_s,\ Y_s)} \times \frac{D_t(X_t,\ Y_t)}{D_s(X_t,\ Y_t)}}
$$

其中，D 表示距离函数，t 和 s 表示不同的时期，M_0 表示 Malmquist 指数。s 和 t 分别表示"s 时期"和"t 时期"。(X_t, Y_t) 表示决策单元 t 时期的投入和产出变量。D_s 和 D_t 分别表示以 s 时期和 t 时期的距离函数。其中，四个指数的关系为：Malmquist 指数 = 技术进步 × 技术效率 = 技术进步 ×（纯技术效率 × 规模效率）。

二、指标选取和数据来源

"人工智能企业"的定义较为宽泛，既包括为 AI 发展提供核心技术支

---

① 胡东滨，周普，陈晓红. 基于三阶段 DEA - Malmquist 模型的环境服务企业 Malmquist 生产率指数研究 [J]. 运筹与管理，2023，32（4）：205 - 211.

撑的技术型企业，又包括提供相关技术支撑或应用服务的科技型企业。根据深圳市人工智能行业协会发布的《2022年人工智能发展白皮书》，后者被称为"人工智能相关企业"①。本章所探讨的"人工智能领军企业"，既包括"人工智能企业"又包括"人工智能相关企业"。我们从东方财富网的人工智能领域选取31家上市公司作为研究主体，囊括了无人机、无人驾驶、机器视觉、VR和AR等多个人工智能细分领域（见表12-1）。

表12-1 本章采选的31家上市公司名单

企业名称	序号	总部地址	企业名称	序号	总部地址
汇顶科技	1	深圳	广电运通	17	广州
英飞拓	2	深圳	国民技术	18	深圳
奥飞娱乐	3	广州	高新兴	19	广州
深桑达A	4	深圳	雄帝科技	20	深圳
银之杰	5	深圳	欧菲光	21	深圳
梦网云	6	深圳	银禧科技	22	东莞
省广集团	7	广州	东方精工	23	佛山
中青宝	8	深圳	汉宇集团	24	江门
捷顺科技	9	深圳	特发信息	25	深圳
ST迪威迅	10	深圳	中京电子	26	惠州
美盈森	11	深圳	光韵达	27	深圳
赛为智能	12	深圳	远光软件	28	珠海
佳都科技	13	广州	全志科技	29	珠海
新国都	14	深圳	银宝山新	30	深圳
航宇微	15	珠海	凯撒文化	31	深圳
硕贝德	16	惠州			

以企业为具体视角评价创新效率的研究目前相对较少，评价指标也各

---

① 深圳市人工智能行业协会. 2022年人工智能发展白皮书. 第四届智能制造创新高峰论坛，2023-08-17.

不相同，基于地区或行业的宏观数据进行创新效率分析较为常见。企业创新的投入可通过人力和资金要素来衡量，故本章选取研发人员数量、研发资金投入这两个在相关研究中较为常见的指标作为投入指标。企业创新的产出有多种表现形式，专利授权数量能够直接衡量企业创新的有效程度，而企业的主营业务收入和净利润则通过实际盈利情况，来反映企业创新能力转化为经济效益的能力，相关指标数据均来自中国研究数据服务平台（CNRDS）（见表12-2）。

表 12-2　　　　　　　　　实证分析的数据来源

数据类型	名称	来源	单位
研究主体	上市公司名单	东方财富网	/
投入指标	研发人员	中国研究数据服务平台	人
	研发资金		元
产出指标	专利授权数量		个
	主营业务收入		元
	净利润		元

三、数据处理方法

数据包络分析（DEA）对于数据的非负性有所要求，在本章所选取的所有指标中，"净利润"数据中存在负数的，需要进一步处理才能应用于DEA模型。本章采取的数据处理方式是沈江建和龙文（2015）提出的方法，该方法能够在消除负数值的同时保证处理后得到的数据非零，更好地保证了实证研究结果的有效性。

$$X_{ij} = 0.1 + \frac{x_{ij} - \min_j}{\max_j - \min_j} \times 0.9$$

其中，X_{ij}是处理后得到的数据，代表 X 公司第 i 年的净利润数据，x_{ij} 表示处理前的净利润，$\min_j$ 表示净利润数据的最小值，$\max_j$ 表示净利润数据的最大值。

第四节　实证分析和计算结果

根据本章的实证分析计算结果来看，汇顶科技、英飞拓、全志科技、东方精工、省广集团、迪威迅、赛为智能、新国都、欧菲光9家上市企业拥有较高的技术创新效率，在人工智能行业里拥有较好的发展潜力。

一、企业创新效率的静态分析：基于BCC模型

BCC模型结果如表12－3所示。

表12－3　　　　　　　　　　BCC模型结果

公司	技术效率	纯技术效率	规模效率	规模效益
1	0.325	0.871	0.373	drs
2	0.687	0.828	0.829	drs
3	1.000	1.000	1.000	—
4	0.818	1.000	0.818	drs
5	0.494	0.925	0.534	drs
6	0.721	0.826	0.873	drs
7	1.000	1.000	1.000	—
8	0.398	0.946	0.421	drs
9	0.326	0.93	0.351	drs
10	1.000	1.000	1.000	—
11	0.706	0.952	0.742	drs
12	0.475	0.972	0.489	drs
13	0.445	0.886	0.502	drs
14	0.377	0.925	0.408	drs
15	0.275	0.878	0.313	drs

公司	技术效率	纯技术效率	规模效率	规模效益
16	0.317	0.914	0.347	drs
17	0.216	1.000	0.216	drs
18	0.239	0.926	0.259	drs
19	0.222	0.871	0.255	drs
20	0.381	0.956	0.399	drs
21	0.287	0.347	0.826	drs
22	0.820	1.000	0.820	drs
23	0.992	1.000	0.992	drs
24	0.951	1.000	0.951	drs
25	0.419	0.931	0.449	drs
26	0.486	0.900	0.539	drs
27	0.397	0.976	0.407	drs
28	0.132	0.935	0.141	drs
29	0.190	0.949	0.201	drs
30	0.432	0.887	0.486	drs
31	0.126	0.817	0.154	drs
均值	0.505	0.914	0.551	

　　静态分析只代表2022年单年度的企业技术创新状况，受短时间内国内外环境、行业现状等较多因素的影响。基于31家上市公司2022年的数据，本章通过BCC模型得出以上实证结果。整体来看，31家公司的规模效率在2022年内都处于较低的水平，规模效益下降成为总体趋势，规模效率的均值小于0.6，这说明存在很大的进步空间。在纯技术效率方面，整体技术效率水平相对规模效率来说较好，但小于1的均值也意味着：在一定程度上，现有技术的应用水平对生产率提高具有阻碍作用；不过相较于规模效率，纯技术效率的阻碍作用较小。技术效率指数是规模效率、纯技术效率两者的乘积，其整体处于较低的水平。通过指数分解可以看到，这种低水平的技术效率主要来源于较低的规模效率。整体而言，相较于下文的

2016～2022 年动态分析，2022 年单年度的企业技术创新效率较低。

二、企业创新效率的动态分析：测算 Malmquist 指数

2016～2020 年人工智能领域上市公司技术创新 Malmquist 指数如表 12 - 4 所示。

表 12 - 4　　2016～2022 年人工智能领域上市公司技术创新 Malmquist 指数

公司	技术效率	技术进步	纯技术效率	规模效率	Malmquist 生产率指数
2016～2017 年	1.061	0.835	0.992	1.069	0.886
2017～2018 年	0.897	1.055	0.999	0.898	0.946
2018～2019 年	0.887	1.128	0.909	0.975	1.000
2019～2020 年	1.125	0.841	1.094	1.028	0.946
2020～2021 年	0.975	1.013	0.971	1.004	0.987
2021～2022 年	0.887	1.074	0.965	0.919	0.952
均值	0.967	0.984	0.987	0.980	0.952

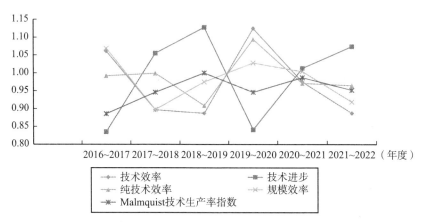

图 12 - 1　2016～2022 年人工智能领域上市公司技术创新 Malmquist 指数变化趋势

由表 12 - 4 和图 12 - 1 可知，2016～2022 年广东人工智能领域上市公司整体的技术创新 Malmquist 指数变化。技术效率指的是在现有技术水平

下，企业对于现有技术的应用效率；技术进步指的是技术的更新升级，也就是行业技术水平的提高；纯技术效率指的是与管理、技术等因素有关的生产效率，能够体现技术对生产率的促进作用；规模效率指的是规模变动对企业产生的生产效率上的影响，体现了规模对生产率的促进或者阻碍作用；Malmquist 技术生产率指数代表企业的整体生产效率，其在实证结果中体现为技术效率、技术进步指数的乘积。

首先，从 Malmquist 技术生产率指数来看，从 2017 年以后的 Malmquist 生产率指数有明显提高，在 2018～2019 年达到了最高值，虽然后期有所回落，但整体而言 2021～2022 年的 Malmquist 指数仍明显高于 2016～2017 年。通过实证结果的数据分解我们能够清晰地看到，技术进步指数在大部分时间内都大于 1，而技术效率指数仅仅在 2016～2017 年和 2019～2020 年两个时间段内大于 1，说明在大部分时间中，广东人工智能企业的 Malmquist 指数的提升来源于人工智能相关的技术进步。2017 年是我国人工智能行业发展的一个重要节点，2017 年发布的《发展规划》为此后我国人工智能行业奠定了整体基调，从国家层面肯定了人工智能（作为一种新兴技术）对综合国力提高的重要性。从此，人工智能行业的专家、学者们开始攻坚克难，使广东的人工智能技术水平突飞猛进，这在企业效率方面有清晰的体现，即 2017 年后 Malmquist 生产率指数、技术进步指数都有明显提高。而在 2019 年之后，人工智能企业 Malmquist 指数的下降在很大程度上源于美国对中国芯片领域的制裁，这从技术进步指数也能够看得出来，在 2017 年《发展规划》发布后仅有 2019～2020 年的技术进步指数小于 1，说明整体技术水平并没有进步，然而这种技术上的障碍并未阻止我国特别是广东人工智能行业的整体发展，在 2020 年后技术进步指数回升到 1 以上。

其次，从 Malmquist 技术生产率指数的分解来看，在 2016～2017 年和 2020～2021 年两个时间段的规模效率指数大于 1，纯技术效率小于 1，表明这两个时期内广东人工智能企业的 Malmquist 生产率指数主要来源于规模效率，技术对生产率的阻碍作用大于促进作用。在 2019～2020 年时间段内，广东人工智能企业的纯技术效率和规模效率都大于 1，表明这一时间段技术与企业规模对于企业生产率都有明显的促进作用。从整体来看，企业生产率源自规模效率的情况比纯技术效率更多，但是纯技术效率的均值要大于规模效率的均值（见表12-5）。

表 12-5　　　　人工智能领域上市公司技术创新 Malmquist 指数

公司	技术效率	技术进步	纯技术效率	规模效率	Malmquist 生产率指数
1	1.002	1.062	0.977	1.025	1.064
2	1.106	1.031	0.990	1.118	1.141
3	1.000	1.086	1.000	1.000	1.086
4	0.967	0.965	1.000	0.967	0.933
5	1.044	0.919	0.991	1.053	0.959
6	1.042	0.956	0.971	1.073	0.997
7	1.000	1.032	1.000	1.000	1.032
8	1.072	0.926	1.001	1.071	0.992
9	0.912	0.913	0.989	0.922	0.833
10	1.086	1.046	1.003	1.083	1.136
11	1.003	0.970	0.993	1.010	0.972
12	0.977	1.030	0.998	0.979	1.006
13	0.979	0.986	0.987	0.993	0.965
14	1.034	0.971	0.993	1.041	1.004
15	0.863	0.988	0.980	0.881	0.853
16	1.014	0.969	0.994	1.020	0.982
17	0.839	1.035	1.000	0.839	0.868
18	0.788	1.004	0.987	0.798	0.791
19	0.990	0.962	0.979	1.011	0.952
20	0.932	0.974	0.994	0.937	0.907
21	0.812	1.022	0.838	0.969	0.830
22	1.032	1.009	1.000	1.032	1.042
23	1.052	1.013	1.000	1.051	1.066
24	1.031	0.960	1.000	1.031	0.989

公司	技术效率	技术进步	纯技术效率	规模效率	Malmquist 生产率指数
25	0.968	1.021	0.999	0.969	0.989
26	0.919	0.898	0.983	0.935	0.825
27	0.857	0.921	0.996	0.861	0.790
28	1.023	0.958	1.003	1.020	0.980
29	1.045	1.020	1.008	1.037	1.066
30	0.981	0.948	0.986	0.995	0.930
31	0.754	0.950	0.967	0.780	0.716
均值	0.967	0.984	0.987	0.980	0.952

表 12 – 5 总结的是 2016～2022 年 7 年的广东人工智能领域上市公司技术创新 Malmquist 指数，与前文不同的是此处的结果以个体企业为角度。从整体上来看，在 31 家上市公司中有 10 家的 Malmquist 技术生产率指数大于 1，31 家企业的均值小于 1，说明整个行业的生产率还有进一步提高的空间。其中，序号为"2"的公司英飞拓具有最高的 Malmquist 技术生产率指数，汇顶科技、省广集团等企业在这方面也有较为出色的数据。从整体上的实证结果来看，广东人工智能企业在技术创新效率层面还存在一定的进步空间。从现有技术角度来看，31 家上市公司的技术效率大部分源自规模效率的提升，而纯技术效率起到的阻碍作用更为明显，仅有序号为"4""17"的深桑达、广电运通在规模效率小于 1 的同时技术效率大于 1。若从技术效率来看，在 31 家企业中仅有 16 家企业的技术效率超过 1，占比 51.6%，从技术进步的指标看，共有 13 家公司的技术进步指数超过 1，占比 41.9%。其中，汇顶科技、奥飞娱乐、迪威迅、广电运通等企业在该层面较为优秀，但更多企业的技术水平仍较落后，因此，存在对生产率的阻碍作用。

技术效率指数小于 1 的企业，说明它应可通过投入更多的人力物力，以更新现有的管理、技术应用、扩大规模等方式来提高 Malmquist 技术生产率指数；技术进步指数大于 1 的企业，说明它在技术更迭的过程中获得了生产效率方面的提升，可通过进一步学习、研发新技术来实现生产率的进一步提升。在31家上市公司中，共有8家上市公司在技术效率和技术进步两个方面都有对生产力的促进作用，可以通过这两个方面的投入来共同提升。纯技术效率大于1的企业，说明它在管理方式、现有技术应用方面有较高效率，可继续推行现有运营模式。规模效率大于1的企业，说明它可继续以扩大规模的方式来获取规模效益，提高企业整体生产率。

从单个企业来看，汇顶科技、英飞拓、迪威讯、美盈森等8家上市公司的技术效率指数和技术进步指数都大于1，说明它们在企业生产率提升层面有较好成绩。技术效率大于1的企业有15家，占整体比例48%，其中，英飞拓的技术效率指数最高，其技术效率来源主要是规模效率，其他公司可学习英飞拓的先进经验加以应用。技术进步对生产率提升有促进作用的企业有13家，占整体比例42%，相比于技术效率指数有所减少，这在一定程度上来源于我国当前整体的人工智能领域环境，面对新技术的产生与兴起，企业既不应盲目跟风地将其应用于公司业务，更不能因噎废食抵触新技术，而是要有所选择地寻求公司业务和新技术有机、有效结合的新方式。

与前文静态分析模型不同，动态分析数据模型探索的时间跨度为7年，静态分析模型只针对2022年单年度的数据，这导致两者对指数评测的结果有较大出入。如规模效率在静态分析中数值小于0.6，远远低于动态分析中的规模效率指数，这意味着从2016年开始，广东人工智能企业的规模效率对生产率的提高有一定的促进作用，可是单从2022年来看，规模效率对生产率却有较大的阻碍作用，这一点可以从表12-3的实证结果中看到。

第五节　研究结论和建议

本章使用DEA-Malmquist模型测算了31家上市公司的技术创新效率，从动态和静态两种分析中得到了长期和短期的两个结论。

从长期的角度来看，在 7 年的发展历程中，广东省人工智能领域有较大的发展，即便是在遭受美国技术封锁时，在技术和企业经营水平层面也能有所进步，然而这种进步正随着时间的推移而逐渐放缓；从短期的角度来看，在 2022 年单年度内，广东省人工智能企业面临发展困境，技术创新效率尤其是规模效率严重阻碍了 Malmquist 生产率指数的提高，规模效益出现大范围的递减趋势。

基于这些结论，本章提出若干建议，希望能以此促进广东人工智能企业的创新效率和行业发展水平的提高。

一、更加注重企业运营与发展效率，依据企业自身情况调整要素的投入比重

企业的技术创新效率是衡量企业从研发、学习新技术到将新技术投入应用、获取利润的速度的重要指标，在 Malmquist 指数中技术效率被分为纯技术效率和规模效率。企业在技术研发的过程中，要注重规模效率与纯技术效率之间的平衡，特别是在广东人工智能企业整体 Malmquist 生产率指数处于短暂的下降趋势的情况下。企业要利用好计量模型，以自身的投入和产出要素构建更加全面的评价体系，从长期和短期两个层面测算且观察行业现状和企业不足，并根据实际情况调整要素的投入比重。从实证结果来看，广东人工智能企业普遍存在规模效率低下的问题，阻碍了企业生产率的提高。因此说，企业应做好规模扩张的严格控制，提高现有规模的技术创新效率。而纯技术效率的均值也存在小于 1 的情况，则意味着广东人工智能企业要加强技术学习、改善现有运营体制。

二、加强国内外企业交流与合作，不断学习并提高技术和经营管理水平

2023 年 8 月 23 日，习近平总书记在金砖国家领导人第十五次会晤上的讲话中提出："人工智能是人类发展新领域。金砖国家已经同意尽快启

动人工智能研究组工作。要充分发挥研究组作用，进一步拓展人工智能合作，加强信息交流和技术合作，共同做好风险防范，形成具有广泛共识的人工智能治理框架和标准规范，不断提升人工智能技术的安全性、可靠性、可控性、公平性。"[①] 人工智能的研发早已提上国家发展日程，我国也在不断寻求国际合作，争取实现人工智能领域的突破。广东人工智能企业经营情况各不相同，规模效率、纯技术效率等指数的情况也不同，企业应从多个维度广泛寻求合作，以提高自身发展水平。首先是省内企业之间的合作，企业之间面临的经营环境有很大的相似之处，可以通过学习与合作，彼此取长补短、改善自身经营状况，效率水平较低的企业可向水平较高的企业学习。其次是与国内其他地区企业的合作，长三角、京津冀等地区的人工智能发展水平也十分快速，同样有一批优秀的企业值得学习。最后是寻求国际合作，探索在不同市场条件和政策环境下其他企业的生存方式，这将有利于学习先进经验、拓宽眼界和胸襟，同时为企业未来进军国际市场奠定基础。

三、加快构建人工智能企业评价体系，推进指标统一化及标准化

目前对人工智能企业的评价研究还处于起步阶段，现有文献中对指标的选取并不统一。至于兼具人工智能行业特色的企业，评价体系则尚未构建。为了提高研究效率、增强研究效果，广东省政府及相关机构可将以往研究中得到广泛认可的指标固定为确定的评价体系，也可以通过行业内咨询等方式确定新的评价指标，并加以统计研究和推敲完善。固定的评价体系便于企业参照评价结果来确定发展规划，有关学者、企业与行业协会也可以根据以往研究或经营过程中的经验，向政府及相关机构提出建议。在有了足够的数据支撑后，可将评价体系和评价指标固定下来，并随着时间的推移和技术的进步而作出合理更新。

[①] 出自 2023 年 8 月 23 日习近平总书记在金砖国家领导人第十五次会晤上的讲话。

四、更多重视人工智能领域的阶段性发展规划，加大对企业技术创新的支持力度

2017 年全国范围内的《发展规划》及 2018 年《广东省新一代人工智能发展规划》发布，在人工智能行业的发展进程中起到了总领全局的作用，对于广东人工智能领域的发展来说尤为重要。根据实证数据可以看到，在这两个规划发布之后，广东人工智能企业在 Malmquist 技术生产率指数层面有了明显的改观。原因有两个方面：一方面，明确的发展规划体现了政府支持人工智能产业发展的决心和力度；另一方面，明确的发展规划和目标安排等能够减少对发展方向反复盲目探索的成本。所以说，未来广东可利用粤港澳大湾区建设的契机，通过与香港、澳门共同谋划和布局人工智能产业，来完善新阶段的发展规划。除此之外，金融领域的支持也同样重要，技术研发与创新需要耗费大量的资金，粤港澳可联合提供针对人工智能企业的信贷服务及其他优惠政策，从而缓解企业的创新压力，增加企业的创新热情。粤港澳政府及其他机构也可以通过人才优惠政策，来吸引全国乃至世界范围内的高端技术人才进入粤港澳大湾区，为整个大湾区的技术创新注入更新活力。

本章参考文献

［1］杜兰. 科大讯飞杜兰：粤港澳大湾区是"AI＋应用"最好的试验田［J］. 广东科技，2021.

［2］方晴，王燕. 2022 广州人工智能创新发展榜单出炉，这 114 家企业上榜［N］. 广州日报，2022 － 12 － 20.

［3］毛子骏，朱钰谦. 人工智能的国外社会科学研究热点综述［J］. 电子科技大学学报（社会科学版），2023（2）：55 － 67.

［4］郐小平，昌道励，李赫．人工智能产业观察（上、中、下）．南方 plus，2023 - 05.

［5］伊晓霞，石潇玥，李文迪．张釜：打造省级 AI 产业平台 想让所有人感受科技红利 ［N］．商界时空，2023 - 07 - 28.

第十三章

"链时代" 的珠三角产业创新发展

随着各种"链"的出现及发展，地球社会似乎已进入一个"链时代"。所谓链时代指的是这样一个时代，即人类社会进入信息化、数字化时代之后，社会组织、经济组织有机联系而形成各种"社会链条""经济链条"，这些链条的前后环节（或称为上下游）之间联系紧密，存在相互依存的密切关系。在社会全方位数字化转型的大背景下，社会组织、经济组织之间借助数字化技术与平台，打破时间和空间限制，通过深度融合而形成上下游相连接的各种链式结构，并实现形式丰富、效率（或者效益）更高的资源配置及共享模式。

因社会链条庞大繁复，故本章就只以经济链条作为主要研究对象。在市场经济持续发展、完善的条件下，人们可通过构建、改进与完善经济生态环境，实现各种经济组织（尤其大中小企业）融通发展的经济形态。如果说链时代之前的国民经济仍是一个区块形状的、连接程度不足的经济体系，那么随着链时代各种丰富而健全的经济链条的打造与互动，国民经济则整体进入一个环环相扣的、链条形状的市场经济体系构建阶段。

在此背景下，珠三角对经济链条发展的探索逐渐为全国提供了先行示范模板，同时也出现一些值得探索的问题。为此，本章以经济链条（尤其产业链）作为主要研究对象，尝试进行大珠三角创新发展研究，助力推动珠三角产业的建链、补链、延链、强链、升链等工作，打造自主可控、安全可靠、竞争力强的现代化产业和市场链条体系。

第一节　市场经济中若干经济链条的基本概念

在过往 30 多年中，我们国家致力于发展社会主义市场经济。所谓市场，必须由供应和需求双方来共同组成。在市场经济中，最基本的关系是供求关系，最基本的链条就是供需链。而供需链则由供应链、需求链两个方面组成，且两者属于对立统一关系。从供应方的角度来看，市场中有一条完整的、上下游相连接的供应链；从需求方的立场来看，市场则是一条完整的需求链。实际上，供应链和需求链是分不开的。如果没有需求端的订单或买方，供应端的产品也就无法卖出、无法实现其价值。如果没有供应端的足够产能与合适产品，需求端的需求也就无法得到满足。

一、供应链和产业链的基本概念

供应链应该如何定义呢？简单说，就是指某种商品从生产、制造起点到消费终点的整个供应过程，从原材料的供应、零配件的供应、中间产品的供应，直到半成品、成品的供应，这些事情属于生产商、制造商的业务范畴。随后还要通过各种营销手段，把商品销售出去且送达最终的消费者，这里又包含了供应商与分销商、物流商与运输商（甚至还包括信息商与通信商）、经销商与代理商、批发商与零售商，以及终极用户连接而成的完整链条。在组成链条的各个环节中，产品的价值在不断提升，并在消费环节完成之后实现其全部价值。在整个链式结构中，可能会有一家核心企业，其他企业围绕着它来运营。这家核心企业，即被称为"链主"。

而所谓的产业链，狭义的应是指某一产品的生产、制造过程，即从自然资源到最终产品的生产、制造链条。广义的产业链，则应包括最终产品送达消费者手中所包含各个环节组成的完整链条。所以，有些文章干脆就把产业链和供应链等同看待，甚至当作同一概念。

但笔者以为，产业链和供应链还是存在区别的，而且必须有区别，否则只用一个概念就行，没必要同时使用两个概念。供应链和产业链的区别在于，供应链主要是从上游（即供应方）的角度，根据下游的（需求）情况来决定自身的经济活动，即供应什么商品、怎么高效率供应这些商品、怎样取得高效益。也可以这样说，供应链是整合供应商及制造商、努力提高供应效率和效益的供应过程。产业链则是从生产、制造者的角度，着眼于如何协调与平衡上下游关系、如何降低生产和制造成本、如何提升产业各环节或整体的效率和效益。也可以这样说，产业链是整合上下游关系、从原材料采购到终极商品（或服务）的生产或制造过程。

为了更好地区分，我们不妨将产业链仅仅限定为狭义的，即生产部门或制造工厂出货之前的过程称为产业链。而出厂之后输送至消费者手中的过程，就称为供应链。无论供应链还是产业链，上下游都存在价值交换关系。产品（或服务）由上游环节向下游环节移动，上游为下游供应产品（或服务），市场信息由下游环节向上游环节反馈，下游给上游带来需求信息和订单。

二、科技链和人才链的基本概念

早在 1988 年 9 月 5 日，邓小平同志就提出了"科学技术是第一生产力"这一极其重要的科学论断①。在某些供应链的市场活动、产业链的经济活动中，科技已成为最关键的竞争要素。我们所说的科技链，应当是包括理论研究、应用研究、技术开发、成果转化等环节的科技链条，即高校与科研院所、企业等社会组织通过科技投入，开展一系列创新科研活动，并取得科研成果、发明专利之后，再把它们转化成市场上适销对路的产品，在拥有市场竞争优势的条件下逐步实现商品化与产业化，直到形成创新产业乃至产业集群的科技和经济活动全过程。

经济活动需要人才，科技活动尤其需要人才。人才是供应链、产业链健康发展的基础与核心要素，人才链则是围绕人才要素而建立的链条体

---

① 杨毅强，陈惟杉. 邓小平："科学技术是第一生产力"［J］. 中国经济周刊，2018 - 12 - 05.

系。具体地说，人才链是旨在加强人才间的协作创新，通过产学研合作机制和创新生态环境，打造独立自主、开放共享的跨区域（乃至跨国）平台，促进人才、项目及成果的交流与合作，由此形成的人才引进、培养、使用、评价等一系列环节。人才链的构建可以激活科技链，进而提高创新能力，加速科技成果转化，并推动创新实践的开展、促进创新产业链的形成与发展。

三、资金链和区块链的基本概念

除了科技和人才，资金链对产业链、供应链的发展也发挥着不可或缺的作用，资金甚至被誉为经济体系中"血脉"。在此，我们想把资金链分成两个部分，一是企业内部的，二是企业外部的。从企业外部来说，资金链即各个微观经济主体之间的债权债务关系，主要是金融组织和其他企业之间的债权债务关系。金融组织以储蓄、证券等形式吸收社会资金，再以贷款等形式发放给企业。从企业内部来说，资金链即是为了维持企业正常生产经营运作所需的基本循环资金链条（林非园，2010），是企业资金筹集、营运、控制、分配的循环增值过程（王梦莹、孟庆军，2013）。简单说，资金链就是从现金到资产、从资产到产品、产品增值又变现回现金的整个链接过程，它能够维系企业正常运营，为产业发展带来充足的流动"血液"。资金链如果不能增值、反而减值或者断裂的话，将会造成各种"爆雷"现象，对经济乃至整个社会造成极其严重的不良后果。

所谓区块链，可以看成是信息技术发达条件下、信息社会高速发展过程中所诞生的大数据应用模式，其中包含了共识机制、加密算法、分布式数据存储、点对点传输等计算机技术，已开始对经济社会尤其证券交易、电子商务等领域产生巨大影响。从本质看，区块链主要是一种信息传输与应用链条。但它在金融领域的应用，一般会伴随着资金流动，此时区块链可以被看作为资金链，或者资金链的信息表达方式。我们在此提议，区块链应改称为"区块网"更名副其实，因为它并不仅仅是一个链条，而是由众多链条交织在一起的网络。

四、价值链和需求链的基本概念

不仅资金链伴随着价值的保持乃至增加，供应链和产业链的运营过程也必须实现保值乃至增值，否则就是做赔本买卖了。价值链的核心理念，正是价值的创造、增加与实现。企业的价值创造离不开一系列活动，包括采购、生产作业、加工制造、市场营销、行政管理、后勤服务、技术研发等。这些生产、经营与服务活动，不断促进产品价值的增加与实现，共同构成一个价值创造、增加与实现的动态过程，即价值链。在生产经营等经济活动中，价值链无处不在。产业链的上下游之间存在着产业价值链，而企业内部也存在着企业价值链。供应和需求之间也由价值链相联结，或者说供应和需求分别是价值链的两个方面，相互依托与相互成就、不可分割的两个方面。价值链的每一项活动都对产品价值的最终实现造成影响，对企业分工和收益分配，以及经营战略都发挥着重大作用。

需求链和供应链相辅相成，共同构成价值链。如果说采购、生产制造与营销代表着价值链的一半——供应链，那么终极消费、中间消费与初级消费则代表着价值链的另一半——需求链，它们共同推动和维持着价值链的畅通运行。需求链是价值链中由需求驱动的那一面，它是从下游（需求者）的角度，逐个环节向上游（供应者）提出要求——关于产品或服务的市场要求，这些环节就连接成完整的需求链。上游通过提供产品或服务，实现了自己所要的价值；下游获得产品或服务，通过购买行为实现了自己的消费价值。需求链用于解决市场中产品或服务的需求问题，即各个环节的消费需求怎样得到满足的问题。

这里需要着重说明一点，就是说价值链的不断增值，不一定都来自创新链。然而创新链的长足发展，往往会实现价值链的不断增值。

第二节 大珠三角市场链条解析

市场中形成的经济链条，可更简洁地称为市场链条。粤港澳大湾区地理位置优越、经济实力雄厚，基础设施建设水平也达到全球领先地位，有力支撑着各大产业纵深发展。大珠三角拥有复杂的市场链条，涵盖健全的产业链、供应链、人才链、科技链、区块链、资金链、需求链、价值链等，整体呈现出纵横交错态势。大珠三角内部产业链较完善，各大产业门类很完备，包括房地产、批发零售、金融等服务型产业链，以及电子信息、家具家用电器、通信与装备等高端制造型产业链。独特的地理优势促使大湾区形成一个超大城市链条，并且分成三个较小的城市链条，即广佛肇、深莞惠和江中珠，外加港澳两个国际都市。不同的城市链打造出丰富多彩的产业链，相互交汇而充分发挥出整个湾区的产业效应。珠江两岸分布着高新技术制造业、具有高市场占有率的传统制造业等产业链，以及相应的科技链、供应链和需求链。港澳则以现代服务业为主导，人才链、区块链与资金链都较为发达。各种市场链条融会贯通，进一步推动整个大珠三角的经济合作，促成区域经济高质量发展。然而毋庸讳言，大湾区市场链条也存在着断点或堵点，制约着区域经济发展，如何有针对性地克服困难与化解矛盾，是未来"超级链时代"支撑大湾区市场经济发展的重要议题。

一、粤港澳大湾区的产业链和供应链

经过几十年的高速发展和深厚积淀，粤港澳大湾区已拥有竞争力不断增强的产业链和供应链，可算是全球最引人瞩目的产业链、供应链集聚区域之一。据工信部资料，截至 2021 年，大珠三角包含 6 个全国最为先进的制造产业链。其中，以广州、佛山与惠州为代表的家用电器产业规模超万亿元，被称为世界上品类最全、规模最大的产业链；以深圳为主的新兴电池材料企业数量超过 1 000 家，产值规模居全国第一，而新一代信息通信产业链也发展得比较成熟，链主企业的协调带动效应十分显著；以广州、佛山、深圳及东莞为代表的智能装备产业占据广东全省的 2/3 以上，而深圳与广州为代表的高精尖医疗器械产业链，则汇集了超 500 家高端医疗器械企业，以及上万家合作方供应链企业。①

通过技术市场协同的方式，大珠三角各城市共建产业创新平台，并突出技术层面的创新开发，以解决单个企业、城市的资源与人才配置问题。目前已在广州、深圳与香港等核心城市，围绕企业、高校、科研院所形成产学研共建合作区域，构建链时代的产业链、供应链技术基础，并对大湾区内其他城市形成辐射效应。

大珠三角聚焦现代供应链的实践，努力提升供应链现代化水平，提升资源配置能力、核心技术攻关与国内外供应服务等水平。在供应链的协同发展上，目前大湾区主要采用两种商业模式：一是以物流企业为核心，向整条供应链提供一体化服务的模式；二是以制造企业为核心，主导整条供应链的模式。

大珠三角产业链、供应链所面临的一个重要问题，是关键零部件或核心技术仍然依赖国外进口，深圳、东莞、惠州、佛山等城市都有不少对外联结的企业，仍出现局部的供应链紧张或停滞情况。大珠三角急需加快数字技术应用，推进产业链中数字经济同实体经济有机结合，争取把重要核心技术掌握于自身手中，加快新型基础设施建设同数字技术深度融合，协同推进大湾区数字产业化和产业数字化。②此外，为提高产业链的稳定性和抗风险安全性能，大珠三角还需加快推进技术研发和产业升级，突破关键技术"卡脖子"难题。

大珠三角产业链、供应链已取得可喜的成绩，但仍存在一些困难，例如，针对物流服务，供应链各环节缺乏有效连接，协同与融合不到位，缺乏供应链的综合服务品牌；针对生产制造，当前仍然缺乏链主企业，对新兴信息技术的应用不充分，且链主企业与其他企业的协调发展也不够充足。此外，还存在城市间体制机制壁垒、金融服务体系不够完善、科技成果转化率不高、企业技术创新竞争力不强、人才结构失调等问题。③

---

① 郭叶波. 全面提升粤港澳大湾区产业链供应链安全保障能力 [J]. 宏观经济管理，2023 – 01 – 08.

② 徐青. 粤港澳大湾区产业链发展研究 [J]. 亚太经济，2021 – 05 – 02.

③ 王友丽，南宁豫. 粤港澳大湾区高科技产业供应链协同发展研究 [J]. 国际贸易，2020 – 06 – 28.

二、粤港澳大湾区的人才链与科技链

《粤港澳大湾区发展规划纲要》明确提出，大湾区要突出创新引领，对标世界一流湾区，打造教育和人才高地，实现湾区健全人才链的构建。就基础而言，大湾区拥有一批具有全国乃至全球影响力的高校、科研院所、高新技术企业以及国家科学工程，拥有较强的科技创新能力。

近年来，广东省积极落实一系列政策，为人才的引进、培养、流动与协同发展等方面打下了较为坚实的根基。首先，对在大湾区工作的境内外高端人才与急缺人才，明确相应的税负差额补贴标准，按内地同港澳个人所得税税负差额给予补贴，由此推动大珠三角广聚英才，实现大珠三角人才引进的进一步发展。截至2023年，广东省引进创新创业团队数百个、领军人才近千名，每年驻留广东工作的境外人才超过15万人次，占全国总数的近1/5，港澳台人才超过25万人次，占全国总数的近1/3。其次，大珠三角在养老保险、住房等方面提供丰富的优惠政策，明确港澳人才共同享受内地企业职工基本养老保险政策，允许用人单位将财政资金用于购买任期内商业养老保险和商业医疗保险；同时支持各市根据符合城市发展的原则，在高校、科研机构、高新技术产业开发区等人才密集区建设产权型或租赁型的人才住房。另外，支持高水平大学与科研机构聚焦前沿技术、科技理论与产业创新开展源头性科学研究，大力引进国际高端研发机构和优质人才资源，吸引跨国企业、境外机构到大湾区设立研发基地与科技成果转化中心。①

当然，大珠三角人才链也存在着短板，集中体现在学术水平、人才环境、协同发展、交流方式等。大学与科研院所和世界先进水平仍有较大差距，人才引进与协同发展的软环境也有待加强。人才链和其他链条如产业链、价值链及教育链的协同效应不足，基础教育培养模式需要改进。

粤港澳大湾区的科技创新和转化能力已较强大，其所拥有的发明专利

---

① 杨钰琳，郑舒桐，李文辉. 粤港澳大湾区科技创新能力、效率和经济贡献率研究［J］.科技与经济，2023 - 06 - 20.

数量居全球四大湾区之首,并且形成了较成熟的科技创新链条。据有关研究成果(杨钰琳、郑舒桐,2023),大湾区科技创新能力总体呈增长趋势,而科技创新的经济贡献率波动起伏较大,呈微弱下降趋势,表明科技链的前半段即科技创新能力较强,而后半段即科技成果转化为经济效益的能力需要提高①。此外,大湾区创新主体多元化与活跃程度不足、创新资源要素配置不尽如人意、创新机制不够灵活等问题导致其科技链存在着断点或堵点。

对此,大珠三角各城市尝试关注创新关系的结合情况,采取补链、强链等强有力的措施,来解决科技链中的断点或堵点问题。如港澳分别提出设立科技创新办事处、智慧城市建设与创新发展资讯团队,着力提高湾区科技链的创新力度,促进经济效益和创新能力的共同提升。

三、粤港澳大湾区的区块链和资金链

粤港澳大湾区的经济总量已达世界湾区之首位,其发展驱动力离不开强大的制造业,离不开上述各大链条,也离不开发达的资金链,离不开区块链这一重要技术的应用与发展。除产业链和供应链需要区块链技术,大珠三角着重加强区块链在互联网、政务服务、数字货币、金融等领域的广泛应用;而各大金融机构与数字技术相关机构充分利用区块链技术,反之又极强地支撑了区块链产业的迅速发展。迄今为止,大珠三角已拥有数百家区块链企业,其中广东珠三角占比最大,拥有100多家的新型区块链技术企业,紧接着是香港和澳门,其涉及领域包括互联网、产业链和供应链、数字货币和金融交易等。

区块链对大珠三角产生巨大影响的同时,大珠三角也将对区块链的政策支持置于重要的战略地位。2021年,粤港澳大湾区出台区块链相关政策多达106部,全年申请相关的发明专利3 000余件,占全国总数的1/3。有关区块链的创新创业活跃、应用场景丰富,"人才磁石"效应明显。与此

---

① 郭红兵,苏国强. 从产业链金融到科技链金融——论科技链金融的概念、模式和意义[J]. 南方金融,2017 – 05 – 18.

同时，大珠三角正在成为众多科技创新的试验田，目前已有腾讯、平安、微众银行、华为等一批优秀企业（或其他机构）前瞻性地把区块链为代表的众多前沿科技布局于产业链、供应链等方面，卓有成效地开展了底层基础设施建设、国产开源创新生态探索等一系列重大创新实践，为区块链及相关产业的发展奠定了坚实的基础。[①]

区块链技术的广泛应用、相关产业的健康发展，促成了资金链的畅通运行。而打造有全球影响力的国际科技创新中心，建设充满活力的国际一流湾区和世界级城市群，无疑都离不开发达资金链的助力。粤港澳大湾区可谓是全国资本市场交易最活跃的地区，以 2020 年为例：香港交易所完成 154 宗 IPO，股票市场交易额达到 4.1 万亿美元，深圳证券交易所完成 161 宗 IPO，股票市场交易额达到 17.8 万亿美元；大湾区金融保险业增加值约 2 000 亿美元，占同期大湾区 GDP 的 13%左右，约占中国金融保险业增加值的 15%，金融交易及其增加值为资金链的强劲运行提供了充足血液。

此外，大珠三角是中国最主要的总部集聚区域之一，拥有 25 家世界 500 强（中国）企业。大珠三角也是境外跨国公司进入我国内地市场和内地企业"走出去"的跳板，2020 年实际利用外商直接投资约 1 661 亿美元，占全国比重高达 57.7%，对外直接投资额大约有 1 200 亿美元。[②] 因此，金融保险、外商投资等组成大湾区富有活力的资金链条，通过持续的制度创新吸引全球资本汇集到本区域，鼓励资本沿着资金链流向科技创新、新兴制造业、数字经济等前景广阔的领域，推动大珠三角经济率先实现高质量发展。

为充分利用大珠三角牢固的经济基础、基础设施条件和地理位置优势，国家已将区块链人才的培育和汇集作为大湾区发展的重要议题，因此相关机构已大量覆盖于大珠三角，把丰富的人才资源、有利的人才流动条件应用于区块链技术和相关产业。不过相较于其他三大世界级湾区，粤港澳现有的区块链企业、人才或投资机构等尚显不足，无论是全球化水平还

---

① 黄庆泉，梁慧钰. 粤港澳大湾区区块链产业发展对策 [J]. 中国外资，2023 – 01 – 25.
② 廖明中，余臻. 资金流动与粤港澳大湾区经济发展 [J]. 中国社会科学报，2023 – 01 – 10.

是知名度方面。区块链技术和产业发展离不开充足的创新型人才，粤港澳大湾区在此方面仍然处于相对劣势，急需人才资源的流入与充分交流。[①]

四、粤港澳大湾区的需求链和价值链

人们都知道，市场由供需双方所组成。产业链等市场链条亦可说是由供应链、需求链来共同组成，且两者相互依存、不可或缺。需求链和供应链相对应，也有各种不同形式和内容。在此我们仅以居民消费为例，简要分析大珠三角的需求链情况。有关居民消费的需求链，离不开环环相扣的三个主要环节，即居民消费需求、商品营销与服务环节。

关于居民消费需求，主要由食品、居住、生活用品、生活服务、教育文化娱乐、交通通信、医疗保健、烟酒八大类组成。从近年各项消费支出占总消费的比重来看，大湾区居民消费结构不断优化。且由于国家积极实施扩大消费的内需政策，加上居民收入平均增长幅度高于 GDP 平均增长幅度，居民消费需求也呈现出逐步扩大的趋势（叶彩敏、钟陆文，2022）。

需求链的服务环节主要体现于售后服务，售后服务的蓬勃开展为需求链的打造与健康发展筑牢了根基。2020 年发布的《关于金融支持粤港澳大湾区建设的意见》，明确提出支持在大湾区内地设立外资控股的人身保险公司、支持港澳保险业在大湾区内地设立保险售后服务中心、支持跨境业务使用人民币结算、完善保险业务跨境收支管理和服务等促进售后服务的措施。有效连接了港澳与内地之间的供应和需求，促进内地与港澳间金融业务往来，推广和满足保险业在湾区内部的服务需求，极大地盘活了有关行业与产品的需求要素。

大珠三角需求链的营销环节，仍存在突出问题或短板，应在促进企业转型升级、优化营商环境等方面提出解决方案，以促进需求链的建设与完善。例如，为应对消费需求不足、销售渠道拓展难等断点或堵点，出台了《广东省加快发展流通促进商业消费政策措施》，提出促进营销新业态与新

---

① 张艳桃，廖倩，曾丽娟 . 粤港澳大湾区区块链应用研究——基于世界四大湾区对比分析 [J]. 中小企业管理与科技，2021 – 03 – 05.

模式发展、推动传统营销企业创新转型升级、推进出口转内销、扩大优质产品进口、活跃夜间商业等政策措施，加快营销创新发展，优化消费环境，激发消费潜力。在促进营销新业态、新模式发展方面，大珠三角积极推进电商、超市与各类连锁店等充分推广网链物流，以及线上线下相结合的商业模式，实施零售全天托管服务，最大限度地打开销售渠道，同时推荐相关企业采取"直播带货"模式提振销量。为拓展出口产品内销渠道，大珠三角支持内外销产品一体化营销，拓宽国内营销网络，推动建设更为立体的需求链体系。

粤港澳大湾区内资金、劳动力、技术等生产要素的流通，为湾区价值链的构建提供了基本资源与条件，很好地推动了区域产业链条化与集群化、区域基础设施互联互通一体化，并形成以城市群为载体的经济结构，有效地促进各城市间价值的流动、增加与实现。

以汽车产业的价值链为例，依托比亚迪、广汽乘用车等竞争力较强的自主品牌龙头企业，粤港澳已成为全国乃至全球最大的汽车产业基地之一，汽车产量占全国的比重超过11%。大珠三角汽车产业链实力强劲，在全国乃至全球价值链中占有重要的一席之地。然而过于依赖外资的现实，使大珠三角仍存在一些问题，例如汽车产业在价值链所处地位不高、零部件环节总体实力偏弱、产业园区对全球影响力偏低、新兴领域公共支撑平台与专业技术人才不足等。

第三节 "链时代"的大珠三角产业创新发展策略

致力于建成全球重要的创新发展中心，是党和国家赋予粤港澳大湾区的战略定位之一。然而随着经济社会进入链时代，大珠三角的发展也受制于各种链条中存在的断点、堵点等问题。因此，大珠三角深入贯彻落实中央政府决策部署，以及习近平总书记关于加快构建新发展格局的重要讲话精神，为坚定推进中国式的现代化进程，聚焦于加快构建新发展格局、健全市场链条的主要矛盾和制约因素，把高质量发展和市场链条有效结合，大力推进理论创新、制度创新与实践创新。要实现创新发展及中国式现代化，于前述各种市场链条中，首先和最根本的一点应是产业链的健康与长足发展。因此，我们要密切关注市场链条的构建与交互情况，推动新兴产业建链、短板产业补链、优势产业延链、重点产业强链、传统产业升链，打造自主可控、安全可靠、竞争力强的现代化产业和市场链条体系。

一、新兴产业"建链"

建链是指围绕一个核心产业，针对产业链的各个环节筛选优质供应商，通过开放供应链、政策扶持、资源共享、联合研发、招商引资、基金并购等方式搭建产业链合作生态。建链可称为产业链诞生与发展的第一步，也是补链、延链、强链、升链的基础。

推动产业建链，实现创新链、产业链、资金链和人才链的深度融合是关键。在新兴产业建链过程中，粤港澳大湾区需要关注企业培育、要素保障、平台建设、人才引育等方面，并制定具体的政策举措，营造良好的产业发展环境。例如，作为大珠三角的高端人才服务枢纽，广州市公共研究中心以人才链为主抓手，探索以新兴产业为基础条件的博士后人才联合培养体系，建设相关产业的博士及博士后联合创新创业基地。该中心至今已聚集 17 家理事单位、250 多家会员单位，招收培养 163 名博士后，形成数百项新兴产业科技成果，促进企业和高校、科研院所之间人才与智力成果的顺畅流动，带动社会经济效益超过 65 亿元，大幅推动了大珠三角新兴产业链条的构建，同时促进了"人才链""创新链""产业链""资金链"的4 链融合。[①]

二、短板产业"补链"

补链是指梳理产业链等链条中存在的不足与缺陷，针对不同困境与难

---

① 周权雄. 粤港澳大湾区推进产业链供应链自主可控的三个维度 [J]. 探求，2023 – 03 – 26.

点精准施策，着力打通堵点、补上断点，将全链条联系为一个整体。同时，努力破解消费下行、交通运输通信不够顺畅、资金使用不合理等问题，促进整个产业及产业链都能够正常运转。

大珠三角产业链与供应链等需要改进之处，不仅在于产业的转型升级与产品技术的引进和自主研发，还在于突破关键核心技术存在的"卡脖子"问题。例如，大珠三角制造业拥有的高科技产品技术含量不高，具有自主知识产权的产品或拥有核心技术的企业非常少。针对这一缺陷，粤港澳大湾区于 2022 年 12 月开启全球招商活动，涉及三菱重工、现代汽车、西门子等投资主体的各种重大项目签约，项目总投资金额近 2 000 亿元，分别布局在先进制造、生物科技、食品健康、新一代信息技术等领域，其中制造业占比超过七成，基本畅通了大湾区制造产业链的关键堵点痛点，解决了资金周转、物流运输、产业协调等环节的问题。[①]

三、优势产业"延链"

延链是指为不断完善产业链结构、提升产业链价值，通过科研开发和技术革新促推产业链的升级与延伸，同时加大对新型基础设施建设产业链的投资与研发，继而形成增长新动力，争取实现各产业的高质量与快速发展。

大珠三角各城市针对产业链、供应链等存在的创新程度不足问题，聚焦于优化创新生态，探索建立平台资源共享机制，深入发展相关服务业和帮助企业发展的行业协会等组织，促使技术、知识产权、管理等要素融通发展，加快产业创新和数字化发展进程。例如，广州加快构建开放合作新格局，推动人工智能、大数据、云计算等新一代信息技术同生物医药、高端器械相融合，建设人工智能＋医疗应用平台，建立智能医疗体系并拓展防控、救治等方面的应用。此外，大湾区推动广东省与港澳开展生物医药等方面的科研合作，鼓励跨国公司在省内建设高水平的研发中心、生产中

① 黄庆泉，梁慧钰. 粤港澳大湾区区块链产业发展对策 ［J］. 中国外资，2023－01－25.

心及采购中心,依托中国生物产业大会,吸引行业高端人才汇聚,以实现大珠三角产业链、供应链的延伸或优化。①

四、重点产业"强链"

重点产业的强链活动,主要指加强产业链内外、上下游的协同合作,往往还伴随重点项目的建设。重点项目可能需要大规模投资,具备强带动作用及广覆盖的辐射效应。加强协同合作,即深入开展企业之间、企业与政府(或其他相关机构)之间、链条上下游之间的合作。总之,要打造形成产业聚合优势,促使全产业链强劲有力和顺畅地运转,将整个链条做得强大、富有市场竞争力。

为推进重点项目的工程建设,大珠三角着力培育产业链龙头,亦即链主企业,以充分发挥其强化产业聚合优势的作用;支持这些龙头企业并购重组上下游企业,形成一批企业集团,并盘活老字号的资源价值,努力提升传统产品的质量和利润水平。例如,在广州国家生物产业基地总体发展规划的布局下,大珠三角突出产业延伸发展和差异化发展,推动各地区形成各具特色的产业链条,同时加大产业链招商引资力度,围绕产业链的重点环节,扶持建设能够带动研产销的全产业链条,特别是助力企业实现后期产业化的平台之发展,由此培育产业发展新业态②和新的商业模式。

一旦链主企业能够强有力地带动上下游企业,那么对于产业链整体、供应链整体而言,人力资源、资金和信息等也将能自由地融入结合,从而提升整个链条结构的调控能力和资源整合能力。③

五、传统产业"升链"

顾名思义,升链就是产业链的转型升级,所以主要是针对传统产业而言的。所谓升级产业链,就是要通过科研开发、技术创新等手段,例如,

---

① ② 金琳.保链、稳链、补链、强链:国企显担当 [J].上海国资,2022-07-20.
③ 才国伟,陈小伟.粤港澳大湾区产业合作与地区发展 [J].工信财经科技,2021-10-25.

采用人工智能、结合大数据和云计算等方式，促进传统产业链的提质增效，并实现交互形式升级。

区域一体化对于产业链、价值链的连接和提质增效发挥着重要的引领作用，因此，粤港澳大湾区学习、借鉴长江三角洲的一体化举措，以"云链通"形式助力大珠三角产业的升链和提质增值。"云链通"是把区块链、云计算等技术同产业链相结合的重要机制，其 3.0 版本利用税收大数据的"信息全、数据真、响应快"之优点，推动产业链中算法模型的建设，加大对湾区产业链的深入分析。在持续为有购销需求之企业寻找潜在供销商的基本功能外，"云链通"更为关注产业链与供应链畅通后的跟踪服务，通过充分调研与数据分析，最终形成产业链健康度与成长性分析报告，建立协调大珠三角各方的升链工作机制。

除了通过"云链通"大数据模式促进产业链升级外，大珠三角还致力于发展先进制造业，巩固提升轨道交通等优势传统产业，培育壮大电子信息和新能源汽车等产业，推动制造产业链朝向高端化、智能化、绿色化升级转型，着力构建富有特色的现代化产业体系。此外，为配合制造业升链提质增值，大珠三角还加强新一代半导体、高端装备等关键核心技术、重大技术装备的攻关活动，开辟发展新领域和新赛道，塑造发展新动能和新优势，提高产业链与供应链的韧性与安全性。

目前，广东珠三角的城际铁路已越来越发达与便捷，城市间地铁也在紧锣密鼓地建设中，并已开通运营了第一条——即连接肇庆、佛山、广州、东莞、惠州五座城市的大湾区 1 号城际地铁。因此，轨道上的大湾区正在逐步成为现实，大珠三角的产业链融合与创新发展正在高质量地进行中，"链时代"的粤港澳大湾区也必将建设得越来越繁荣发达。笔者在广州的"地铁树洞"曾看到这么一句话："愿世界的美好环环相扣"。祝愿咱们国家的粤港澳大湾区，也能让美好的事情环环相扣！

本章参考文献

[1] 王绍绍. 报告显示企业数字化转型进入"链时代"，人民网，

2023 – 01 – 02.

[2] 刘霞. "决策智能"成数字化转型新趋势 [N]. 科技日报，2022 – 09 – 30.

[3] 黄舍予. "物超人"时代到来，加速赋能千行百业数字化转型 [N]. 人民邮电报，2022 – 09 – 22.

[4] 盘和林. 发展数字经济，企业创新是重要抓手 [N]. 人民邮电报，2022 – 09 – 19.

[5] 沈晓明. 把"三高四新"蓝图变成美好现实 [N]. 新华每日电讯，2023 – 08 – 07.（新华社记者陈俊、席敏整理）

第十四章

"双碳"目标下珠三角产业运营探究

近年来，气候韧性、经济韧性越来越成为生态文明建设、经济建设的重要命题。如何用好气候韧性、经济韧性这"双韧性"，从而实现"双碳"发展目标，值得我们探讨研究。在过去40多年发展历程中，粤港澳大湾区在多个领域发挥"排头兵""试验田"的作用。我国在实现"双碳"目标的新历史征程中，粤港澳大湾区仍旧可以且应当继续担当先行先试的先锋角色。

第一节 气候韧性和经济韧性的基本概念及相互作用

本章"韧性"一词所表达的含义，指的是自然环境、经济系统、社区或社会面对灾害时，抵抗、吸收、适应和及时高效地消除灾害影响的能力，包括通过维护和恢复原有结构、基本功能来实现目标的能力。"韧性"评估重在衡量变化情况，例如既有目标是否会遭受外力干预而发生改变，治理方式的效果有无出现动态削弱等。

一、气候韧性和经济韧性的基本概念

气候韧性，主要包括两个方面：一是在气候变化施加的外部压力面前，城乡系统（包括基础设施、社会系统等）能够吸收压力并保持基本功能；二是能适应和抵御外来灾害影响，能够重组甚至进化为更理想的配

置，以提高整个城乡系统的可持续性，从而更好地适应未来的气候变化。

经济韧性，是指一个经济体能够有效地应对外部干扰、抵御风险冲击，实现经济自主、可持续发展的能力，集中体现了一个国家整体经济的基本面。历史告诉我们，当一个国家经济发展遭遇偶然事件冲击时，往往会出现短期的波动，但决定长期发展的是经济基本面，在于经济的韧性。

二、气候韧性与经济韧性的相互作用

气候韧性与经济韧性的相互作用是一个复杂的互相传导、互相适应的循环过程，两者相辅相成、缺一不可。处理得当，则可望形成经济和生态环境互相促进的良性循环；处理不当，会形成不可收拾的恶性循环。

气候韧性的增强，有助于经济实现可持续发展。气候韧性的增强，属于生态环境改善的范畴，不仅其本身能带来经济效益，而且对供应链、产业链、贸易模式、能源系统、金融系统和粮食安全等方面也能带来不同程度的经济效益，等于抵御了不良气候对经济带来的威胁或风险，由此也就提升了经济韧性。例如，青岛的海绵城市建设，在解决涉水"城市病"的同时，整体提升了城市品质，这为当地带来了大量潜在的经济效益，也是有关企业进行项目投资的重要动力来源。同时，按照"市级统筹、区级实施、公司运营"的模式，孵化与培育了新材料、新设备等方面的海绵城市建设（本地）企业 30 多家，还吸引一批与海绵城市建设相关的（外地）企业前来落户，从而形成了良好的产业集聚优势。从长远来看，气候政策的全面实施，可能深刻改变全球经济发展格局，拥有低碳产品和低碳技术等比较优势的国家（或地区）有望于未来的国际（贸易）竞争中脱颖而出。

反过来，经济韧性的增强也能促推气候韧性的提升。经济效益是决定社会资金对气候韧性投入的关键因素——经济韧性越强，则经济效益越高、可持续性越强，能够对气候韧性基础设施建设、维护所投入的资金自然就越多，也就能够有效提升气候韧性。气候基础设施建设与维护等方面的支出，可视为不仅是保持社会资产良好状态的成本，而且是一项在短期和长期都能产生重大经济效益的社会投资。如此往复形成良性循环，经济韧性增强、经济高质量发展使气候基础设施的关键部分得到可持续维护，并且长期保持高品质的状态，促推气候韧性朝正向实现高质量发展。

第二节 "双碳"目标提出背景及其与"双韧性"的内在关系

经济韧性能够促推与实现经济可持续发展，气候韧性能够缓解和适应气候变化（尤其朝恶劣方向的变化）。这双韧性相互与共同作用的结果，又能够助力实现（包含生态文明与产业文明两个方面的）"双碳"发展目标。

一、"双碳"发展目标的提出背景

2005 年 8 月 15 日，时任浙江省委书记的习近平到浙江安吉县余村调研时，首次提出"绿水青山就是金山银山"这一形象化的重要理念和科学论断。到 2020 年 4 月，已担任中共中央总书记的习近平到陕西考察时，进一步论述说："绿水青山既是自然财富，又是经济财富。"

从 2020 年 10 月 26~29 日，中国共产党第十九届中央委员会第五次全体会议在北京召开，提出要把"双碳"目标当作"十四五"规划的重要内容乃至 2035 年远景目标。至 2021 年召开全国两会时，我国中央政府正式将"碳达峰""碳中和"（两者合起来简称为"双碳"）写入国务院的工作报告中。

2022 年 10 月，党的二十大报告明确提出："必须牢固树立和践行'绿水青山就是金山银山'的理念，站在人与自然和谐共生的高度谋划发展"。同时，对统筹做好"碳达峰、碳中和"工作作出部署，明确要求协同推进降碳、减污、扩绿和增长，协同推进生态优先、节约集约和绿色低碳发展。这意味着要将"绿水青山就是金山银山"这一科学论断与"双碳"发展相联系，将两者有机结合且高效地应用到各项实际工作中，生态文明建设、经济建设正经历着从单纯的污染控制到减污降碳与绿色经济协同发展的转变。

2024年的政府工作报告中，李强总理再次强调"加强生态文明建设，推进绿色低碳发展。"强调"深入践行绿水青山就是金山银山的理念，协同推进降碳、减污、扩绿、增长，建设人与自然和谐共生的美丽中国。"

二、"双韧性"对"双碳"目标的积极作用

自古以来，气候对社会经济都会产生不可忽视的重要影响。这种影响既会有积极的一面，也会有消极的一面。反之则相反，人类的社会经济活动会对气候产生影响，这种影响同样是积极面与消极面并存。

气候韧性和经济韧性双向良性互动，能够形成气候和经济的良性循环，加快实现双碳发展。气候韧性能够减少极端天气的出现，有效减轻恶劣天气对自然环境、社会经济环境的消极影响乃至破坏，保障地球生态环境及社会经济可持续发展；经济韧性减缓了经济的大起大落，即能以强大经济基础和发展实力助推"双碳"发展，保障"双碳"发展相关政策与行动得到高效落实，并且长期持续运作，还能避免忽上忽下地影响政策预期与行动效果，更不至于让"双碳"政策与行动半途而废。

气候韧性与经济韧性的有机结合与协同前进，一方面能促进生态环境与社会系统之间形成最佳的良性互动与良性循环，另一方面能够使城乡系统同时得到自然环境、社会经济双方面的强有力支撑，进而保障实现双碳发展目标。

第三节 "双碳"目标下大珠三角经济和产业发展概述

一、珠三角气候风险概述

有研究表明，气候变化对广东地区的影响体现在极端气象灾害频发、

水资源安全风险加大、海平面加速上升、基础设施受损严重、能源供需矛盾加剧、人体健康隐患增加、生物多样性减少等方面。

根据《广东省应对气候变化"十四五"专项规划》，广东省的气候变化基本特征体现在五个方面：（1）增温，1961年至今，广东省平均气温每10年升高0.19℃，高于全球平均水平（每10年升高0.15℃）。（2）珠江流域净流量增加，但旱涝频发、咸潮加剧。（3）主要动植物的春季物候季提前，农业生产面临的干旱和虫害风险升高。（4）海平面上升，1980～2020年广东省沿海海平面平均上升速率为3.5毫米/年，高于同期全国沿海海平面上升平均水平，加剧沿海风暴潮、海岸侵蚀和咸潮入侵的灾害程度，2016～2020年全省海洋灾害平均每年直接经济损失17.6亿元。（5）台风、暴雨、洪涝、极端高温、阶段性干旱等气象灾害发生频率增多，威胁城市生命线、城乡基础设施、工程项目安全稳定建设和运行，同时高温中暑、传染性疾病的患病风险增加，影响人体健康。

二、珠三角居民对"气候变化"的认识

社区是防灾减灾、气候适应的前沿阵地，社区居民对气候变化感知和气候变化对社区的影响等成果，对做好灾害防御规划，增加灾害防御意识，采取气候适应行动，充分发挥社区防灾减灾第一道防线作用具有重要意义。

珠三角社区居民对气候变化的知晓度高，但认识较为粗浅。82.7%的受访者对"碳达峰、碳中和"目标，停留在"听说过"的程度，仅有36.2%的受访者"听说过并清楚目标内容"。同时，接近一半的受访者不清楚这一专有名词后的目标含义。说明国家与地方的气候文件没有广泛地触达群众，政策宣传、普及力度有待加强。

珠三角社区居民对高温天气及影响更为敏感，认为暴雨威胁感更强。珠三角社区居民认为高温天气增多的幅度更大，有81.5%的样本家庭表示受到了高温天气的影响，不同年龄阶段、受教育程度、职业和家庭角色的受访者对高温热浪天气的变化感知存在差异。对极端暴雨天气的感知上，

个人和家庭特征对暴雨天气的感知影响较弱，受访样本感知更为一致，与高温相比，居民会认为面对自己家庭在社区中面临更大的挑战，对影响强度的认知更强。

珠三角社区居民认为应该主动关心天气，并且有一定应对能力气候变化。在近几年，珠三角居民为应对当前的天气情况做了许多尝试，留意天气、主动躲避、储备应急物资（包括家电、日用品、医疗物资和粮食）是珠三角社区居民应对极端天气的三种主要路径。此外，购买低耗家电用品也是应对措施的主流，珠三角社区居民进行了不同程度的储备饮用水和干粮、改善家中排水系统、种植花草树木，不乏购置发电设备。

珠三角受访者普遍认为政府、科研机构和公众是应对气候变化责任的关键主体，企业和媒体是应对气候变化中承担比较重要的责任，商业机构和媒体则不是核心责任的优先选项。同时，在社区集体层面，居民最能接受应对气候变化和气候教育的三大公众活动形式是共建花园（57.5%）、读书会（50.2%）以及观影活动（50%）。

三、珠三角地区增强"双韧性"经验

珠三角地区作为承载了全国总人口16%的聚居地，一方面遭受严峻的气候变化影响，另一方面也是适应气候变化解决方案的探索者和实践者。韧性是应对挑战和变化的关键能力，讲好珠三角地区应对气候、经济变化的"广东故事"，生动展示中国省级区域绿色低碳发展取得的突出成果，主动总结、分享珠三角地区自2010年以来在应对气候变化、推动低碳发展方面的一系列创新举措及实践经验，在国内外均有广泛而深刻的借鉴意义。

经验一：珠三角地区聚集着广州、深圳、东莞3座常住人口超千万的超大城市，内部人流、物流、信息流、资金流密集，任何自然灾害、生产事故等公共事件都有可能造成难以估量的损失。在韧性城市建设方面，广州、深圳等地市已逐步建立起相对完善的灾害监测预警系统和各部门应急协调联动机制，能够对各类城市治理风险开展有效研判。特别是加大社会参与度，逐步建立全民防灾减灾体系，并在智慧应急管理平台建设等方面进行了不少探索。珠三角地区仍然在不断探索、总结，希望早日把珠三角地区建设成为城市承载力稳健、抗压能力强，复原与重建能力强，城市系统的可靠性强，智慧化程度高的韧性城市群。

经验二：主动培育社区气候先锋，一方面，挖掘和培育社区居民成为具有气候变化意识、气候变化应对行动叙事能力、社区动员能力和行动的社区气候先锋，提高试点社区居民对应对气候变化风险的意识和能力。"培力气候先锋——珠三角城市社区气候适应意识提升计划"，气候先锋在社区普及气候知识过程中，注重使用富有生活气息、平实的叙事语言，融入日常生活的行动经历，讲述、分享、传达应对气候变化知识、经历、思考和经验。另一方面，开展居民需要的活动，活动过程中给予居民充分表达的机会，让居民有充足的时间阐述自身对气候变化的理解，积极引导居民将自身所知所想表述出来。

经验三：福兴新村——一个中国村庄的"碳中和"。福兴新村是中山市小榄镇北区社区原居民的安置房小区，是小榄镇北区于2015年3月启动的省级低碳示范社区建设项目。在这里，村民们过着"餐厨堆肥系统＋雨水回收系统＋鱼菜共生系统＋绿色出行"的低碳生活。2017年，村中的示范家庭在屋顶装上了光伏发电装置，室内温度降低5℃～6℃，空调能耗减少；约600平方米、分34块种植区域的社区农园，供居民认领进行有机种植；小区内建起了太阳能电动车充电桩，设置太阳能碳足迹信息屏，动态发布社区碳排放情况并宣传低碳知识。福兴新村居民屋顶安装光伏板，发电除自用外还能卖钱。珠三角地区是中国低碳化最好的代表区域之一。广东省作为国家首批低碳试点省份，在低碳方面推出了很多创新举措，在我国应对气候变化工作中发挥了排头兵作用。例如，广东在产业转型升级、低碳绿色建筑、全省城市公交车电动化、国家森林城市群、公众低碳激励机制、生态修复、碳交易试点等方面，都走在全国前列。

经验四：广州市状元谷近零碳排放园区：从低碳建筑、低碳能源、低碳交通、增加碳汇、开展低碳科普等技术路线入手，继续深化蒸发冷却降温设施、光伏太阳能发电系统、清洁能源电力叉车等措施应用。园区可再生能源利用占比达到 63.34%，每年节能收益约 400 万元，实现减排70.82%。珠海市万山镇近零碳排放城镇：在政府层面建立起了低碳发展的长效管理机制，探索出一个互动式、体验式的零碳旅游模式，逐步打造国际化的海岛零碳旅游品牌。到 2020 年，可再生能源利用占比提高到 90% 以上，通过盈余清洁电力的外输抵消碳排放，试点项目可实现净碳排放为零。

四、珠三角地区加强"双韧性"建设面临的挑战

"十四五"时期，珠三角地区乃至广东省经济发展仍将推动能源需求持续增长，部分产业和能源结构低碳转型仍存在一定难度，应对气候变化过程中，当前和未来一段时期珠三角地区如何加强"双韧性"建设工作仍面临诸多挑战。

珠三角地区对气候变化影响和风险的分析评估不足，对气候变化直接和间接威胁自然生态系统和经济社会系统的复杂性、广域性和深远性的认识亟待提升。适应气候变化工作尚未全面纳入相关部门、地方工作重点，也未形成气候系统观测—影响风险评估—采取适应行动—行动效果评估的工作体系。适应气候变化相关理论研究与技术研发相对薄弱，知识和经验供给仍不充分，全社会适应气候变化意识和能力仍有较大提升空间。

珠三角地区经济发展与碳排放仍未实现完全脱钩。工业、交通、建筑和居民生活等领域随着人口增长、城市化推进和人民生活品质提升，预计对能源的需求将持续增长，为珠三角地区降碳工作增加一定压力。能源消费清洁水平和利用效率不够高。近年来，全广东省低碳化水平不断提高，但煤炭消费比重高于世界平均水平，是德美等先进国家的 1.5 ~ 2 倍。亟需进一步挖掘全社会节能降碳潜力，引导产业绿色低碳化升级改造。

跨行政区域、跨部门协同统筹机制尚未健全。应对气候变化工作涉及多个行政区域、多个部门，目前，珠三角地区乃至广东省省级层面各相关部门协作应对气候变化的工作机制尚不明晰，具体职责还不明确，各部门能源、碳排放相关统计数据的适用性、统一性仍存在差异，规划的一致

性、可操作性衔接不够顺畅，基础数据的共享渠道尚未打通。

气候治理政策体系尚存短板。珠三角地区乃至广东省在中长期低碳发展、碳达峰碳中和目标实现方面的战略性规划指引有待制定完善，气候治理现代化转型、低碳科技创新、基层监管能力建设亟待加强。绿色金融、财税等经济政策激励作用尚未充分发挥。

现有适应气候变化行动力度仍不足以支撑高质量发展和绿美广东目标实现，重点领域、区域适应气候变化能力仍有待提升。

第四节　以"双韧性"实现"双碳"目标的策略与建议

事实表明，极端天气发生的频率和强度正在增加。我国地域辽阔，部分地区（如高山、沿海）属于高脆弱性地区，气候类型复杂多样，极端高温和降水等灾害性天气频发，严重威胁人民生命健康和生计，严重威胁关键基础设施、粮食和水安全。因此对气候风险，应当予以全面关注和高度重视，不仅要继续推进气候变化的适应措施，最大限度地降低气候变化所带来的不利影响，而且要充分利用"双韧性"减轻这些风险，促进"双碳"目标实现。

一、从宏观角度来看，配合美丽中国的国家愿景，依靠政府战略决策、基础设施建设实现双碳发展

首先，"美丽中国"是中国共产党第十八次全国代表大会提出的新概念，强调把生态文明建设放在突出地位，融入经济建设、政治建设、文化建设、社会建设各方面与全过程。"生态产品"是党的十八大报告提出的新概念，是生态文明建设的一个核心理念。2012 年 11 月 8 日，美丽中国在党的十八大报告中首次作为执政理念出现。2015 年 10 月召开的第十八届五中全会上，美丽中国被纳入"十三五"规划，首次被纳入国家发展五年计划。2017 年 10 月 18 日，习近平总书记在党的十九大报告中指出，要

"加快生态文明体制改革，建设美丽中国"。2024年两会期间，有个新词获得热议，这个词就是"美丽中国先行区"。李强总理所做的《政府工作报告》中提出，要"建设美丽中国先行区，打造绿色低碳发展高地。"为达此目标，粤港澳大湾区应再当一次"领头羊"，以新质生产力提高经济和产业韧性，以绿色产业、生态产品促推并最终实现"双碳"发展，率先建设成为美丽中国先行区。

其次，政府战略决策与制度设计方面应提高气候韧性与经济韧性的"双碳"价值。将新技术和自然环境充分融入气候韧性整体基础设施系统中，最大限度地获得利益且最小化风险。政府部门牵头探索、研究气候韧性的价值量化评估体系，融入对可再生资源利用、生态碳汇技术、碳汇交易等方面的绩效考核，优化生态产品的定价和交易机制，鼓励社会各方力量参与，促进气候韧性与经济韧性的价值流转，提升生态产品的变现能力。"碳中和"将使很多产业推倒重来，珠三角地区在传统工业时代建立的产业链，很多都会受到影响。政府需要采取各种有力措施，对受冲击的特定部门、地区和群体进行有力支持。

再次，在基础设施方面，需要加大气候韧性基础设施建设投资力度。现阶段至少应从现有资产、未来投资两个方面着手，大力推进气候韧性基础设施建设。一是政府可考虑充分利用现有资产，调整基础设施建设来适应不断变化的气候。加强对不同地区、不同类型基础设施所面临的潜在气候风险、气候灾害的系统性认识，加强与基础设施直接相关的、完整的数据库建设，建立精细化管理平台，利用高新技术实施智慧运营，提升现有基础设施对气候风险、气候灾害的适应能力，完善气候风险、气候灾害应对系统。二是加大未来对气候韧性基础设施建设的投资规模，更新与完善投资方式。增加外资与社会资金投入比例，激励金融部门推动长线变革，改变主要依靠政府资金的局面。开发涉及私营部门、公共部门与社区之间的、新形式的合作模式与合作产品，探索气候投融资试点城市等新模式。

"双碳"背景下的"双韧性"建设过程中，我国正发生一场配套制度的改革和创新。气候变化及其影响的长期性，决定了必须长期坚持减缓与适应并重的方针，减缓与适应两者相辅相成，缺一不可。如果能够充分减排，即可缓解抑或限制地球气候朝恶劣方向的变化，而且避免出现最坏的极端气候。适应的核心则是避害趋利——避害指最大限度地减轻气候变化对自然界、人类社会的不利影响；趋利是指充分利用气候变化所带来的有利机遇。

二、从中观角度来看，应以城市双韧性、产业双韧性来促进"双碳"发展

城市韧性，包括经济韧性、气候韧性、时空韧性、社会韧性、治理韧性等诸多方面，这里仅讨论前两者。为了打造经济和气候双韧性，有必要根据城市经济条件与独有个性，选择与规划好城市经济发展策略、时空。同时，处理好社会和自然环境的治理问题，处理好资源利用与城市环保问题。统筹经济发展和生态安全问题，切实提高城市应急管理能力及可持续发展能力。在城乡规划、基础设施建设、生产布局和重大工程建设中，应充分考虑气候安全因素，开展气候韧性和适应性分析。在重要基础设施、重大工程规划与建设前期，要坚持开展气候可行性论证，提高重要基础设施和重大工程的气候韧性。

产业双韧性，一方面遵循人类社会的市场规律，培养各大产业的市场竞争力和风险应对能力，实现产业健康且富有韧性的可持续发展；另一方面遵循自然界的生态和气候规律，培养应对环境污染、极端气候的抗风险与防治能力，实现气候与生态环境的正常乃至友好运行。在推进产业转型过程中，要加强开展气候、生态与环境影响评估，科学有序稳妥地推进能源、经济和产业结构的转型升级。作为世界工厂的粤港澳大湾区，尤其要关注制造业的双韧性，其原因如下：第一，广东坚持制造业当家，制造业是经济增长和创造就业的主要动力，制造业兴衰对社会的影响巨大；第二，制造业通常位于港口周边、低洼地区的垦后湿地，面临的自然条件相对恶劣，大湾区也不例外。因此，制造业有更多理由、更大的必要性需将气候变化风险及其他自然灾害充分纳入其运营与战略规划中。在供应链管理系统中，也有必要添加气候视角，用以监测天气状况、港口开放与关

闭、交通拥堵等信息，提醒用户供应链可能在何时何地出现中断。

"双碳"背景下建设城市"双韧性"、产业"双韧性"，应以科技创新为核心竞争力，努力实现技术体系的新突破，培育良好的技术升级动力和应用土壤。还必须将"碳达峰、碳中和"两个目标统筹起来，强化"双碳"顶层设计，明晰"双碳"目标实现路径，加强绿色低碳技术创新，科学合理地调整城市结构和产业结构，延续城市大空间上的整体布局、小空间上的微调整微更新，抓好节能减排与污染防控工作，促推制造业及其他产业朝着绿色低碳方向发展。

三、从微观角度来看，应从企业双韧性、民众认知的提升来促进"双碳"发展

在提升企业双韧性方面，要以高品质人才、高品质经营管理活动、高品质产品培育强大的抗风险能力和市场竞争能力，同时注重 ESG 工作，最大限度地减少企业活动对生态环境的污染及破坏，在实现经济效益的同时也实现社会效益和自然效益。鼓励具有一定供应链规模的企业积极参与企业气候行动 CATI 指数①评估，进一步推进绿色供应链理念的主流化，加强企业的目标设定、减排行动和绩效评估在供应链环节的落实，提高供应链气候韧性和经济韧性，创造公平竞争环境，避免新一轮污染转移和生态破坏，打造环境和气候友好、生态文明可持续发展、经济效益良好的全球供应链。

应对气候变化（尤其极端气候）要以相应的科学知识为基础，因此，在提高社会民众的认识方面，一是要与相关大学及科研院校共同开展气候、气象研究的交流与合作，政府有关部门要加强对民众的气候气象知识普及；二是要加深社会各阶层、所有成员对于气候韧性与经济韧性的关系认识。线上充分利用互联网，加强民众对"双韧性"的关注；线下通过丰富的沙龙与座谈会、展会和体验活动等，吸引民众参与并加深实际感受。

---

① 企业气候行动 CATI 指数，是对企业在气候治理方面的行动开展动态评价，适用于评价供应链类型企业和上游能源原材料类型企业在气候治理方面的表现。

应对气候变化，需有更多专业力量和更广泛的民众参与，将"双韧性"建设当作每个社会成员的一种责任，不断凝聚专业解决方案和更多社会力量，从更细微、具体的洞察以及个人、组织、社会的需求入手，打造积极又科学地应对气候变化的良好氛围，促进"双碳"目标的稳步实现。

总之，气候变化冲击和经济利益需求的共同合力，导致气候行动不断地上升到国家战略和外交关系层面，气候变化进入国家安全与战略竞争议程已经成为全球性现象，能源转型与新能源产业发展已成为大国经济竞争的新赛道，环境产品贸易摩擦也成为国际政治和贸易中一个热点议题。这些与气候变化相关的新竞争或冲突，也进一步扩大了全球气候治理体系的边界、拓宽了介入国际政治经济关系的渠道，从而增强了各种利益主体对全球气候治理体系的需求。因此，我们有必要加快气候和经济双韧性建设，在全球气候治理体系中取得重要地位与成就，科学合理、循序渐进地实现"双碳"目标。

本章参考文献

［1］商务部．中国外贸再次展现较强韧性与活力．央视新闻，2022 - 09 - 27.

［2］STEM 教育研究中心．加强气候韧性和科技创新是实现"双碳"目标的重要支撑［N］．中国气象报，2022 - 08 - 13.

［3］宇如聪．积极应对气候变化 推动气候韧性发展．新华网，2022 - 03 - 03.

［4］高敬．我国需要加强气候韧性社会建设——专访国家气候中心副主任巢清尘．中国发展网，2021 - 01 - 07.

［5］吴萨．充分认识中国经济韧性强这一基本特征［J］．红旗文稿，2023（3）.

［6］世界资源研究所、国家应对气候变化战略研究和国际合作中心、中央财经大学绿色金融国际研究院．加速气候韧性基础设施建设．https：//

max. book118. com/html/2021/1201/6033052031004104. shtm，2021 – 11 –
08.

［7］张艺."双碳"目标的"基础设施"正提速建设［N］.中国青年
报，2023 –08 –15（005）.

［8］刘晓勇.探索推广绿水青山转化为金山银山的路径［N］.陕西日
报，2024 –04 –02.

［9］文宏.全面推进韧性安全城市建设［N］.人民日报，2024 –03 –
20.

［10］经济日报调研组.百炼马钢［N］.经济日报，2024 –03 –18.

［11］董志勇，王祖依."中国经济长期向好的大势不可逆转"［N］.
学习时报，2024 –04 –03.

［12］中共国家统计局党组."我国经济回升向好、长期向好的基本趋
势没有改变"［J］.求是，2024 –02 –06.

［13］IPE.企业应避免供应链污染转移，增强气候韧性，第十期绿
色供应链 CITI 指数年度报告，以及第六期供应链气候行动 CATI 指数年
度报告.

［14］"双碳"背景下的城市可持续发展.城市软装应运而生！城市更
新，2022 –02 –21.

［15］广东省千禾社区公益基金会.韧性城市案例之三：亚洲沿海城市
的气候抗灾韧性水平和行动建议.https：//mp. weixin. qq. com/s?__biz =
MjM5NzM0NTEyMQ = = &mid = 2652057973&idx = 1&sn = 4df29933adf32843b
e6369fc0bb17dfd&chksm = bd3cf37b8a4b7a6d733c9a556e9a4bba725a68acea27
1164f9b27010f60a9e16574fe87caf52&scene = 27，2022 –06 –07.

［16］中国亟需提升制造业气候韧性.中外对话，2020 –08 –05.

［17］广东省千禾社区公益基金会，万科公益基金会.珠三角地区社
区居民气候认知调研报告.https：//www. 163. com/dy/article/GSGBPE6105
25D88B. html，2021 –12 –30.

［18］广东省生态环境厅.广东省应对气候变化"十四五"专项规划，
2022 –07 –12.

［19］广东省千禾社区公益基金会. 培力气候先锋, 我们做对了什么?. https：//mp. weixin. qq. com/s?__biz = MjM5NzM0NTEyMQ = = &mid = 26520 61134＆idx = 1&sn = 9dc125407832bbc6107153f3231d5776&chksm = bd3cffc0 8a4b76d69721a4255e9aeeed9642aaf7eb062333a6c9ff7e8509be28237ffa001a1e& scene = 27, 2022 - 10 - 08.

［20］丁莉, 郑玮."苏拉""海葵"两袭广东, 如何让城市更"韧性"? 专家建言四大策略, 南方财经全媒体, 2023 - 09 - 10.

［21］莫郐骅. 为实现"双碳"目标, 广东首批试点够拼, 南方网, 2021 - 07 - 06.

后　记

　　珠三角，全称珠江三角洲，原意指珠江水流进南海时形成的、三角形状的地理形势，它是经过千万年冲刷、沉积所形成的三角洲。后来被引申为珠江入海口的广东9个城市，包括广州和深圳2个副省级城市，以及7个地区级城市。再往后，还把香港、澳门两个特别行政区也包括进来了。

　　到1994年10月8日，广东省委在七届三次全会上提出建设珠江三角洲经济区，由此让珠三角从地理概念演变成经济概念。珠三角经济区，最初由广州、深圳、佛山、珠海、东莞、中山6个城市全境及惠州、江门、肇庆三市的各一部分所组成，后来又将范围扩大为这9个城市的全部区域，也可以称其为"小珠三角"。小珠三角国土面积为22 437平方公里，不到广东省总面积的14%，可经济总量却占据广东全省经济总量的八成以上，而广东省的产业发展主要也集中在小珠三角这9个城市。

　　于是，自然而然地，人们就把小珠三角和香港、澳门统称为"大珠三角"，这正是"9＋2"总共11个城市连片成区的由来。自2019年2月18日《粤港澳大湾区发展规划纲要》发布并实施以来，人们都将小珠三角9市和香港、澳门2市合称为粤港澳大湾区，也就是说与原有的大珠三角等同起来。或许也可以这么理解，目前粤港澳大湾区仅限于大珠三角这11座城市，而不涉及广东（珠三角以外的）其他城市。因此在本书各章中，我们经常用粤港澳大湾区来代替大珠三角这个区域经济学概念，同时大湾区这11个城市也就等同于大珠三角11个城市。因各研究者行文风格不同，有些地方也可能会用"湾区内地9市"来代表广东珠三角的9个城市。

　　至此，珠三角作为地理学概念的知名度远不如作为区域经济学概念。近年，我单位同事和研究生们依据相关经济学理论、珠三角实地调研与实证分析，对此区域的要素流动、经济发展和产业运营进行了较为细致深刻的研究，现将主要研究成果汇集成本专著。

本专著有不少创新之处。第一点创新即"四流"要素及相关研究。早在 20 世纪 90 年代，美国科学家已提出"四流"理论。我们从服务业分类角度，同样得到经济要素应划分为人、资金、物和信息这"四流"的结论，可以说是不谋而合、殊途同归，有异曲同工之妙。对该学术观点及其实践应用，从第一到第八章各位作者开展了不同角度的研究。

第二点创新之处，是对珠三角的元宇宙、低空经济、人工智能等未来产业做了初步研究，主要包括第九章、第十章、第十二章总共三章的内容。第三点是提出创新产业这个新概念，且对珠三角创新产业做了初步的探究，相关内容基本放在了第十一章。第四点从产业链"补链、延链、强链、升链"以尽快形成新质生产力的角度，来探讨珠三角产业运营问题，主要内容在第十三章进行讨论。第五点是把经济韧性和气候韧性归纳为"双韧性"，而且根据双韧性与双碳发展之间的有机联系，提出如何以双韧性来实现双碳发展的若干建议。

本书从课题论证、申报和立项，课题方案的研讨、制订及分工协作，有关专题调研的联系申请和落地实施、调研后的总结与应用，项目资料的搜集和整理，数据模型的建立和分析，直到书稿的研讨、写作、修改、补充与完善等科研活动，除了吕慧云、刘春雷外，均由广东省社会科学院港澳台研究中心的科研人员与学生完成，而科辅人员梁宇红、全玲艳与胡少莉也参与有关工作。

本书第一章"珠三角经济发展和产业运营效应"，从政策与实践的角度统揽全书，作者是郭楚、梁宇红。第二章"珠三角要素流对产业运营的影响及相关建议"，从理论的角度统揽全书，作者是田思苗、梁育民。本章深入探讨服务业划分为"四流"服务业的理论依据，并采用相关数据来分析人财物和信息四大要素对产业（尤其服务业）、经济发展的促推作用。

接下来第三章、第四章，分别从人员流、资金流这两个角度，研究人口、资金流动对区域经济和产业发展的影响。第三章"广东人口流动与经济发展互动研究"由胡鑫、左晓安共同完成，第四章"港澳资金对珠三角的经济效应和政策建议"的作者为赵英佶。第五章"营商环境中金融要素的评估及优化"作者是刘作珍与任志宏，着重在金融营商环境方面，对大珠三角经济建设、产业运营情况进行定量评估。

第六章、第七章分别从物流与信息流角度，研究物流对区域经济的影响，以及信息服务业的发展情况。第六章"广东物流服务业对区域经济的影响"作者是田思苗，第七章"珠三角信息服务业初步研究"作者是张鑫琦、全玲艳。第八章"珠三角信息流空间构建机制研究"的作者是符永寿，从信息流空间角度，进一步研究珠三角信息技术及相关产业。

以上各章，分别探讨人流、资金流、物流与信息流这几类服务业在珠三角的发展历程、现状与前景。人财物和信息均可作为生产要素投入，这是一个研究角度。但同时又能作为服务业的运营对象，这又是另外一个研究角度。

第九章"珠三角元宇宙与相关产业初探"由张鑫琦、梁育民共同完成，主要探究元宇宙的由来及其基本概念、我国元宇宙产业政策与行动计划、珠三角元宇宙产业发展现状和运营建议。第十章"珠三角低空经济和相关产业探究"作者是黄秋梅与左晓安，对低空经济这种比较新的经济模式及其相关的未来产业，开展一些具有参考价值的初步研究。

第十一章"珠三角创新产业的雏形与运营建议"，由田思苗与梁育民共同完成。第十二章"广东（珠三角）人工智能领军企业实证分析"，作者是张鑫琦。这章原本是选取广东省人工智能领军企业为研究样本，但由于这些企业都在珠三角9个城市中，因此亦可说是对珠三角人工智能领军企业的研究。

第十三章"链时代"的珠三角产业创新发展，由陈观忠与梁育民共同完成。此章先在我们所处"链时代"这一背景下，分析了产业链及其他经济链条的基本概念、相互间的有机联系，然后根据珠三角经济链条的现状与存在问题，提出一些有参考作用的措施建议。第十四章"双碳目标下珠三角产业运营探究"，作者是吕慧云与刘春雷，吕慧云是东莞社会经济研究院研究人员，刘春雷是广东海洋大学教授、博士生导师。

以往对各种产业的专业研究，往往是从产业发展的角度来做的。但

"发展"一词比较抽象，不如"运营"一词来得具体。因而本书从产业运营的角度来做专业研究，这是我们所做的一种学术尝试和努力，甚至也能算得上一种创新吧。也正因为是一种新探索，所以还显得很不成熟，甚至会有一些疏忽乃至错误之处。敬请读者谅解，并欢迎提出有关见解、宝贵的建议和意见！

最后说明一点，本研究中心近年的学术专著出版工作，得到经济科学出版社的大力支持与协助，在此表示衷心的感谢！

梁育民

广东省社会科学院港澳台研究中心

2024 年 5 月于广州